Daniel Moosbrugger

Die amerikanische Bürgerrechtsbewegung

„Schwarze Revolution"
in den 1950er und 60er Jahren

Coverbild: Anführer der Bürgerrechtsbewegung beim Marsch auf Washington D.C. am 28. August 1963 auf dem Weg vom Washington Monument zum Lincoln Memorial.
Quelle: US National Archives & Records Administration (NARA), ARC Identifier: 542010 (http://www.archives.gov/research_room/arc/)

Daniel Moosbrugger

DIE AMERIKANISCHE BÜRGERRECHTSBEWEGUNG

„Schwarze Revolution" in den 1950er und 60er Jahren

ibidem-Verlag
Stuttgart

Bibliografische Information Der Deutschen Bibliothek

Die Deutsche Bibliothek verzeichnet diese Publikation in der Deutschen Nationalbibliografie; detaillierte bibliografische Daten sind im Internet über <http://dnb.ddb.de> abrufbar.

∞

Gedruckt auf alterungsbeständigem, säurefreien Papier
Printed on acid-free paper

ISBN: 3-89821-415-X

© *ibidem*-Verlag
Stuttgart 2004
Alle Rechte vorbehalten

Widmung

Ich möchte diese Arbeit meiner Familie, aber vor allem meiner Mutter Helene widmen, die mich während meines Studiums stets auf jede erdenkliche Art und Weise tatkräftig unterstützt und gemeinsam mit mir auch so manche Höhen und Tiefen durchlebt hat.

Weiters möchte ich mich besonders bei Markus bedanken, der mir in der Endphase der Erstellung meiner Diplomarbeit hilfreich zur Seite stand und seine Gedanken über so manche zu lang geratene Satzkonstruktion oder formale Fehler mitteilte.

Außerdem geht mein Dank an Raphael Cassimere, Jr., PhD vom Department of History an der University of New Orleans, der mein Interesse für das Thema dieses Buches geweckt und gefördert hat, sowie selbstverständlich auch an Dr. Rolf Steininger, meinen Diplomarbeitsbetreuer an der Universität Innsbruck.

Schlussendlich möchte ich mich noch ausdrücklich bei meinen Professoren und Studienkollegen an den Universitäten Innsbruck, Wien und New Orleans bedanken, die allesamt mein Studium bereicherten.

Inhaltsverzeichnis

Es gilt grundsätzlich für alle Funktionen natürlicher Personen die absolute Gleichberechtigung von Mann und Frau. Der Lesbarkeit halber wird jedoch nur die männliche Form verwendet.

I. Vorgeschichte

250 Jahre der Sklaverei – 1619-1869

An den Beginn afroamerikanischer Geschichte kann das Jahr 1619 gestellt werden, als die ersten zwanzig Afrikaner an die Kolonisten in Jamestown, Virginia verkauft wurden. Es handelte sich bei diesen so genannten „indentured servants" allerdings nicht um Sklaven, sondern um Zwangsarbeiter, die in der Regel nach sieben Jahren freigelassen wurden, wie das auch bei weißen Zwangsarbeitern der Fall war. Schrittweise löste aber bis 1750 in allen amerikanischen Kolonien die Sklaverei das Zwangsarbeitersystem ab. Die Einfuhr von Sklaven aus Westafrika entwickelte sich im Rahmen des transatlantischen Dreieckshandels zwischen England, Afrika und den Kolonien unter unmenschlichen Bedingungen zu einem profitablen Geschäft. Einmal in der „Neuen Welt" eingetroffen, wurden die Überlebenden auf Sklavenmärkte verschleppt, von ihren Angehörigen getrennt und waren gesetzlich völlig ohne persönliche Rechte und quasi dem Vieh gleichgestellt. Von den Quäkern abgesehen, sollte bis weit nach der Unabhängigkeit der Vereinigten Staaten keine christliche Kirche offen dagegen protestieren, dass Menschen aufgrund ihrer Hautfarbe versklavt wurden. Die Situation war innerhalb relativ kurzer Zeit bereits so fest geschrieben, dass oft nur ein Arrangieren mit den gegebenen Umständen ein erträgliches Leben möglich machte.

Die Sklaven entwickelten natürlich diverse Formen der Gegenwehr. Dazu zählte beispielsweise passiver Widerstand, der ironischerweise den Glauben eines Großteils der weißen Bevölkerung bestätigte, dass Schwarze über eine minderwertige Intelligenz verfügten. Besonders ab dem beginnenden 19. Jahrhundert versuchten zahlreiche Sklaven ihrem Dasein durch Flucht zu entkommen. Sie erhielten dabei Unterstützung von abolitionistischen Vereinigungen, die im Norden aus Protest gegen die im Süden der USA praktizierte Sklaverei entstanden waren. Viele jener vormaligen Sklaven, denen die Flucht gelang, arbeiteten in der Folge aktiv beim schwarzen Widerstand mit, wie beispielsweise Harriet Tubman oder Frederick Douglass, der die Erkenntnis, dass eine Änderung der Verhältnisse sich wohl nicht gänzlich auf friedlichem Wege erreichen lassen wird, wie folgt ausdrückte:

> „If there is no struggle there is no progress. Those who profess to favor freedom, and yet depreciate agitation, are men who want crops without

plowing up the ground. They want rain without thunder and lightning. They want the ocean without the awful roar of its many waters. This struggle may be a moral one; or it may be a physical one; or it may be both moral and physical; but it must be a struggle. Power concedes nothing without demand. It never did and it never will."[1]

Die Abolitionisten verstanden es als ihre humanistische Verpflichtung, das Übel der menschenfeindlichen Sklaverei öffentlich zu brandmarken oder wie Douglass meinte, „I expose slavery in this country, because to expose it is to kill it. Slavery is one of those monsters of darkness to whom the light of truth is death."[2]

Seit Anbeginn der Sklaverei kam es auch zu einer Reihe gewaltsamer, aufgrund der weißen Übermacht aber chancenloser Rebellionen. Nichtsdestotrotz stärkten diese vergeblichen Versuche dem System zu entkommen das afroamerikanische Selbstwertgefühl und unterstützten die Argumentation der Abolitionisten, nicht zuletzt auch dadurch, dass damit das häufig von Sklavenhaltern benutzte Argument widerlegt war, dass es ihren Sklaven doch gut ginge. Immer mehr Bürger im Norden wurden zu Gegnern der Sklaverei und die steigenden Spannungen mit dem Süden kulminierten 1860 schließlich im amerikanischen Bürgerkrieg, der 1865 einen Sieg des Nordens und das Ende der Sklaverei auf dem gesamten Staatsgebiet der Vereinigten Staaten brachte.

Frühe Integrationisten und Nationalisten

Douglass, aber auch andere schwarze Abolitionisten und Soldaten hegten dabei keinen Groll gegen weiße Amerikaner im Allgemeinen, sondern gegen die Institution der Sklaverei im Speziellen und betonten die zwischen den verschiedenen Rassen bestehenden Gemeinsamkeiten. Somit handelte es sich hier um frühe Integrationisten. Wie später Martin Luther King, Jr., betonte Frederick Douglass bereits mehr als ein halbes Jahrhundert zuvor seinen Glauben an die amerikanische Verfassung, den amerikanischen Traum und ein gemeinsames Schicksal von Schwarz und Weiß. Ähnliche Töne schlug auch der Methodisten-Priester Richard Allen an, der 1794 die

---

[1] Frederick Douglass, Letter to an Abolitionist Associate, in: Organizing for Social Change. A Mandate for Activity in the 1990s, hrsg. v. K. Bobo/J. Kendall/S. Max, Washington (DC) 1991.
[2] Frederick Douglass, „American Slavery, American Religion, and the Free Church of Scotland: An Address Delivered in London, England, on May 22, 1846.", in: The Frederick Douglass Papers: Series One - Speeches, Debates, and Interviews, Vol. I, New Haven (CT) 1979, S. 269.

African Methodist Episcopal Church gegründet hatte und die Gleichheit aller Menschen predigte. Allen war unter anderem auch von großem Einfluss auf die Philosophie Martin Luther Kings.[3]

Von Anfang an gab es aber auch Schwarze, die sich mehr als Afrikaner, denn als Amerikaner fühlten. Sie sahen die einzige Lösung in einer gewaltsamen Trennung der Rassen, da sie keinen anderen Weg erkannten in dem in ihren Augen „Land der Unfreiheit und Ausbeutung" zu existieren. Ein friedliches Zusammenleben mit den „ausbeuterischen Weißen" war für sie undenkbar, was insofern nicht weiter verwundern darf, als die Wurzeln dieses so genannten schwarzen Nationalismus in einer generellen Abscheu allen Weißen gegenüber fußten.[4] Dieser Fraktion sind auch die Anführer der blutig niedergeschlagenen Sklavenaufstände zuzurechnen. Auch Martin Delany, ebenfalls ein Abolitionist, rief zur Besinnung auf die Identität der Afroamerikaner als ein eigenes Volk auf und zum Stolz auf die Rasse. Er forderte entweder die Einrichtung eines eigenen Lebensraumes innerhalb der Vereinigten Staaten oder aber gleich eine Rückkehr nach Afrika. Beides sind Ideen, die auch im 20. Jahrhundert immer wieder aufgegriffen werden sollten.

Nach dem Ende des Bürgerkrieges, dem damit verbundenen Ende der Sklaverei und der Garantie des Wahlrechts auch für Afroamerikaner, verlor der schwarze Nationalismus kurzfristig an Einfluss. In dieser Zeit der so genannten „Reconstruction" (1865-76)[5] schien die Möglichkeit eines friedlichen Zusammenlebens in greifbare Nähe zu rücken, vor allem da erstmals zahlreiche Afroamerikaner auch in politische Ämter in Senat, Kongress und in Parlamente der einzelnen Bundesstaaten gewählt wurden. In allen Lagern der schwarzen Bevölkerung löste diese politische Integration begeisterte Zustimmung und Hoffnung auf eine Zukunft der totalen Gleichstellung aus. Diese Stimmung sollte aber nicht lange währen, da die Rassisten im Süden der USA nach 1865 zur Umgehung der von der föderalen Regierung in Washington verordneten Gleichstellung so genannte „black codes" durchsetzten. Dabei wurden drei Hauptziele verfolgt. Einerseits die Etablierung der Rassentrennung in allen Bereichen des öffentlichen Lebens.

---

[3] Britta Waldschmidt-Nelson, GegenSpieler. Martin Luther King-Malcolm X, Frankfurt/M. 2000, S. 22.

[4] Vgl. ebd., S. 22.

[5] Unter „Reconstruction" wird der Zeitraum des Wiederaufbaus nach dem amerikanischen Bürgerkrieg (1861-1865) verstanden.

Zusätzlich die Wiedererlangung der Kontrolle über die schwarze Arbeitskraft durch diverse Verbote im Bereich von Handel, Handwerk sowie Land- und Immobilienbesitz. Weiterhin bestand somit praktisch ein Zwang zur Arbeit auf den Feldern. Als drittes und letztes Ziel sollten schwarze Amerikaner durch Einführung der „Großvaterklausel" ihre erst vor kurzem erlangte politische Einflussnahme durch die Einführung raffinierter Wahlzugangsbeschränkungen schon wieder verlieren. Die Klausel besagte, dass nur jene Amerikaner zum Wählen berechtigt seien, deren Großväter bereits über das Wahlrecht verfügten. Mit dem Verlust des Wahlrechts war die Ausgrenzung komplett und quasi ein Kastensystem etabliert. Lediglich durch den Aufbau von starken, meist kirchlichen Institutionen, konnte sich die afroamerikanische Bevölkerung einigermaßen behaupten.[6] Später als sich das Umfeld in den USA wieder geändert hatte, spielten die Kirchen auf dem politischen Parket noch eine ganz besondere Rolle. Ende des 19. Jahrhunderts ging die Zugrichtung jedoch klar hin zu einer Einschränkung der Lebensumstände schwarzer Amerikaner durch staatliche Verordnungen, wirtschaftlichen Druck und offenkundigen Terror mit dem Ziel, schwarze und weiße Südstaatler auseinander zu halten. Auch die Hoffnung, die einige Afroamerikaner noch auf eine Unterstützung durch den Obersten Gerichtshof in Washington hatten, zerschlugen sich spätestens mit dem „Plessy v. Ferguson"-Urteil des Jahres 1896, welches Gesetze zur Rassentrennung für legitim und verfassungskonform erklärte, solange die der schwarzen Bevölkerung zur Verfügung gestellten getrennten Einrichtungen von gleicher Qualität sind, wie jene der Weißen. Damit kam es zur Doktrin „separate, but equal". Daneben setzte sich unter dem 1867 gegründeten Ku Klux Klan auch die Spirale der Gewalt ungebremst fort. Brutaler Terror dieser Art führte auch in jenen Bundesstaaten, wo kein Großvatergesetz bestand zum Niedergang schwarzer politischer Repräsentation.

Der Verrat der „Reconstruction" rief verschiedene Reaktionen hervor. Einerseits eine Philosophie der Akkomodation, die vertrat, die Rassentrennung und somit auch die weiße Vorherrschaft vorerst zu akzeptieren. Der bedeutendste Vertreter dieser Ansicht war Booker T. Washington, der am von ihm gegründeten Tuskegee Institute wirkte. Sein unmittelbarer Gegenspieler war der Intellektuelle W.E.B. Du Bois, der Anpassung und Abwarten angesichts des herrschenden Terrors für dumm und unverantwortlich hielt. Stattdessen trat er für eine kompromisslose Bekämpfung von

---

[6] John A. Salmond, „My Mind Set on Freedom". A History of the Civil Rights Movement, 1954-1968, Chicago (IL) 1997, S. x.

Segregation und Diskriminierung auf nationaler Ebene ein. Als einer der ersten thematisierte er bereits 1906 das Gefühl der inneren Zerrissenheit, in die man als Afroamerikaner hineingeboren wird:

> „It is a peculiar sensation, this double-consciousness, this sense of always looking at one's self through the eyes of others, of measuring one's soul by the tape of a world that looks on in amused contempt and pity. One ever feels his two-ness,—an American, a Negro; two souls, two thoughts, two unreconciled strivings; two warring ideals in one dark body, whose dogged strength alone keeps it from being torn asunder."[7]

Gerade in den Zwanzigern, als Martin Luther King, Jr. und Malcolm X geboren wurden, war dieser Gegensatz einerseits amerikanischer Bürger und andererseits afrikanischer Abstammung zu sein besonders deutlich. Später sollten beide in ihrer Funktion als Anführer verschiedener Gruppen innerhalb der afroamerikanischen Gemeinde im Rahmen dieses zwiespältigen Erbes ihre Lebensaufgabe in der Suche nach Lösungen finden.

Zögerliche Verbesserungen Anfang des 20. Jahrhunderts

Einerseits bestand weiterhin große Armut, Diskriminierung und Rassismus, andererseits aber regte sich auch immer stärkerer Widerstand dagegen. Zu einem sichtbaren Umschwung in der öffentlichen Meinung führte beispielsweise die schwarze Anti-Lynching-Bewegung, die sich entschieden gegen die durch den Ku Klux Klan seit den letzten Jahrzehnten des 19. Jahrhunderts betriebene Lynchjustiz im gesamten Gebiet der Südstaaten richtete. Eine Errungenschaft im Kampf um die Verbesserung der Repräsentation schwarzer Amerikaner war 1925 die Gründung der „Brotherhood of Sleeping Car Porters", der ersten schwarzen Gewerkschaft. In den nördlichen Ghettos und hier vor allem im New Yorker Stadtteil Harlem erwiesen sich die zwanziger Jahre als eine erste Blütezeit des Jazz und vieler anderer Bereiche der afroamerikanischen Kultur, weshalb diese Periode künstlerischen Schaffens auch den Namen „Harlem Renaissance" trägt. Die Künstler und die gesamte „Renaissance-Generation" waren von Optimismus geprägt. Noch hatte der wirtschaftliche

---

[7] W.E.B. Du Bois, The Souls of Black Folk, New York (NY) 1990, S. 8f.

Niedergang der Dreißiger nicht begonnen und es wurde mehr das bereits von der afroamerikanischen Gemeinde Erreichte, als deren Probleme betont.[8]

In den dreißiger Jahren setzte Präsident Franklin D. Roosevelt schließlich sein auf Reform und Veränderung ausgerichtetes „New Deal"-Programm um und zeigte damit als erster Präsident seit dem Ende des Sezessionskriegs wieder Interesse für eine Verbesserung der Lebenssituation von Afroamerikanern. Das geschah zwar weniger offensichtlich, war aber dadurch wohl im Endeffekt wirksamer, da dadurch weniger weißer Widerstand provoziert wurde. In jedem Fall stellte es bereits einen echten Bruch mit der Vergangenheit dar.

Als eine Folge der Weltwirtschaftskrise wurden in den Dreißigern alte Ansichten hinterfragt. Unter anderem in der 1938 gegründeten „Southern Conference for Human Welfare", der auch der spätere Präsident Lyndon B. Johnson angehörte. Dadurch wurde die erste gemischtrassige Organisation im Süden seit Jahrzehnten geschaffen und eine Plattform, wo sich weiße und schwarze Südstaatler vornehmlich über die Rassentrennung, aber auch über eine allgemeine Demokratisierung der Region unterhielten. Die anfangs großen Hoffnungen auf einen breiten Meinungswandel wurden jedoch enttäuscht. Mit dem beginnenden Kalten Krieg verlor die Organisation, die unter anderem auch kommunistische Kontakte und Unterstützung aufwies, schnell ihre liberale Basis und damit den Großteil ihrer Finanzquellen. Im Jahr 1948 mussten daher sämtliche Aktivitäten eingestellt werden.

Formen des schwarzen Nationalismus

Schon seit Beginn des 20. Jahrhunderts betonten schwarze Nationalisten den afrikanischen Teil ihrer Identität und lehnten den „amerikanischen Aspekt" auch wegen fehlendem Vertrauen an die Reformbereitschaft der Weißen ab. Sie waren der Meinung, dass die dominierende Gruppe der „White Anglo-Saxon Protestants" niemals freiwillig dazu bereit wäre, Macht aus ihren Händen abzutreten oder auch nur den Status Quo der afroamerikanischen Bevölkerung zu ändern.[9] Insofern erschien ihnen eine Trennung vom weißen Amerika als der einzig gangbare Weg abseits von Diskriminierungen und Terror. Die Vorstellungen gingen dabei bis hin zu territorialer Unabhängigkeit und politischer Selbstorganisation.

---

[8] Nathan Irvin Huggins, Harlem Renaissance, London-Oxford-New York (NY) 1971, S. 5.
[9] Werner Zips/Heinz Kämpfer, Nation X. Schwarzer Nationalismus, Black Exodus & Hip-Hop, Wien 2001, S. 57.

Wie andere Nationalismen beruht auch die afroamerikanische Spielart auf der Legitimität, dass sich ethnische und politische Grenzen decken sollten. Als eigentlicher identitätsstiftender Faktor gilt das gemeinsame Erlebnis der Sklaverei. Erst durch diese kollektive Erfahrung von Unterdrückung und sozialer Ausgrenzung während und nach der Sklaverei, wurde die Zugehörigkeit zur „Black Nation" definiert und auch erst dadurch konnte es überhaupt zu „Black Nationalism" kommen:

> „Slavery was, in a sense, the cause of black nationalism. It destroyed the ethnic loyalties of those whom it enslaved; it disastrously eroded traditional culture within a generation or two. But while it tended to strip slaves of their local traditional cultures, it endowed them with a sense of common experience and identity. The slavery experience ... was the basis of racial unity, unknown among the various traditional peoples of Africa before the slave trade."[10]

Aufgrund der ominösen „Rassengesetze" der weißen Sklavenhalter verschmolzen die beiden Konzepte von „Rasse" und „Nation" beinahe zwangsläufig. Jede Person, die auch nur einen afrikanischen Vorfahren in der Ahnenreihe aufwies, galt automatisch als „schwarz" und wurde damit von den Bürgerrechten ausgeschlossen. Noch bis zum heutigen Zeitpunkt besteht in den USA eine Obsession mit der Kategorie „Rasse" und die biologische Konstruktion nach äußerlichen Merkmalen der Hautfarbe beherrscht noch immer die von einer Mehrheit der Bevölkerung praktizierte Differenzierung.[11]

Schwarzer Nationalismus hatte zwei Ausprägungen, entweder eine primär politische oder aber eine kulturelle. Mit der politischen Ausformung ist gemeint, dass entweder die nationale Selbstbestimmung in einem souveränen Staat oder innerhalb einer Föderation angestrebt wurde. Das hätte konkret die Schaffung „schwarzer" Städte oder Bundesstaaten auf amerikanischem Territorium nach sich gezogen, quasi die Bildung einer Nation in der Nation, oder aber zu einer territorialen Trennung oder

---

[10] Wilson J. Moses, The Golden Age of Black Nationalism: 1850-1925, New York (NY) – Oxford 1988, S. 16.
[11] Zips/Kämpfer, Nation X. Schwarzer Nationalismus, Black Exodus & Hip-Hop, S. 60.

Emigration geführt, was beispielsweise die Repatriierung beziehungsweise Rückführung nach Afrika als Möglichkeit mit einschloss.

Kultureller Nationalismus dagegen ist eine explizite Betonung und Pflege einer als gemeinsam angenommenen und damit identitätsstiftenden Kulturtradition. Diese Variante beschränkt sich auf eine psychologische Separation, bedeutet also eine Loslösung von der Kultur- und Wertewelt der dominanten weißen Gesellschaft. Sie stellt sozusagen einen eigenständigen „way of life" dar. Im Rahmen des „Black Nationalism" kam es unter anderem zu einem bewusst initiierten Prozess einer solchen kulturellen Erneuerung als Strategie zur Überwindung der während der Sklaverei praktizierten kulturellen Herabwürdigung der Afroamerikaner.[12]

Daneben sollten auch zwei Sonderformen nicht unberücksichtigt bleiben, der religiöse und der wirtschaftliche Nationalismus. Bei der religiösen Ausprägung wird die Erschaffung der „Black Nation" als Teil eines göttlichen Plans und die eigene Nation als „auserwählt" dargestellt, was beispielsweise in der von der „Nation of Islam" (NoI) propagierten Vorstellung vom Armageddon[13] deutlich sichtbar wird. Beim wirtschaftlichen Nationalismus hat dagegen die ökonomische Unabhängigkeit die größte Bedeutung und die Existenz autonomer Wirtschaftsunternehmungen soll materiellen Wohlstand und in der Folge das Selbstbewusstsein der Nation nach innen und auch nach außen stärken.

Die bedeutendsten Richtungen des schwarzen Nationalismus stellen jene von Marcus Garvey in den zwanziger Jahren des 20. Jahrhunderts und die von Malcolm X in den Fünfzigern und Sechzigern dar. Aber auch die Renaissance der Bewegung unter Louis Farrakhan in den Achtzigern und Neunzigern darf nicht übersehen werden. Allen gemeinsam war letztlich das Streben nach Gründung einer eigenen Nation. Alle historischen Protagonisten afrikanisch-amerikanischer Widerstandsbewegungen mussten sich nicht nur der Unterdrückung durch das weiße Establishment gegenüber, sondern auch konkurrierenden Organisationen und Führungspersönlichkeiten innerhalb der schwarzen Gemeinschaften durchsetzen. Zu keiner Zeit waren schwarze Menschen in der Diaspora eine homogene Gruppe mit identischen Erfahrungen, Erwartungshaltungen und Geltungsansprüchen. Die veröffentlichte Meinung schaffte schon früh zwei „Pole", die (christliche) Integration stand der

---

[12] Vgl. ebd., S. 62.
[13] „Armageddon" ist der im Buch der Offenbarung (16:16) der Bibel beschriebene Platz des vorausgesagten endgültigen Kampfes zwischen Gut und Böse.

(muslimischen) Separation gegenüber und christliche Gruppen griffen beispielsweise die Muslime des Öfteren scharf an.[14] Somit hatten auch die medial oft aufgebauschten Wortkriege zwischen Malcolm X und Martin Luther King, Jr. schon ihre Vorläufer. Nach dem schlichten Strickmuster alltagsweltlicher US-amerikanischer „Politologie" gab es nur eine Auseinandersetzung zwischen „guten Negern und bösen Negern", wobei die Bürgerrechtsbewegung, auch aufgrund ihrer Gutgläubigkeit, als das kleinere der beiden Übel angesehen wurde.

Anfang des 20. Jahrhunderts gewann der schwarze Nationalismus in den Nordstaaten stark an Popularität. Dies vor allem bedingt durch die Gräueltaten im Süden und den ghettoähnlichen Bedingungen in den Städten des Nordens nach der Übersiedelung von über zwei Millionen Afroamerikanern auf ihrer Suche nach besseren Lebens- und Arbeitsbedingungen. Im Norden bestand zwar offiziell keine Rassentrennung, aber ein keineswegs weniger gefährlicher verdeckter Rassismus. Zudem kam es durch die großen demographischen Verschiebungen zu einem Lohnverfall und steigender Arbeitslosigkeit, was letztlich zu Rassenkonflikten führte.[15]
Viele Schwarze verloren im so genannten „Roten Sommer" des Jahres 1919 den letzten Rest an Geduld und Kooperationsbereitschaft. An der Spitze der Separatisten standen Marcus Garvey und seine „Back to Africa"-Bewegung, die auch den Vater von Malcolm X in ihren Bann zog. Als langfristiger Plan wurde eine kollektive Auswanderung ins gelobte Afrika angepeilt, was signalisiert, dass Afroamerikaner zum damaligen Zeitpunkt noch derart weit außerhalb der amerikanischen Gesellschaft standen, dass Afrika weiterhin als „Rückkehrziel" nach der Verschleppung in die Sklaverei galt.[16] Vor dieser Emigration sollte nach Garveys Absichten aber noch das neu erwachte schwarze Selbstbewusstsein mit Geschäftstüchtigkeit kombiniert werden. Die Schlagworte „black business power" und „black pride" wurden erstmals mit der Bestrebung geprägt, dass das Geld der Afroamerikaner auch wieder an die schwarze Gemeinschaft zurückfließen sollte. Der gebürtige Jamaikaner Garvey wurde aber schließlich wegen angeblichen Postbetrugs verhaftet, zurück in die Karibik deportiert und mit einem Einreiseverbot belegt. Ihres Anführers beraubt zerfiel die „United Negro Improvement Association". Allerdings

---

[14] Zips/Kämpfer, Nation X. Schwarzer Nationalismus, Black Exodus & Hip-Hop, S. 177.
[15] Waldschmidt-Nelson, GegenSpieler. Martin Luther King-Malcolm X, S. 28.
[16] Leroi Jones, Blues People. The Negro Experience in White America and the Music that Developed from it, New York (NY) 1963, S. 114.

blieben die Bilder prächtiger Paraden und ebenso Garveys Theorien in den Köpfen vieler bestehen und bildeten den Nährboden für spätere Organisationen, wie der NoI und anderen.

Nach Garvey stellte in zunehmendem Ausmaß der Islam als integratives Element nach innen und gleichzeitig als Möglichkeit der Abgrenzung zur protestantischen Herrschaftsgruppe eine wichtige Stütze dar. Das heißt, die nationalistische Bewegung verband sich in hohem Ausmaß mit einem schöpferischen Konzept des Islam.[17] Gemeinsamkeiten mit dem traditionellen muslimischen Glauben lagen vor allem in den verwendeten Bezeichnungen, während ansonsten gravierende Unterschiede festzustellen waren und immer noch sind. Elijah Muhammad, der Gründer der NoI knüpfte bewusst an die Vorarbeit Marcus Garveys an indem er diesen als Wegbereiter des Islam stilisierte und sich selbst als logischen Nachfolger zur Vollendung seines Werkes. Gerade durch diese offen zur Schau gestellte Wertschätzung gewann die „Nation of Islam" rasch an Macht und Einfluss gegenüber anderen Organisationen im schwarzen Freiheitskampf.

Im Einklang mit der so genannten Unvereinbarkeitsregel und kategorischen Ablehnung der weißen „Rasse", blieb die Mitgliedschaft in der NoI ausschließlich auf schwarze Menschen beschränkt. Auch die finanzielle Unterstützung Weißer wurde nicht geduldet. Elijah war der Meinung, eine Unterwanderung durch liberale Weiße würde automatisch zu einer Entradikalisierung der Bewegung führen.[18] Im Gegensatz zu Marcus Garvey, für den galt, „Repatriation is a must!", vertrat Elijah die Linie, „Separation is a must!", das heißt, dass für ihn auch ein eigenes Staatsterritorium auf dem Gebiet der Vereinigten Staaten, beispielsweise in Form eines schwarzen Bundesstaates, eine Alternative zur „Heimkehr" nach Afrika darstellte. Diese im staatspolitischen Sinn nationalistische Positionierung frei nach dem Motto „we should be in our own house", unterschied die NoI grundlegend von anderen Aktivisten vor und in der Bürgerrechtsbewegung.

In der sozialen Realität waren Integrationismus und Nationalismus mit ihren ideologischen Differenzierungen nie so eindeutig und klar voneinander abgegrenzt, wie man das auf den ersten Blick vermuten würde. Konzepte aus beiden Bereichen fanden sich in den jeweiligen Führungspersönlichkeiten wieder, wobei die Betonung der einen oder anderen Ausrichtung von den jeweils aktuellen gesellschaftlichen

---

[17] Zips/Kämpfer, Nation X. Schwarzer Nationalismus, Black Exodus & Hip-Hop, S. 180.
[18] Vgl. ebd., S. 204.

Entwicklungen abhängig war. Beide Strömungen wurden sich mit der Zeit des Prinzips „teile und herrsche" immer bewusster und so gab es zwischen ihnen keine unumstößlichen Gegensätze, sondern vielmehr unterschiedliche rhetorische Strategien und politische Handlungspläne.[19]

Weitere Entwicklungen nach dem Zweiten Weltkrieg

Der zweite Weltkrieg und damit der Kampf um die Freiheit für alle in der angestrebten neuen Weltordnung, steigerte das Interesse der Afroamerikaner in die Weltpolitik zu einem bisher noch nicht gekannten Ausmaß. Besonders nach dem Ende des Krieges verstärkte sich das Streben nach Freiheit im eigenen Land und gerade ethnische Minderheiten wollten für sich auch jene Rechte in Anspruch nehmen, für die sie im Krieg gekämpft hatten.[20] Schließlich wurde der Krieg vornehmlich gegen den Rassenwahn Nazideutschlands geführt und es war kaum verständlich, dass dieselben schwarzen Soldaten, die nach ihrer Rückkehr von den Schlachtfeldern der Welt mit Auszeichnungen belohnt und jubelnd in den USA empfangen wurden, sich nun wieder mit dem altbekannten weißen Hass konfrontiert sahen.

Die politischen Veränderungen nach dem Zweiten Weltkrieg im Süden der USA gaben trotzdem Anlass zur Hoffnung: unter der afroamerikanischen Bevölkerung städtischer Gebiete kam es verstärkt zu politischen Aktivitäten. Daneben gingen einige lokale Politiker Zweckbündnisse mit schwarzen Führungspersönlichkeiten ein und junge weiße Politiker begannen verstärkt damit, sich über eine demokratischere Zukunft mit größeren ökonomischen Möglichkeiten und einer höheren Lebensqualität für alle Gedanken zu machen.

Auch durch die Gründung der Vereinten Nationen am 24. Oktober 1945 erhofften sich viele die Unterstützung ihres Kampfes um Gleichberechtigung.[21] Das vor allem, weil die UNO sich auch erfolgreich für die Rechte der indischstämmigen Bevölkerung Südafrikas einsetzte. So richtete Ende 1946 der „National Negro Congress" eine Petition an die Vereinten Nationen, in der ein Ende der „politischen, wirtschaftlichen und gesellschaftlichen Diskriminierung in den USA" gefordert

---

[19] Vgl. ebd., S. 178f.
[20] John Hope Franklin/Alfred A. Moss Jr., From Slavery to Freedom. A History of African Americans, New York (NY) 1994[7], S. 456.
[21] Vgl. ebd., S. 456.

wurde. Es war zu diesem Zeitpunkt jedoch bereits klar, dass das Problem der schwarzen Minderheit in den Vereinigten Staaten international anders gesehen wurde, als im Land selber. Gegen diese Haltung protestierte Charles H. Houston folgendermaßen:

> „A national policy of the United States which permits disfranchisement in the South is just as much an international issue as elections in Poland or the denial of democratic rights in Franco Spain.“[22]

Tatsächlich schien die amerikanische Regierung die Rassentrennung im Zuge des sich abzeichnenden Kalten Krieges aufzuweichen, um damit die Unterstützung einiger afrikanischer Länder im Kampf gegen den Kommunismus zu erlangen. Nicht zuletzt war es für die U.S.-Regierung auch peinlich in den Vereinten Nationen, in deren Gremien auch immer mehr afrikanische Staaten vertreten waren, Ideale der Völkerverständigung zu predigen, zu Hause aber eine gänzlich andere Politik zu verfolgen. Diesen Widerspruch wusste im Übrigen auch die kommunistische Propaganda sehr gut für ihre Zwecke auszunutzen.[23]

Zur Überraschung vieler stellte sich Präsident Harry S. Truman als Liberaler heraus und setzte bereits 1946 persönlich eine gemischtrassige Kommission mit dem klingenden Namen „To Secure These Rights“ ein, welche ausfindig machen sollte, was konkret die Probleme hinsichtlich der Rassentrennung sind. Deren im Jahr 1947 publizierter Abschlußbericht fiel äußerst kritisch aus und griff all jene scharf an, die anderen deren Rechte verweigerten. Truman, geschockt darüber, wie verbreitet Diskriminierung in den USA war, stellte sich voll hinter den Bericht und legte dem republikanisch dominierten Kongress einen ersten Gesetzesentwurfs für Bürgerrechte seit dem Ende der „Reconstruction“ vor. Allerdings bestand kein Grund darauf zu hoffen, dass dieser Entwurf auch verabschiedet werden würde, da dadurch auch demokratische Abgeordnete aus dem Süden vor den Kopf gestoßen wurden und zu diesem Zeitpunkt in jedem Fall die nötige Mehrheit fehlte.[24] Truman forcierte aber weiterhin die Bürgerrechte und setzte schon 1948 eine weitere Kommission ein, welche sich unter dem Schlagwort „Freedom to Serve“ mit den Fortschritten durch

---

[22] Vgl. ebd., S. 459.
[23] J. M. Roberts, The New Global Era (The Illustrated History of the World 10), London 1999, S. 86.
[24] William J. Cooper, Jr./Thomas E. Terrill, The American South. A History, New York (NY) 1990, S. 705.

die im selben Jahr erlassene Präsidialverordnung zur Integration der Armee beschäftigte. Es wurden dabei relativ wenige negative Vorfälle aufgedeckt und der Leitsatz, dass die Aufhebung der Rassentrennung beim U.S. Militär ein „grundlegender und wesentlicher Bestandteil" sei, schien erstaunlich schnell in die Tat umgesetzt worden zu sein.

Auch in anderen Bereichen wiesen die Zeichen der Zeit immer deutlicher in Richtung Integration. So wurden vom Obersten Gerichtshof die im öffentlichen Wohnungswesen gegenüber Afroamerikanern einschränkenden Verträge 1948 für illegal erklärt. Gleichzeitig umwarben die Gewerkschaften verstärkt schwarze Arbeiter, um ihre Mitgliederzahlen entsprechend zu steigern. Diese Bestrebungen brachten über kurz oder lang eine bessere Repräsentation afroamerikanischer Arbeitnehmer und damit größere Chancen auf dem Gebiet der Beschäftigung. Bei diesen und auch früheren Fortschritten waren religiöse Institutionen und Organisationen unter jenen, die sich am stärksten für die Interessen der afroamerikanischen Gemeinschaft einsetzten. Als Beispiel für diese Bemühungen können beispielsweise die Programme zur Verbesserung der Beziehungen zwischen den ethnischen Gruppen genannt werden. Einige Kirchen integrierten sich freiwillig und setzten damit ein Zeichen auch für andere Gemeinschaften.

Nichtsdestotrotz waren damit die vorherrschenden Probleme noch längst nicht aus dem Weg geschafft. Im Zuge der Migration vieler Afroamerikaner in die nördlichen Bundesstaaten nach dem Ende des Zweiten Weltkriegs, komplizierte sich dort die Situation auf dem Gebiet des Wohnungs- und Beschäftigungswesens. Entgegen der zum Teil verbreiteten Meinung, dass es im Norden keine der Situation im Süden vergleichbare Diskriminierung mehr gab, erwiesen sich auch dort die verbreiteten Vorurteile als äußerst hartnäckig. Aber zumindest wurden Kommissionen zur Überwachung fairer Beschäftigungspläne auf staatlicher, aber auch städtischer Ebene eingesetzt. Nicht zuletzt durch eine mehr oder weniger direkte Unterstützung von Seiten des Präsidenten sahen sich schwarze Amerikaner ermutigt. Im Zuge eines neuen Widerstandwillens wurde damit begonnen, an zukünftigen legislativen Entwürfen zu arbeiten und auch in Gebieten, wie dem Bundesstaat Mississippi, der landläufig als das Symbol schlechthin für das undurchlässige Netz der Rassentrennung galt, begann sich ein Wandel abzuzeichnen. Entgegen einem auf verstärkten Druck der afroamerikanischen Bevölkerung hin vermehrt feindlichem regionalem Umfeld, expandierte gleichzeitig die NAACP und nahm auch zunehmend sichtbar Position im Kampf für das allgemeine Recht auf Wählerregistrierung und Stimmabgabe, sowie gegen Ungerechtigkeiten in staatlichen Bildungseinrichtungen ein.

Der Kampf der NAACP um Gleichberechtigung vor Gericht

Schon im Jahr 1909 wurde die bereits erwähnte „National Association for the Advancement of Colored People" oder NAACP ins Leben gerufen. Diese Organisation widmet sich hauptsächlich der öffentlichen Aufklärungsarbeit und einer Verbesserung der Situation der Afroamerikaner. Im Gegensatz zu den Nationalisten, hatte die NAACP das Vertrauen in die amerikanische Verfassung und die Bundesgesetzgebung nicht verloren, sondern setzte in ihrem Kampf gegen die Unterdrückung vornehmlich auf die Macht jener Gerichte, die zuvor viele Ungerechtigkeiten den Afroamerikanern gegenüber zu verantworten hatten.[25]

Als einer der ersten großen Erfolge, darf gelten, dass der Oberste Gerichtshof 1915 die so genannten „Großvatergesetze" für verfassungswidrig erklärte. Es sollte aber noch weitere 24 Jahre dauern bis dies auf alle Südstaaten ausgedehnt wurde. Ein weiterer bedeutender Erfolg der NAACP vor dem Supreme Court war 1927 die Verurteilung der Praxis, Schwarze bei den parteiinternen Vorwahlen auszuschließen. Bereits ein Jahr später wurde daraufhin der erste schwarze Abgeordnete seit dem Ende der „Reconstruction" und damit auch des 20. Jahrhunderts gewählt. In Zusammenarbeit mit der „Southern Conference for Human Welfare" wurde von der NAACP schließlich am 3. April 1944 im Prozess „Smith v. Allwright" vor dem Obersten Gerichtshof erreicht, dass die Praxis der „weißen Vorwahlen" beziehungsweise „white primaries" endgültig für verfassungswidrig erklärt und als Verletzung des 15. Verfassungszusatzes angesehen wurde. Innerparteiliche Vorwahlen galten ab sofort als Wahlen mit finanzieller Unterstützung von Einzelstaaten oder der Bundesregierung und nicht mehr als die Angelegenheit privater Organisationen. Theoretisch war damit das Gesetz auf Seiten der Afroamerikaner und tatsächlich stieg die Zahl an registrierten schwarzen Wählern im Süden in der Folge auch wieder an.

Der Zweite Weltkrieg brachte, wie bereits angemerkt, eine wesentliche Verstärkung des Verlangens nach Gleichbehandlung aller in den USA. Aufgrund der besonderen

---

[25] Martin Luther King Jr., Why We Can't Wait, New York (NY) 1964, S. 34.

kriegsbedingten Beschränkungen konnte sich dieses Verlangen aber zunächst nicht vollends entfalten. Nach deren Aufhebung begann die NAACP jedoch relativ rasch erhöhten Druck im legislativen Bereich auszuüben. Der Moment schien auch insofern günstig gewählt, da sich Bundesgerichte und die Exekutive immer öfter gegen die Segregation aussprachen.[26] So setzte sich die Organisation ab 1947 in diversen Fällen in Bundesstaaten wie South Carolina, Virginia, Delaware, Kansas und Washington D.C. für ein Ende der Rassentrennung und die vollkommene Gleichbehandlung aller Schüler und Lehrkräfte an Schulen ein. Meist verlor die NAACP diese Verfahren noch und auch in jenen Fällen, in denen die Anwälte der NAACP eine Reihe gesetzgeberischer Durchbrüche erzielten, führte die mangelhafte oder verzögerte Umsetzung zu einem Verlust des Vertrauens in die Rechtssprechung. Es gab daher auch viele andere Stimmen innerhalb der afroamerikanischen Gemeinschaft, die Mittel und Wege abseits der gerichtlichen Vorgangsweise verfolgte, allerdings waren der überwiegende Teil der Afroamerikaner nicht willens, sich ohne Aussicht auf Erfolg in selbstmörderische Verzweiflungsaktionen zu stürzen.[27]

Gleichzeitig wurde den offiziellen Repräsentanten des Südens durch die Vorgangsweise der NAACP klar, dass sie auf der Basis des Gleichheitsgrundsatzes im Rahmen der Doktrin „getrennt, aber gleichgestellt", also „separate but equal" angreifbar sind. Virginia und South Carolina begannen daher mit einer Aufholstrategie, welche bald auch von anderen Staaten des Südens übernommen wurde. Sie gestanden öffentlich ein, dass in der Vergangenheit nicht fair gehandelt wurde, betonten aber gleichzeitig, dass nun mit der Zeit eine gleichwertige Infrastruktur für Schwarze bereitgestellt würde. Im Endeffekt hieß das nichts anderes, als dass die Öffnung weißer Institutionen für Afroamerikaner weiterhin verhindert werden sollte.

Am 5. Juni 1950 gewann die NAACP dann aber drei bedeutende gerichtliche Entscheidungen an einem Tag. In „Henderson v. United States" erklärte der Oberste Gerichtshof jegliche Diskriminierung von Personen auf überstaatlichen Verkehrswegen beziehungsweise landesweiten Transportmitteln für illegal. Im Entscheid „McLaurin v. Oklahoma" wurde einem schwarzen Studenten in seiner Klage auf Aufhebung der Rassentrennung innerhalb des Campus der Universität von Oklahoma recht gegeben. Und auch in der Sache „Sweatt v. Painter" entschied der

---

[26] Franklin/Moss, From Slavery to Freedom. A History of African Americans, S. 461.
[27] King, Why We Can't Wait, S. 34.

Oberste Gerichtshof zugunsten des Klägers Sweatt. Diesem wurde vom Staat Texas ein separates Unterrichtsgebäude an einer juridischen Fakultät zugewiesen, aber Sweatt weigerte sich, es zu nutzen, da es in seinen Augen „im Wesen nicht gleichwertig" war. Auch wenn Texas für eine absolute Gleichstellung beider Fakultäten gesorgt hätte, was nicht der Fall war, wäre die Ungleichbehandlung noch immer nicht ausgeräumt gewesen, da auch nicht-materielle Aspekte, wie das Ansehen beziehungsweise Prestige einer Schule in Betracht gezogen werden müssen. Gewisse Faktoren können somit nicht objektiv bewertet werden, weshalb das Gericht anordnete, dass Sweatt die Wahl haben muss, an welcher Fakultät er studiert. Das kam der Aussage, dass eine Trennung nicht gleichwertig sein könne, schon sehr nahe. Marshall und andere Anwälte entschlossen sich dazu, nun den Grundsatz „getrennt, aber gleichwertig" an sich zu attackieren. Sie glaubten, dass die Zeit gekommen wäre, die Gerichte damit zu konfrontieren, dass getrennt, niemals auch gleichwertig bedeuten könne.

Von Thurgood Marshall wurden bekannte Persönlichkeiten mit ins Team geholt, um die negativen Auswirkungen von „getrennt, aber gleichwertig" aufzuzeigen. Dies stellte einen Vorteil gegenüber den Befürwortern der Rassentrennung dar, welche keine angesehenen Wissenschaftler in ihren Reihen vorweisen konnten. In Marshalls Team befanden sich unter anderem John Hope Franklin oder auch Kenneth und Mamie Clark, die mit ihrem berühmten Puppenexperiment einen ausgeprägten Minderwertigkeitskomplex bei afroamerikanischen Kindern nachweisen konnten. Im Fall „Briggs v. Eliot" wurde im Jahr 1951 das strikt nach Hautfarbe getrennte Schulsystem von Clarendon County in South Carolina attackiert. Dabei war nicht mehr nur die Ungleichheit der Ausbildung an sich Ziel der Anklage, sondern die Rassentrennung als solches. Kindern verschiedener ethnischer Herkunft wurden von den Clarks schwarze und weiße Puppen gezeigt und es war klar ersichtlich, dass sogar afroamerikanische Kinder, welche sich mit den schwarzen Puppen identifizierten, der Meinung waren, dass das die hässlicheren Puppen wären. Offensichtlich lag also ein ausgeprägtes Gefühl der Minderwertigkeit vor, wodurch die von Psychologen, Soziologen und Anthropologen bereits des Öfteren vorgelegten Beweise für eine langfristige Persönlichkeitsschädigung in Folge der Rassentrennung erneut untermauert wurden.[28]

---

[28] Paul Craig Roberts/ Lawrence M. Stratton, The New Color Line. How Quotas and Privilege Destroy Democracy, Washington (DC) 1997.

Bis 1954 stellte die Arbeit von Anwälten der NAACP einen maßgeblichen Bestandteil des Kampfes gegen die Rassentrennung und somit in der Heranreifung der Bürgerrechtsbewegung dar.

Portrait - Charles H. Houston & Thurgood Marshall

Außergewöhnliche junge afroamerikanische Anwälte führten gemeinsam mit der NAACP die rechtlichen Anfechtungen der Rassentrennung und der damit verbundenen Ungerechtigkeiten an. Die treibende Kraft dahinter war vorrangig der Harvard-Absolvent Charles H. Houston. Er wurde 1929 zum Dekan der juridischen Fakultät der Howard University bestellt und baute die Einrichtung mit dem Grundgedanken, dass Afroamerikaner sich in den Gerichten eigenständig Erfolge und Gerechtigkeit erkämpfen müssen, von Grund auf um.[29] Bis zum Jahr 1935 war er rechtswissenschaftlicher Berater der NAACP und gleichzeitig avancierte die Howard University zur besten afroamerikanischen Rechtsfakultät der Vereinigten Staaten, wo talentierte junge Anwälte, wie beispielsweise Thurgood Marshall, ausgebildet wurden.

Houston selber stand weiterhin im Gerichtssaal und verteidigte 1933 unter anderem George Crawford, einen Afroamerikaner, der angeklagt worden war, eine wohlhabende weiße Witwe ermordet zu haben. Obwohl er sich mit seiner Argumentation nicht durchsetzen konnte, stellte sein selbstsicheres Auftreten vor Gericht an sich bereits einen juridischen Meilenstein dar. In anderen von Houston im Auftrag der NAACP verhandelten Gerichtsverfahren ging es beispielsweise darum, Hürden der Rassentrennung zu überwinden, speziell auf dem Gebiet des öffentlichen Bildungswesens. Im Juli 1935 verteidigte Charles H. Houston Lloyd Gaines im Fall „Gaines v. Canada". Es ging darum, Gaines Zugang zur rechtswissenschaftlichen Fakultät der University of Missouri zu verschaffen. Houston argumentierte mit der Begründung, dass es die Verpflichtung des Staates Missouri sei, Gaines eine gleichwertige Ausbildung zukommen zu lassen, konnte das Gericht damit aber nicht überzeugen. Erst zwei Jahre später stimmte der Oberste Gerichtshof zu und räumte Gaines so das Recht ein, die juridische Fakultät zu besuchen.

Dies sind nur einige wenige der vielen Fälle, die Houston in auszehrenden Gerichtsverfahren bestritt. Diese Anstrengungen schädigten seine Gesundheit in zunehmendem Maße und so starb Charles H. Houston im Alter von nur 54 Jahren am 22. April 1950 an den Folgen eines zweiten Herzinfarkts. Bei seinem Begräbnis

---

[29] Salmond, „My Mind Set on Freedom". A History of the Civil Rights Movement, 1954-1968, S. 4.

würdigten ihn, der kurzfristig auch als erster afroamerikanischer Richter am Obersten Gerichtshof im Gespräch war, Persönlichkeiten, wie Präsident Truman oder Hubert Humphrey, der spätere Vizepräsident in Lyndon B. Johnsons Regierung.[30]

Thurgood Marshall wurde 1908 in Baltimore geboren und graduierte 1933 als Klassenbester der juridischen Fakultät der Howard University.[31] Seine Laufbahn als Anwalt umfasste den gesamten Zeitraum der Bürgerrechtsbewegung. Einen Namen machte er sich vor allem mit und durch die NAACP, für die er sämtliche Verfahren bezüglich der Verfassungsmäßigkeit afroamerikanischer Rechte seit 1938 abwickelte. 1950 wurde er zum Rechtsbeistand des „Legal Defense and Educational Funds" bestimmt und spielte eine entscheidende Rolle in einem Team von Anwälten, welche die mittlerweile berühmten Fälle zur Rassentrennung in Schulen vor dem Obersten Gerichtshof vortrugen. Marshall hatte weiters eine Schlüsselposition in Entscheidungen inne, die sich mit der Zulassung qualifizierter Afroamerikaner zur juridischen Fakultät der University of Texas und dem Recht afroamerikanischer Texaner befassten, an den Vorwahlen der demokratischen Partei teilzunehmen.

In einem 1940 von Thurgood Marshall vor dem amerikanischen Bundesberufungsgericht gewonnenem Gerichtsverfahren ging es um die Anfechtung von niedrigerer Entlohnung schwarzer Lehrkräfte im Vergleich zu deren weißen Arbeitskollegen an Mittelschulen in Norfolk, Virginia. Marshall gewann den Fall und durch diesen Erfolg vor Gericht wurde sein Ansehen im Zuge einer ganzen Reihe von Verfahren, die durch die NAACP seit 1935 angestrebt wurden, noch zusätzlich vergrößert. Ein weiterer Fall, „McLaurin v. Oklahoma State Regents for Higher Education", der ab dem Jahr 1948 verhandelt wurde, beschäftigte sich damit, George McLaurin, einem 68 Jahre alten früheren Lehrer, Zugang zur pädagogischen Akademie zu verschaffen, was ihm bisher verwehrt blieb. Der Staat Oklahoma willigte zunächst ein und ließ McLaurin als Student zu, versuchte dann aber diesen innerhalb der Schule von den anderen Studenten zu isolieren und getrennt zu halten. Thurgood Marshall sah darin einen eindeutigen Versuch, McLaurin ein „Abzeichen der Minderwertigkeit" umzuhängen, was 1950 durch den Obersten Gerichtshof

---

[30] Douglas O. Linder, Before Brown: Charles Houston and the Gaines Case, bei URL: http://www.law.umkc.edu/faculty/projects/ftrials/trialheroes/charleshoustonessayF.html, Stand: 27.04.2003.
[31] Asante/Mattson, Historical and Cultural Atlas of African Americans, S. 125.

bestätigt wurde und somit den gesamten „Getrennt, aber gleichwertig"-Grundsatz in Frage stellte. Der Gerichtshof forderte ein sofortiges Ende der Benachteiligungen und stand kurz davor, die „Plessy v. Ferguson"-Entscheidung von 1896 direkt zu attackieren. Diese besagte, dass nach Hautfarbe getrennte Einrichtungen nicht verfassungswidrig seien, solange sie als gleichwertig betrachtet werden können. In zwei weiteren, ähnlich gelagerten Verfahren, „Sweatt v. Painter" und „Henderson v. United States", entschied der Oberste Gerichtshof einstimmig, weshalb Marshall und seine Mitstreiter sich in der Folge dazu entschieden, in künftigen Gerichtsverfahren die Rechtmäßigkeit der Rassentrennung an sich anzufechten und damit das Urteil von 1896 für ungültig erklären zu lassen. Die Anwälte brachten dabei unter anderem auch psychologische, soziologische und anthropologische Gutachten mit ein. Schlussendlich ging ein ganzes Paket an Verfahren vor den Obersten Gerichtshof, wo diese unter dem Titel „Brown v. the Board of Education of Topeka, Kansas" behandelt wurden und 1954 schließlich die angestrebte Aufhebung des Plessy-Urteils bringen sollten, was mit Sicherheit den bislang bedeutendsten Schlag gegen die Rassentrennung darstellte.

In weiterer Folge verlagerte sich der Kampf gegen Diskriminierung und Rassismus aus den Gerichtssälen auf die Straße. Marshall trat aber auch weiterhin vehement als Verfechter der Gleichberechtigung auf. So war er ab 1961 Berufungsrichter für Connecticut, New York und Vermont und ab 1967 wurde er von Präsident Lyndon B. Johnson zum ersten afroamerikanischen Richter des Obersten Gerichtshofes ernannt, was den Gipfel seiner angesehenen Karriere im juridischen Bereich darstellte. Bis zu seinem Tod im Jahr 1993 vertrat Marshall immer konsequent seine Sympathien für Menschenrechte und Gerechtigkeit.

II. Aufweichung der Rassentrennung

Auch im Süden verstärkten die Schwarzen nach Außerkraftsetzung der weißen Vorwahlen ihre politischen Aktivitäten. Dieser politische Einfluss führte nach 1945 zur Umsetzung von Gesetzen zu fairer Beschäftigung in zahlreichen Staaten und war ein wesentlich effektiveres Mittel zu Verbesserungen als alle anderen bisher erzielten Maßnahmen auf staatlicher und nationaler Ebene.[32]

Anzeichen dafür, dass sich die Regierung im Sinne der schwarzen Bevölkerung einsetzen könnte, gab es bereits seit Präsident Truman 1948 die Vorschläge für eine Bürgerrechtsgesetzgebung einbrachte und diese vom Kongress ernsthaft diskutiert wurden.

Anfang der fünfziger Jahre stellten sich auch das Gerichtswesen und die „Interstate Commerce Commission" hinter die Rechte der Afroamerikaner auf freies Reisen zwischen den Bundesstaaten der Vereinigten Staaten und erklärten die Rassentrennung in diesem Bereich für illegal. Im Jahr 1955 forderte die „Interstate Commerce Commission", dass „jegliche Trennung nach Rassen in Zügen und Bussen bis zum 10. Jänner 1956 zu enden habe."[33] Das bezog sich im Übrigen auch auf das Bahnhofs- und Busterminalareal.

1957 kam es zu Dwight D. Eisenhowers 4-Punkte-Vorschlag zu den Bürgerrechten und nach einer erbitterten Debatte wurde der von Clarence Mitchell, Jr. und der NAACP erkämpfte Gesetzesvorschlag vom Kongress beschlossen und vom Senat mit 72 zu 18 Stimmen verabschiedet.[34] Es war dies das erste neue Gesetz seit 1875, das der Bundesregierung das Recht einräumte, Zivilrechtsklagen in ihrem Namen einzubringen, um in jenen Fällen, wo einer Person das Wahlrecht verweigert wurde, vor bundesstaatlichen Gerichten einen Unterlassungsanspruch zu erlangen. Gleichzeitig richtete man die „U.S. Commission on Civil Rights" ein. Die Wichtigkeit des neuen Gesetzes lag in seiner Anerkennung der Verantwortung der Bundesregierung. Das verkehrte die historisch gewachsene Praxis, die Finger von Angelegenheiten der Bürgerrechte zu lassen, ins Gegenteil.[35] Der Kongress beschloss dieses Bürgerrechtsgesetz vor allem aufgrund des wachsenden Drucks von Seiten der

---

[32] Franklin/Moss, From Slavery to Freedom. A History of African Americans, S. 494.
[33] Vgl. ebd., S. 465.
[34] Hermann Kinder/Werner Hilgemann, dtv-Atlas Weltgeschichte, Bd. 2: Von der Französischen Revolution bis zur Gegenwart, München 1998[32]., S. 519.
[35] Franklin/Moss, From Slavery to Freedom. A History of African Americans, S. 494.

Bürgerrechtsverfechter. Immerhin stellte gerade die Verweigerung des Wahlrechts durch meist manipulierte Lese- und Schreibtests einen Hauptgrund für die steigende Unruhe unter der 11 Millionen starken schwarzen Bevölkerung der Vereinigten Staaten dar.[36] Dazu kam noch das sich rapid verändernde internationale Umfeld. So wurde im März 1957 Ghana als erste einstmalige Kolonie Mitglied der Vereinten Nationen. Die neue Situation in Afrika veränderte die Bedeutung des amerikanischen Rassenproblems mit Hinblick auf die weltweite Öffentlichkeit und war gleichzeitig ein Antrieb für die Bewegung zur Erlangung der Gleichberechtigung aller ethnischen Gruppen in den USA.

Brown-Entscheidung des Obersten Gerichtshofs

Alle fünf vor dem Obersten Gerichtshof eingebrachten Verfahren gingen in Berufung und als erstes wurde der Fall „Brown v. Board of Education at Topeka, Kansas" behandelt, unter dem das Verhandlungspaket auch bekannt werden sollte.

Aufgrund ihrer Wichtigkeit, wurden die Verfahren vom Obersten Gerichtshof über einen Zeitraum von drei Tagen behandelt. Damals betrug die Erfolgsquote von Berufungen vor dem Obersten Gerichtshof im Schnitt übrigens etwa 5%. Im Vergleich dazu, liegt diese heute bei 1% bis 2%.

John W. Davis hatte zuvor als amerikanischer Generalstaatsanwalt die „Großvaterklausel" beziehungsweise „grandfather clause" außer Kraft gesetzt, stellte sich nun allerdings auf die andere Seite und vertrat die Interessen des Staates Virginia. Teil der von der NAACP verfolgten Strategie war es, die einzelnen Staaten von verschiedenen Anwälten repräsentieren zu lassen. Nach langen Beratungen waren sich die Richter zunächst uneins und auch im Juni 1953 war der Oberste Gerichtshof noch immer nicht in der Lage, zu einer Entscheidung zu gelangen. Es wurden weitere Vernehmungen angeordnet, was insofern beachtlich ist, da zu dieser Zeit für gewöhnlich Fällen bezüglich Rassendiskriminierung an Schulen nicht allzu viel Bedeutung geschenkt wurde. Der Generalbundesanwalt wurde eingeladen, zu den Verfahren Stellung zu nehmen und überraschenderweise sprach er sich dafür aus, vom Grundsatz „getrennt, aber gleichwertig" abzugehen.

---

[36] Tony Allan (Hrsg.), Der Kalte Krieg, in: Das Atomzeitalter. 1950-1990 (Spektrum der Weltgeschichte), Amsterdam 1990: S. 9-36, S. 24.

Im September 1953 verstarb der oberste Bundesrichter und wurde durch Earl Warren, den ehemaligen Gouverneur von Kalifornien, ersetzt, den auch die Vertreter der Südstaaten nicht als potentielle Gefahr einstuften. Dieser personelle Wechsel kann wohl als der größte und ausschlaggebendste Beitrag von Präsident Eisenhower für das Vorantreiben der Bürgerrechte angesehen werden. Der Präsident brachte bislang ja nur wenige Sympathien für die afroamerikanischen Bemühungen um Bürgerrechte auf. Später soll Eisenhower auch gesagt haben, dass er dies als seinen wohl gravierendsten Fehler als Präsident ansah.[37]

Warren sollte in der Folge eine grundlegende Änderung der Position des Obersten Gerichtshofes zustande bringen. Er war der Meinung, die Verfahren seien alles andere als kompliziert und dass die einzige legale Basis für „getrennt, aber gleichwertig" nur die Annahme sein könne, dass Schwarze von Grund auf minderwertig seien. Er war sich bewusst, dass derart kurze Zeit nach dem Zweiten Weltkrieg, offizielle Stellen in den USA öffentlich keine derartige Stellungnahme abgeben können. Am 17. Mai 1954 erklärte der Oberste Gerichtshof, dem auch vier Richter aus den Südstaaten angehörten, „getrennt, aber gleichwertig" unerwartet einstimmig für verfassungswidrig und verurteilte den dadurch implizierten Minderwertigkeitskomplex scharf. Das stellte einen durchschlagenden Erfolg dar.
Hinter den Kulissen hatte Warren mit großem Eifer daran gearbeitet, eine einstimmige Entscheidung zu erreichen. Er war sich bewusst, dass lediglich durch diese Einstimmigkeit des Richtergremiums, die zur Umsetzung des Schiedsspruchs notwendige breite Basis im Land erreicht werden kann.[38]

Dieser große juristische Sieg für die NAACP 1954 stellte einen Wendepunkt im Leben der Afroamerikaner dar und war gleichzeitig die erste eindeutige Entscheidung gegen die Rassentrennung seit der „Reconstruction". Für die schwarze Bevölkerung war diese Entscheidung in doppelter Hinsicht symbolischer Natur: auf der einen Seite war klar, dass die Bundesregierung nun endgültig auf ihrer Seite stand und dass der Oberste Gerichtshof die Linie der NAACP nun komplett zu übernehmen schien.
Weiters wurde in logischer Konsequenz der rassistisch motivierten Rassentrennung im Süden der USA die Unterstützung entzogen. Das führte unter anderem zu

---

[37] Stephen J. Whitfield, The Culture of the Cold War, Baltimore (MD)-London 1996[2], S. 21.
[38] Salmond, „My Mind Set on Freedom". A History of the Civil Rights Movement, 1954-1968, S. 25.

Protesten weißer Südstaatler gegen diese „Einmischung" der Bundesorgane in die lokale Gesetzgebung. Gewöhnliche Bürger, wie auch deren politische Führer zeigten sich darüber schockiert. Sie sahen ihre Lebensweise bedroht und waren, zumindest zu einem nicht unbeträchtlichen Teil, gewillt diese um jeden Preis zu verteidigen. Es ging im Kern ja um nichts weniger als die Vormachtsstellung der weißen Bevölkerung.

In der Tat sollte sich in den folgenden Jahren diese Auseinandersetzung zwischen Tradition und Umbruch in Schulen, Geschäften und schließlich auch auf den Straßen abspielen und am Ende den Süden der USA vollkommen verwandelt hinterlassen. An sich war es daher schon erstaunlich, dass sich kein spontaner, geschlossener weißer Widerstand herausbildete. So riefen beispielsweise der Gouverneur von Alabama oder auch Redakteure von drei der einflussreichsten Zeitungen des Südens zur Mäßigung und Einhaltung der vom Obersten Gerichtshof erlassenen Gesetze auf. Sogar in Mississippi gab es ähnlich mäßigende Stimmen und der Gouverneur organisierte ein Treffen mit afroamerikanischen Führern, um einen Plan zur freiwilligen Integration der Rassen auszuarbeiten. Gleichzeitig begannen auch normale Bürger, ihre nächsten Schritte zu planen und diese waren nicht immer gegen das neue Gesetz gerichtet. So stellten nicht wenige Eltern Überlegungen hinsichtlich einer möglichst reibungslosen Aufhebung der Rassentrennung an Schulen an.[39]

Im Gegensatz dazu formierte sich unter Kongressabgeordneten und Senatoren aus den Südstaaten Widerstand gegen die Entscheidung des Obersten Gerichtshofes, der sich am 12. März 1956 im von 90 Personen unterzeichneten „Southern Manifesto" auch offiziell äußerte. Diese so genannte „Erklärung verfassungsmäßiger Prinzipien", die unter der Federführung der Senatoren Sam Ervin aus North Carolina und Walter George aus Georgia zustande kam, verurteilte die Brown-Entscheidung als verfassungswidrig und den „freundschaftlichen Beziehungen" zwischen den Rassen als abträglich, was einen augenscheinlichen Beweis für die Unfähigkeit des Südens darstellte, sich aus seiner Geschichte zu lösen. Diese Unfähigkeit und Unbeweglichkeit war mit eine Voraussetzung dafür, dass sich im Rahmen der großen Bürgerrechtsbewegung eine massive Protestbewegung bildete.

---

[39] Vgl. ebd., S. 28.

Im Süden begann sich die afroamerikanische Protestbewegung also langsam aber sicher zu formieren. Gleichzeitig gingen die ausgeklügelten Kämpfe um die Bürgerrechte vor dem Obersten Gerichtshof weiter.

Nach der Entscheidung im Fall Brown, bat der Oberste Gerichtshof Anwälte um Vorschläge, wie der Übergang von einem ethnisch getrennten zu einem integrierten Schulsystem am besten bewältigt werden könne. Der Gerichtshof machte dabei keine Vorgaben. Gleichzeitig forderte die NAACP, die gegenwärtige Situation noch ein Jahr beizubehalten und darauf folgend die Aufhebung der Rassentrennung „quer durch die Bank" durchzusetzen.

Tatsächlich begannen auch einige im Grenzgebiet zwischen Norden und Süden der USA liegende Bundesstaaten bereits mit der freiwilligen Aufhebung der Rassentrennung an Schulen. Selbiges geschah auch an katholischen Schulen im ganzen Süden. Kansas begann damit, die Schulen zu integrieren und zum Teil auch Delaware.

South Carolina und Virginia hingegen beriefen und forderten das Gericht auf, seine Entscheidung zu „überdenken." Präsident Eisenhower zwang erzieherische Institutionen in Washington D.C. zur Einhaltung der gerichtlichen Entscheidung. Dass er persönlich möglicherweise dagegen war, äußerste sich dadurch, dass er nicht auf umfassende und sofortige Einhaltung des neuen Gesetzes bestand. Dieses Fehlen an Unterstützung des Obersten Gerichtshofes durch den Präsidenten bekräftigte viele Südstaatler in ihrem Widerstand. Mehr und mehr Politiker versuchten die Einhaltung des Gesetzes zu umgehen, aber nicht wie früher durch Gewalt, was im Hinblick auf die hohe Medienpräsenz und den Druck der öffentlichen Meinung auch kaum zu Erfolgen im Sinne der Befürworter der Rassentrennung geführt hätte. Bis zur Mitte des Jahres 1955 waren dann wohl schließlich bereits diejenigen in der Überzahl, die sich darum bemühten, eine Integration des Schulsystems zu vermeiden.

Ein Großteil der Männer, die das wirtschaftliche und politische Leben im Süden kontrollierten, begann sich in „White Citizens Councils"[40] zu organisieren, die innerhalb kürzester Zeit die Kontrolle über die lokale Verwaltung erlangten. Das war

---

[40] „White Citizens Councils" formierten sich in den Südstaaten der USA als Reaktion auf die Brown-Entscheidung des Obersten Gerichtshofes. Es handelte sich dabei um Vereinigungen weißer Unternehmer, Bankangestellter, Farmer, Rechtsanwälte und Politiker, also der prominenten Führer in Wirtschaft und Politik. Sie stellten sich gegen die Bürgerrechtsbewegung und jegliche Aufweichung der weißen Vorherrschaft. Um die Integration der verschiedenen ethnischen Gruppen zu verhindern, griffen sie zu Mitteln des „sanften Gesetzesbruchs".

relativ einfach möglich, da diese „Bürgerräte" imstande waren, durch unerbittlichen und effektiven ökonomischen Druck in Form von Kreditsperren, Kündigungsdrohungen und ähnlichen den Lebensunterhalt bedrohenden Maßnahmen, ihre Forderungen durchzudrücken. Daneben wurde quasi „unterstützend" noch Terror durch den Ku Klux Klan ausgeübt.

Am 31. Mai 1955 verkündete der Gerichtshof in der so genannten Brown II-Entscheidung, dass die Schulen allen ethnischen Gruppen mit „größtmöglicher Geschwindigkeit", dem berühmten „with all deliberate speed"[41], zugänglich zu machen seien. Er ordnete dies aber nicht an, sondern schickte die Fälle zurück an die Bezirksgerichte ohne einen Zeitplan abzustecken oder anderweitige Anordnungen zu verfügen. Das hieß konkret, dass die Fälle an die lokalen Gerichte mit meist wenig Sympathie für ein Vorantreiben des Integrationsprozesses gesandt wurden und die Umsetzung des Urteils im Ermessen der jeweiligen Richter lag. Für lange Zeit schien die Entscheidung des Obersten Gerichtshofes also mehr symbolischer, als praktischer Natur.

Diese ungenaue Festlegung auf Geschwindigkeit und Art der Umsetzung öffnete außerdem möglichen Verzögerungen durch die Schulbehörden Tür und Tor, was auch den Anwälten der NAACP einmal mehr signalisierte, dass der Kampf gegen die Rassentrennung noch längst nicht gewonnen war. Dass bald darauf das so genannte „Pupil Placement"-Gesetz erlassen wurde, das kaum mehr als eine Legalisierung jener Alibipolitik darstellte, die sicherstellte, dass die Rassentrennung in ihren Grundsätzen weiter Bestand haben würde, obwohl sie formell ungesetzlich war, trug nur noch zusätzlich zu massiven Stimmungsschwankungen innerhalb der afroamerikanischen Gemeinde bei, die sich zwischen Hochgefühl und Verzweiflung hin und her gerissen fand.

Im Gegensatz zu echter Demokratie, wo für gewöhnlich auch die ehrliche Absicht besteht, Versprechungen einzulösen, stellt die Methode der Alibipolitik dagegen eine lediglich symbolische Verbesserung nach außen dar, während das Grundproblem aber bewusst unangetastet bleibt. Dies konnte beispielsweise durch die Anstellung eines Afroamerikaners in einer hohen Position geschehen, wie zum Beispiel Ralph

---

[41] Gary Land, America Since 1941: Emergence as a World Power (The Essentials of United States History), Piscataway (NJ) 1995, S. 33.

Bunche[42], um die Allgemeinheit dadurch soweit abzulenken, dass diese auf ihre eigenen Probleme vergaß. „Quotenangestellte" wurden also eingesetzt, um von der bestehenden und durch Rassentrennung und Diskriminierung dominierten Realität abzulenken.[43]

Es ist zudem wichtig, den klaren Unterschied zwischen einer Alibipolitik und dem bescheidenen Start eines Umbruchs zu sehen: bei ersterer steht nicht der Beginn eines Prozesses im Hintergrund. Es ist vielmehr der Versuch, gegen das herrschende System gerichteten Druck und Proteste zu beenden. Somit ist es kein konstruktiver Beginn, sondern in Wahrheit wenige Änderungen mit umso größerer Publicity.[44]

Manipulation durch Alibipolitik war die Regel und die während einem Jahrzehnt ausgefochtenen harten Kämpfe brachten nur geringe Fortschritte mit sich. Auch das langsame Vorankommen in gewissen Bereichen kam lediglich einigen wenigen zu Gute, die eine bessere Ausbildung erhielten und an Stelle der Mehrheit integriert und ausgezeichnet wurden.

Bis 1964 besuchten weniger als 5% aller Kinder in den südlichen USA integrierte Schulen. Ironischerweise wurden sämtliche in den genannten Fällen involvierten Kläger nie an den Schulen zugelassen, bei denen sie sich um Aufnahme bemühten. Das zeigt den Mangel an Engagement von Seiten des Obersten Gerichtshofs. Es fehlte auch eine genaue Definition, was denn ein desegregiertes Schulsystem genau sein sollte.

Wenn man sich an den Fall Plessy zurückerinnert, so lag dort die ursprüngliche Klage im Bereich der Personenbeförderung, dehnte sich dann allerdings auf andere Bereiche aus. Ähnlich verhielt es sich nun auch nach der Brown-Entscheidung. Es kam zu stärkerer Integration in Gebieten, die nichts mit dem öffentlichen Schulsystem zu tun hatten. Der Bereich, wo die Integration am schnellsten durchgesetzt wurde, war jener des öffentlichen Wohnwesens.

---

[42] Ralph Bunche war einer der ersten afroamerikanischen Diplomaten. Er vermittelte 1949 im Palästinakrieg für die Vereinten Nationen einen Waffenstillstand zwischen Israel und seinen arabischen Nachbarn. Dafür wurde er im Jahr 1950 mit dem Friedensnobelpreis ausgezeichnet. Auch in den folgenden Jahren blieb er für die UNO aktiv, besonders wenn es darum ging, den Übergang ehemaliger afrikanischer Kolonien in die Unabhängigkeit möglichst reibungslos vonstatten zu bringen. Anfang der sechziger Jahre wurde er schließlich zum UN-Sonderbeauftragten im Kongo bestimmt.

[43] King, Why We Can't Wait, S. 31.

[44] Howard Zinn, A People's History of the United States. 1492-Present, New York (NY) 1995, S. 456.

In den schwarzen Gemeinschaften der Südstaaten herrschte trotz dieser ersten Verzögerungen zunächst einmal Euphorie.[45] Im Zuge dieses Optimismus sahen sich viele Afroamerikaner dazu animiert, der NAACP beizutreten und deren Mitgliederzahl erhöhte sich innerhalb kürzester Zeit beträchtlich. Vor allem Schwarze aus dem Arbeitermilieu traten der Organisation bei.

Durch die generell praktizierte Verschleppungstaktik erlangten die Befürworter der Rassentrennung aber genügend Zeit, einen organisierten Widerstand auf die Beine zu stellen. Die NAACP als wichtigste Kraft im Kampf um Bürgerrechte wurde zu deren Hauptziel und nach 1955 in allen Staaten des Südens mehr oder weniger ausgeschaltet. Dort war die NAACP als ausländische Organisation gebrandmarkt und neben anderen repressiven Maßnahmen wurde von ihren Teilorganisationen oftmals auch eine Übergabe der Mitgliederdaten, und ähnliches mehr verlangt. Schließlich wurde es staatlich Bediensteten auch verboten, sich einer Organisation anzuschließen, welche die Integration der Rassen verlangte. Diese Regelung richtete sich in erster Linie gegen die Lehrerschaft.

Es kam immer öfter zum Ausbruch von Gewaltakten, wie Bombenanschlägen auf Häuser, Morde und anderes mehr. Nur in den wenigsten Fällen wurden die weißen Täter aber angeklagt und kein einziges Mal kam es zu einer Verurteilung wegen Lynchjustiz.[46]

Im August 1955 brachte dann aber die Ermordung des 14-jährigen Emmett Till aus Chicago das Fass zum Überlaufen. Till, der seinen Sommerurlaub bei Verwandten in Money, Mississippi verbrachte und mit den Verhaltensregeln im Süden nicht vertraut war, sprach eine 21-jährige weiße Verkäuferin angeblich zweideutig an und wurde in Folge von deren Freund und Halbbruder brutal ermordet. Tills Leiche wurde erst drei Tage nach seinem Verschwinden in einem stark entstellten Zustand gefunden. Er war schwer misshandelt und schließlich durch einen Kopfschuss hingerichtet worden, bevor ihn seine Mörder an einen Ventilator gefesselt in einem Fluss versenkt hatten. Seine Mutter entschloss sich dazu, ihren getöteten Sohn öffentlich aufzubahren. Als die allgemein bekannten Täter verhaftet und, wie in der Rechtssprechung des damaligen Südens üblich, freigesprochen wurden, führte das nicht nur innerhalb der USA, sondern international zu großem Aufsehen und Empörung. So deutlich wie

---

[45] Salmond, „My Mind Set on Freedom". A History of the Civil Rights Movement, 1954-1968, S. 28.
[46] Franklin/Moss, From Slavery to Freedom. A History of African Americans, S. 468.

selten zuvor stand die im amerikanischen Süden gegen die schwarze Minderheit gerichtete Rassentrennung im Mittelpunkt der medialen Öffentlichkeit.

Dieser Mordfall gilt aufgrund von drei Punkten als einer der symbolischen zündenden Augenblicke der Bürgerrechtsbewegung. Zunächst kam ihm die landesweite Aufmerksamkeit in einem Ausmaß zu, die normalerweise den nicht wirklich seltenen rassistisch motivierten Morden im Süden der USA nicht zuteil wurde. Hier aber wurden die Lebensart und Gesetzgebung der Südstaaten vor die Kameras gezerrt. Zweitens zeigte sich der Großonkel des ermordeten Jugendlichen, Mose Wright, vor Gericht unerschrocken und absolut nicht unterwürfig, wie das von im Süden aufgewachsenen Afroamerikanern regelrecht erwartet wurde. Drittens identifizierte sich eine ganze Generation von schwarzen Teenagern mit dem entstellten Körper von Emmett Till. Als Beispiel hierfür sei nur die Aktivistin und Schriftstellerin Anne Moody genannt, die tatkräftig an der Entstehung der modernen Bewegung für Bürgerrechte im wohl konservativsten Bundesstaat der USA, in Mississippi, mitarbeitete. Dort war sie zahlreichen Widrigkeiten ausgesetzt, was auch in ihrem bekanntesten und gleichzeitig autobiographischen Werk „Coming of Age in Mississippi" deutlich zum Ausdruck kommt:

> "A world this evil should be black, blind, and deaf, and without any feelings at all. Then there won't be any color to be seen, no hatred to be heard, and no pain to be felt."[47]

Die weiße Bevölkerung des Südens war zusehends verzweifelt in ihrem Bestreben, die Rassentrennung beizubehalten und griff vermehrt auf Gewalt als letztes Mittel zurück, was sich auch im Fall von Autherine Juanita Lucy zeigen sollte.

1952 entschloss sich die aus dem Südwesten Alabamas stammende Lucy dazu, sich an der bis dahin weißen Studenten vorbehaltenen University of Alabama in Tuscaloosa einschreiben zu lassen. Erst nach massivem Druck von Seiten der NAACP gab die Leitung der Universität nach und ließ sie zum Studium zu. Die Stimmung auf dem Campus war sehr angespannt und konnte nur durch Polizeipräsenz unter Kontrolle gehalten werden. Wohl durch den Einfluss des Ku Klux Klans kam es schließlich aber doch zu einem Ausbruch von Gewalt. Frau Lucy hielt dennoch an ihrem Vorhaben fest, ihr Recht auf einen Studienplatz auch in der

---

[47] Anne Moody, Coming of Age in Mississippi. The Classic Autobiography of Growing Up Poor and Black in the Rural South, New York (NY) 1976.

Praxis geltend zu machen, weshalb die Universität sie schließlich bis auf weiteres vom Studium ausschloss. Als Grund wurde genannt, dass Studenten und Lehrpersonal vor dem zornigen Mob geschützt werden müssten. Einige Zeit später wurde Frau Lucy dann dauerhaft ausgeschlossen.

Charles Houston hatte vorausgesagt, dass nach Ansammlung einer großen Zahl in denen die Gerichte das Recht jedes Bürgers auf Benutzung aller Einrichtungen anerkennen, eben diese gerechtfertigt und die Gerichte somit zur Anerkennung des 14. Verfassungszusatzes gezwungen wären. 1957 verabschiedete der Kongress dann ja auch die ersten, wenn auch sehr schwachen, Bürgerrechtsgesetze seit achtzig Jahren. Auf dem Gebiet der Bildungseinrichtungen gab es seit 1955 kaum noch wesentliche Veränderungen, weder im Süden noch im Norden. Es trifft allerdings zu, dass die weißen Hochschulen im Süden einige wenige afroamerikanische Studenten zuließen. Der Fall, der wohl am meisten Aufsehen erregte und auch gewaltsame Auswirkungen hatte, waren die Versuche des Staates Mississippi entgegen einer gerichtlichen Anordnung, James H. Meredith die Einschreibung an der University of Mississippi zu verweigern. Schlussendlich mussten vom Präsidenten Truppen zur Durchsetzung des Gerichtsbeschlusses eingesetzt werden. Auch im Jahr 1963 noch, als die „Schwarze Revolution" bereits kurz vor ihrem Höhepunkt stand, blockierte der Gouverneur von Alabama, George Wallace, vergeblich den Zugang zu einer örtlichen Universität indem er „im Schultor stand."[48]

In den folgenden Jahren kam es zu einem interessanten Zusammenspiel von Handlung und Reaktion zwischen Regierung und Befürwortern der Bürgerrechte, von denen die Revolution vorangetrieben wurde. Nach 1957 wurden sowohl die Regierung als auch die Gegner der Bewegung wesentlich aktiver auf dem Gebiet der Bürgerrechte. Die „Commission on Civil Rights" deckte zum Beispiel wiederholt Wahlrechtsverweigerungen auf. Im ganzen Land stieg die Sorge über die wachsenden Spannungen zwischen den verschiedenen Bevölkerungsgruppen. Es gab zwar Aufrufe zur Mäßigung, aber sowohl der Präsident als auch der Kongress waren unwillig, sich öffentlich dazu zu äußern.[49] Die Position der Südstaaten schien sich durchgesetzt zu haben. Nicht zuletzt eben auch, weil sich Präsident Eisenhower dazu entschlossen hatte, wegzuschauen, was diese „offensichtlich lokalen

---

[48] Franklin/Moss, From Slavery to Freedom. A History of African Americans, S. 501.
[49] Vgl. ebd., S. 470.

Angelegenheiten" anging. Als im Herbst 1957 allerdings der eigentlich als moderat in der Rassenfrage geltende Gouverneur von Arkansas, Orval Faubus, schwarzen Schülern den Zutritt zur Little Rock Central High Schule verweigerte, griff Eisenhower ein. Wohl rein aus dem Grund, dass Faubus ihm versprochen hatte, dass es zu keinen derartigen repressiven Maßnahmen in Arkansas kommen würde.[50] Der Präsident schickte über 1.000 Soldaten, welche die Integration der Schule durchsetzten. Dies war das erste Mal seit der „Reconstruction", dass wieder bundesstaatliche Truppen im Süden zum Einsatz kamen.

Das Schuljahr 1957/58 in Little Rock erwies sich als absolut außerhalb des üblichen Schulbetriebes stehend. Angehörige des Militärs blieben als persönlicher Schutz der schwarzen Schüler und auch um sicherzustellen, dass die immer gegenwärtige Spannung nicht eskalieren würde. Faubus hatte dem Ansehen von Arkansas auf nationaler und internationaler Ebene geschadet. Durch ihn wurde einerseits das menschenverachtende Gesicht des amerikanischen Rassismus allen vor Augen geführt, andererseits aber auch, dass der Einsatz von föderalen Kräften ein effektives Gegenmittel darstellen konnte.

Als es im November 1960 in New Orleans nach der Entscheidung der dortigen Schulbehörde, die Rassentrennung an öffentlichen Schulen aufzuheben, zu einem ähnlichen Ausbruch von Gewalt kam, war ein Einsatz von Truppen nicht notwendig, da sich die führenden Geschäftsleute der Stadt im Hinblick auf die negativen Auswirkungen von Ausschreitungen auf die Geschäftätigkeit hinter die Entscheidung der Behörde stellten.[51] So konnte eine Integration des Schulsystems auf friedlichem Weg erreicht werden.

Nicht überall brachte ein derartiges, wenn auch nicht gerade uneigennütziges Einsehen einen relativ reibungslosen Übergang in ein Schulsystem abseits der Segregation. So ließ Gouverneur Almond in Virginia beispielsweise die Schulen in ganzen Distrikten über Jahre hinweg gänzlich schließen, was die Eltern weißer Schüler dazu zwang, diese von privaten Institutionen erziehen zu lassen, während afroamerikanischen Familien rein schon aufgrund des Fehlens entsprechender finanzieller Mittel jegliche Bildung vorenthalten blieb. Die meisten Schulbehörden im Süden versuchten, das Gesetz zwar nach außen einzuhalten, dies aber nur soweit,

---

[50] Salmond, „My Mind Set on Freedom". A History of the Civil Rights Movement, 1954-1968, S. 34ff.
[51] Vgl. ebd., S. 38f.

wie unbedingt notwendig. Einmal mehr wurde auf die bewährte Alibipolitik zurückgegriffen. Des Öfteren riefen dann aber die jeweiligen Geschäftsleute zu einer moderateren Haltung auf, da Konfrontationen und Ausschreitungen zu einem Einbruch des Handels, insbesondere einem Rückgang an Investitionen aus dem Norden der USA geführt hätten.

In North Carolina, jenem Staat der quasi Modellcharakter für südstaatliche Fortschrittlichkeit besaß, war es den Schuldistrikten freigestellt, ob sie die Rassentrennung aufheben wollen. Für jene Distrikte, die das ablehnten, wurden Steuergelder zur Bereitstellung von Alternativen zugeschossen. Dies stellte ein klassisches Beispiel für „raffinierten amerikanischen Rassismus" dar und war gleichzeitig typisch für jene bewusst verursachten Enttäuschungen durch Alibipolitik, die der NAACP die Möglichkeit nahm auf Nichteinhaltung zu klagen.[52] Ohne Gewalt, ohne Konfrontationen, lediglich durch Untätigkeit wurden die alten Verhaltensmuster unter einem Mantel der Mäßigung weiter gedeckt und beibehalten. Es trifft allerdings zu, dass die weißen Hochschulen im Süden einige wenige afroamerikanische Studenten zuließen, wenn auch weiterhin nicht freiwillig. Das blieb noch bis weit in die Sechziger hinein der Fall, die Behandlung von James H. Meredith oder auch die Universitätsblockade durch Gouverneur George Wallace deutlich zeigten.

Anders als Truman mit seinem Bürgerrechtskomitee und der präsidialen Anordnung vom Juli 1948, war Eisenhowers Politik aus Angst vor dem Entzug politischer Unterstützung stets darauf bedacht, sich den Interessen des weißen Südens nicht entgegen zu stellen. Dies stellte eine eindeutige Schwäche in der Führungskraft Eisenhowers dar, der im Kampf gegen die Rassentrennung keine moralische Verpflichtung erkannte. Er war sich wohl nicht einmal der Dringlichkeit oder den Auswirkungen der Angelegenheit bewusst, weshalb es dem Präsidenten und seiner Partei wohl auch nicht schwer fiel, sich mehr um das Sammeln von weißer Unterstützung und letztlich Stimmen in den Südstaaten zu kümmern.[53]
Auf der anderen Seite nahm Eisenhower aber auch einen afroamerikanischen Journalisten in seinen Mitarbeiterstab auf, ignorierte dessen Ratschläge jedoch meistens bis dieser in letzter Konsequenz frustriert und desillusioniert die Regierung

---

[52] Vgl. ebd., S. 40.
[53] Salmond, „My Mind Set on Freedom". A History of the Civil Rights Movement, 1954-1968, S. 106f.

verließ.[54] Nichtsdestotrotz wurden während der Präsidentschaft von Dwight D. Eisenhower zwei Bürgerrechtsgesetze beschlossen. Eines davon umfasste vier Teilbereiche und wurde 1956 vom Generalbundesanwalt einem zum damaligen Zeitpunkt noch widerwilligen Kabinett vorgelegt.

Dieses Gesetz zielte auf eine Untersuchung der im Süden der USA so häufigen Gewaltakte ab, wollte eine Abteilung für Bürgerrechte im Justizministerium einrichten, die bestehenden Maßnahmen zum Schutz des Wahlrechts verstärken, sowie dem Justizministerium die Befugnis zu erteilen, die Aufhebung der Rassentrennung an Schulen zu erzwingen. Im Kabinett stellte sich lediglich Nixon hinter alle diese Forderungen während Eisenhower sämtliche Punkte, abgesehen von jenen die das Wahlrecht betrafen, in Abrede stellte. Schließlich wurde 1957 ein in vielen Punkten abgeschwächtes Bürgerrechtsgesetz beschlossen.

Die Auswirkungen waren entsprechend. Bis 1959 wurde kein einziger afroamerikanischer Wähler zusätzlich in das Wahlregister eingetragen. Im Licht dieser Tatsache wurde daraufhin mit der Absicht, das Wahlrecht abzusichern, das zweite Bürgerrechtsgesetz unter Eisenhowers Präsidentschaft beschlossen. Aber auch dieses sah den Großteil seines Inhalts durch einflussreiche Senatoren aus dem Süden entfernt, weshalb das Versprechen des Präsidenten, die Hindernisse für schwarze Wähler zu entfernen nicht eingehalten wurde.

Auswirkung demographischer Entwicklungen

Die zunehmende Verstädterung stellte eine der bedeutendsten Veränderungen im Alltag der Afroamerikaner dar, sowohl was das Leben als Einzelperson als auch den Umgang in der Gemeinschaft anging. Viele Schwarze zogen in die Innenstädte, die gleichzeitig von der weißen Bevölkerung verlassen wurden. Diese wichen in die Vorstädte aus und nahmen das Stellenangebot mit sich. Über kurz oder lang führte diese Situation unweigerlich zu einer Dominanz von Teilzeitarbeit und Abhängigkeit von Arbeitslosenunterstützung in der schwarzen Bevölkerung. Außerdem wurden von Schwarzen bewohnte Ghettos in den amerikanischen Großstädten spätestens zu diesem Zeitpunkt zu einem Dauerzustand.

Aufgrund der hohen Arbeitslosigkeit, speziell unter dem männlichen Teil, der neu in die Städte zugezogenen afroamerikanischen Bevölkerung, kam es in hohem Maße zu

---

[54] Vgl. ebd., S. 107.

Enttäuschungen, Misshandlungen und Gewalt untereinander, sowie in der Folge auch zu Kriminalität.

Andererseits führte die demographische Verschiebung der schwarzen US-Bevölkerung nach Norden und Westen zu einer nicht zu unterschätzenden Konzentration von Afroamerikanern in den wichtigen industriellen Ballungszonen. Dadurch erhielten sie eine wesentlich stärkere Stimme, als dies vorher der Fall gewesen war und auch im Süden selber gab es bis Anfang der fünfziger Jahre bereits mehr registrierte Wähler, als dies bis dato der Fall gewesen war. Den maßgeblichen Ausschlag für diese positive Entwicklung war wohl die Außerkraftsetzung der rein weißen Vorwahlen Mitte der vierziger Jahre.

Durch diese demographischen Verschiebungen hin zu einer größeren urbanen Gemeinschaft, verloren unter anderem auch die Pioniere unter den schwarzen Zeitungen an Ansehen und wöchentliche Publikationen gewannen an Bedeutung. Es kam außerdem zu einer besseren Berichterstattung über die Belange der Afroamerikaner in „weißen" Zeitungen und daneben zur Herausgabe von speziell auf schwarze Leser konzipierten Magazinen.

Außerdem steigerte sich die Zahl der schwarzen Banken. In den größten Städten der USA waren bis zu drei von Afroamerikanern betriebene Banken nun die Regel. Ähnliches galt auch für den Versicherungsbereich, wo afroamerikanische Versicherungen zu den krisensichersten Einrichtungen der Gemeinschaft zählten. Das stellte einen deutlichen Unterschied zur Situation während der Wirtschaftskrise der dreißiger Jahre dar.[55] Großflächig angelegte industrielle Produktionsstätten lagen aber meist noch weit außerhalb der Möglichkeiten der afroamerikanischen Bevölkerung. Der Drang in die weiße Geschäftswelt als Manager und in die mittlere Führungsebene verstärkte sich aber und es kam langsam zur Heranbildung einer schwarzen Mittelschicht.

Im Zeitraum von 1953 bis 1964 verdoppelte sich zudem die Zahl afroamerikanischer Abgeordneter im Kongress von drei auf sechs. Gleichzeitig waren in Regionalparlamenten des Nordens und Westens etwa vierzig Schwarze beschäftigt und es gab auch Ernennungen in andere hohe Positionen in Regierung, an Gerichten und Bildungseinrichtungen.

---

[55] Vgl. ebd., S. 475.

Der Widerstand der weißen Bevölkerung gegen diese langsamen Verbesserungen drückte sich dadurch aus, dass sie damit drohten ihre Jobs zu kündigen, Richter und deren Familien persönlich zu attackieren und anderes mehr. Dass es daneben zu physischen Angriffen gegen Afroamerikaner kam, gehörte bereits zum traurigen Alltag.

Unter den vielen Vorbedingungen für den Beginn direkten und massiven Vorgehens zur Erlangung der Bürgerrechte, war speziell der breite und massive Widerstand der weißen Bevölkerung gegen eine Ausweitung der Rechte der Afroamerikaner maßgeblich.

Diese Umstände führten schließlich zum Busboykott von Montgomery im Jahr 1956, der vom jungen Methodistenpriester Martin Luther King, Jr. angeführt wurde. Das Ziel dieses Boykotts war es, ein Ende der Misshandlungen sowie annehmbare Sitzregeln und faire Anstellungsbedingungen für afroamerikanische Busfahrer zu erreichen. Der Protest setzte ein Beispiel, dem andere folgen sollten, was zahlreichen Transportfirmen schmerzliche Einkommensverluste bescherte. Anti-schwarze Organisationen wurden gegründet, wie beispielsweise die „National Association for the Advancement of White People" oder die „White Citizens Councils". Schwarze, die sich in der beginnenden Bürgerrechtsbewegung engagierten, sahen sich Sanktionen ausgesetzt. Dazu zählten Kündigungen sowie die Verweigerung von Krediten und Aufkündigung von Hypotheken, um „die Anzahl aggressiver Neger zu verringern."[56] Im Gegenzug boykottierte die schwarze Bevölkerung wieder Geschäfte, die Kontakte mit diesen Organisationen pflegten. Es kam somit zu einem regelrechten „Wirtschaftskrieg".

Einmal mehr stellte aber Gewalt die gröbere und unmittelbarere Methode dar. Die zahlreichen Morde der Jahre 1957 und 1958 im amerikanischen Süden wurden nie ernsthaft aufgeklärt, geschweige denn kam es zu gerechten Urteilssprüchen. Durch das korrupte Justizsystem wurden Hoffnungen auf eine rasche und friedliche Ausweitung der amerikanischen Bürgerrechte auf alle Einwohner der Vereinigten Staaten schnell wieder zunichte gemacht. In den Südstaaten herrschte offener Widerstand vor und in den anderen Gebieten der USA Selbstgefälligkeit und Gleichgültigkeit.[57]

---

[56] Vgl. ebd., S. 492.
[57] Vgl. ebd., S. 492.

Nach einem Aufruf zum Widerstand gegen die Beschlüsse des Obersten Gerichtshofes bezüglich der Integration des Schulsystems durch Senator Harry F. Byrd aus Virginia, kam es zu Protesten aller elf Staaten der früheren Konföderation und schlussendlich auch zur Außerkraftsetzung der Entscheidung des Obersten Gerichtshofs zur Aufhebung der Rassentrennung im schulischen Bereich. In seinem Wortschwall zum „Schwarzen Montag" argumentierte Richter Tom P. Brady, dass Schwarze unfähig dazu wären, gleichberechtigte Bürger zu sein.[58] Diese Aussage verstärkte klarerweise den Widerstand noch mehr.

In ihren Bestrebungen die Aufhebung der Rassentrennung im Erziehungssektor zu verhindern, entschlossen sich viele weiße Amerikaner dazu, die bis dato öffentlichen Schulen in private Organisationen umzuwandeln. Jene, die weiterhin gemischtrassige Klassen besuchten oder unterrichteten wurden selber diskriminiert und als Kriminelle angesehen, die zu „freiwilliger Rassentrennung" ermunterten.[59]

Es folgten Wochen und Monate der Einschüchterung und Schikanen, die durch harten und unnachgiebigen Widerstand geprägt waren. Die Afroamerikaner wurden immer ungeduldiger, aber auch mutiger und offensiver in ihrem Kampf um Erlangung der Bürgerrechte. Am deutlichsten trat das in den städtischen Ballungszentren zutage, wohl auch weil die Schwarzen zu einem stetig größer werdenden Prozentsatz in urbanen Gebieten außerhalb des Südens wurden. Die demographische Verschiebung in Richtung der Städte löste aber keine Probleme, sondern verstärkte sie oftmals noch weiter. Schlechte Unterkünfte und Arbeitslosigkeit führten zu neuen Enttäuschungen und Schwierigkeiten.

Im Norden formierte sich durch neue Kontakte und Gemeinschaften das afroamerikanische Selbstbewusstsein. Ein Beispiel für eine derartige Entwicklung waren während der Dreißiger ja bereits in ihren bescheidenen Anfängen die „Black Muslims", die sich für nach Hautfarben separierte Parallelgesellschaften aussprachen und unter der Führung von Elijah Muhammad in den Sechzigern zu einer lautstarken und energisch auftretenden religiösen Sekte entwickeln sollten.

Wesentlich attraktiver für eine große Zahl urbaner Schwarzer war es aber, eine Verbesserung ihrer Lebensumstände durch politische Einflussnahme zu erreichen. Ziele waren die Rathäuser und Stadtverwaltungen einerseits, sowie die Hauptstädte der Einzelstaaten und die Bundesregierung in Washington D.C. andererseits. Bereits

---

[58] Vgl. ebd., S. 492.
[59] Vgl. ebd., S. 468.

seit den Zeiten der Depression und des Zweiten Weltkriegs waren sich die Afroamerikaner ihres Einflusses in den Städten des Nordens bewusst. Im Süden sollte gleichzeitig der Busboykott von Montgomery zu einem Präzedenzfall und nachahmenswerten Beispiel für andere Städte werden.

Es veränderte sich der Status der Afroamerikaner in der öffentlichen Ordnung, sowie deren Platz innerhalb der amerikanischen Gesellschaft mitsamt der Einstellung der gesamten Gemeinschaft ihnen gegenüber. Nicht zuletzt änderte sich auch die Selbsteinschätzung der schwarzen Bevölkerung.

Nun kam es auch zu weit gefächertem Aktivismus afroamerikanischer Frauen aus allen gesellschaftlichen und geographischen Ursprüngen. Vorantreibende Kräfte der „Schwarzen Revolution" in allen möglichen Positionen, wie Unterstützerinnen, aber auch Strateginnen und Anführerinnen, waren beispielsweise die seit den Dreißigern aktiv gegen Diskriminierung kämpfende Anwältin Pauli Murray, die in der NAACP und SCLC tätige Ella Baker, Fannie Lou Hamer, die sich in SCLC und SNCC engagierte sowie die bereits zuvor erwähnte Anne Moody und viele andere.

III. Busboykott von Montgomery

Den stabilsten Faktor innerhalb afroamerikanischer Gemeinschaften stellten immer schon die schwarzen Kirchen dar, die sich im Zuge der bereits zuvor angesprochenen Verstädterung ebenfalls radikal veränderten. So wurden neue Glaubensgemeinschaften gegründet und auch zum Teil fundamentalistische Sekten erhielten verstärkten Zulauf. Die Kirchen engagierten sich meistens auch in weltlichen Belangen und betrieben Kindertagesstätten, Pfadfindergruppen, Vereine für Paare, Programme für Rentner und ähnliches mehr. Außerdem wurde die Geistlichkeit zunehmend politisch aktiv.

Vernon Jones war einer dieser aktiven Pastoren. Er stand in Montgomery, Alabama einer Kongregation vor, die großteils dem afroamerikanischen Mittelstand angehörte. So blieben beispielsweise Dienstmädchen, Portiere und andere den unteren Gesellschaftsschichten angehörige Personen von vornherein ausgeschlossen. In dieser Position setzte sich Jones für Gleichberechtigung in Bereichen, wie dem Wahlrecht, finanzieller Unterstützung und anderem mehr ein. Entsprechend dauerte es nicht lange, bis er und seine Gemeinde von Rassisten bedroht wurden. Schlussendlich wurde er aufgefordert, zu gehen und durch einen gewissen Dr. Martin Luther King, Jr. ersetzt. Dieser machte einen weniger lauten und emotionalen Eindruck und praktizierte bis dato einen akademisch-rationalen Diskurs. Gebürtig aus Atlanta, wuchs er vor einem privilegierten Hintergrund auf. Sein Vater war der Pastor einer der größten baptistischen Gemeinschaften und hatte gute Verbindungen zu bedeutenden schwarzen Institutionen. King Jr. machte seinen MA und später einen PhD in Boston, Massachusetts.

Nur kurze Zeit nachdem King die Gemeinde von Jones übernommen hatte, sollte er sich auch bereits mit einer äußerst schwierigen Situation konfrontiert sehen, dem Montgomery Bus Boycott. Rosa Parks, eine tief gläubige und allgemein respektierte Afroamerikanerin, die bereits dreizehn Jahre lang Sekretärin der NAACP war und auch Beraterin des NAACP Jugendausschusses, kehrte am 1. Dezember 1955 von einer Sitzung zurück, auf der Mitglieder der NAACP Möglichkeiten zur Umsetzung der Desegregation diskutierten. Auf dem Weg nach Hause wurde sie von einem Busfahrer, mit dem sie bereits zuvor Probleme hatte und dem sie nach Möglichkeit versuchte aus dem Weg zu gehen, dazu aufgefordert, den Bus zu verlassen.

Der Grund dafür war, dass sich Rosa Parks weigerte, ihren Sitzplatz im Bus für einen Weißen freizumachen, was damals allgemein übliche Praxis war, sobald keine Plätze mehr zur Verfügung standen. Ein bekanntes Zitat von Frau Parks dazu, welches sicherlich auch für das Gefühl in der Bürgerrechtsbewegung als solches Gültigkeit besitzt, lautet:

„I have learned over the years that when one's mind is made up, this diminishes fear; knowing what must be done does away with fear."[60]

Frau Parks wurde inhaftiert und sollte später auch ablehnen, die ihr auferlegte Geldstrafe zu bezahlen. Dieser Moment gilt allgemein als der Anlass beziehungsweise Auslöser für die moderne Bürgerrechtsbewegung. Der Vorfall wurde von der NAACP für eine Art „Musterprozess" genutzt. In diesem Test der städtischen Rassentrennung wurde die Organisation von prominenten schwarzen Aktivisten und auch einigen weißen Liberalen unterstützt. Parks war insofern ein „Idealfall" als dass sie einerseits das unumschränkte Ansehen der Gemeinde genoss, andererseits aber auch bescheiden genug erschien, um auf die weiße Richterschaft vor Gericht einen guten Eindruck zu machen. Anderenfalls hätte wahrscheinlich schon die afroamerikanische Gemeinde als solche das Gerichtsverfahren nicht derart zielstrebig verfolgt.[61]

Jo Ann Robinson, die Leiterin des lokalen „Women's Political Council", hatte schon seit längerem die Organisation eines Boykotts gegen die Rassentrennung in Bussen geplant. Als Zeichen der Solidarität und des Protests sollten keine Busse mehr zur Fortbewegung benutzt werden. Durch die Aktion von Frau Parks war nun ein günstiger Augenblick für einen derart weitreichenden Boykott gegeben, der, was ebenfalls neu war, hauptsächlich von Frauen getragen wurde. Einige Beobachter gingen später soweit, die afroamerikanischen Frauen als das „Rückgrat" der Bürgerrechtsbewegung darzustellen. Der Busboykott von Montgomery stellte für sie eigentlich nur den Anfang einer stärkeren Emanzipation dar. Dies wird zum Teil auch auf demographische Tatsachen zurückgeführt, da es aufgrund der bei Männern höheren Sterblichkeitsrate und stärkeren Emigration nach Norden, im Süden schlichtweg mehr Frauen als Männer gab. Wichtiger erscheint aber, dass Frauen seit

---

[60] Rosa Parks, bei URL: http://www.wisdomquotes.com/002018.html, Stand: 20.01.2003.
[61] John A. Williams, The King God Didn't Save, New York (NY) 1970, S. 155f.

jeher einen Großteil der Verantwortung innerhalb der Gemeinschaft trugen.[62]

Nun bot Ed Nixon, der lokale Vorsitzender der „Brotherhood of Sleeping Car Porters and Maids" und Leiter der NAACP-Ortsgruppe in Montgomery, Alabama, Jo Ann Robinson seine Unterstützung in dieser Sache an. Er ersuchte weiters rund vierzig afroamerikanische Priester der Umgebung darum, sich mit ihrem großen Einfluss hinter den Boykott zu stellen und diesen aktiv zu unterstützen. Auch weil er noch neu in dieser Gemeinde war, zögerte Martin Luther King zunächst darin, den Boykott zu unterstützen und eine eintägige Protestaktion zu organisieren.[63] Er stimmte aber zu, in der zentral gelegenen Kirche seiner Gemeinde ein Treffen der Gemeindeoberhäupter abzuhalten.

Nachdem von den Frauen der Gemeinde etwa 30.000 Flugblätter in Umlauf gebracht wurden, fand dieses mit einer unerwartet hohen Beteiligung statt und war damit ein sichtbarer Protest gegen die Behandlung von Rosa Parks. Man entschloss sich dazu, in den Sonntagspredigten am 5. Dezember für den Boykott am folgenden Montag zu werben, dessen Erfolg zunächst alles andere als sicher erschien. Der eintägige Boykott von öffentlichen Bussen in Montgomery erwies sich aber als äußerst effektiv und geradezu überwältigender Erfolg. Tausende gingen zu Fuß, während andere Autostopp betrieben oder Fahrgemeinschaften gründeten, um ans Ziel zu gelangen.

Am Abend des ersten Tages wurde in der Holt Street Church über eine Verlängerung der Aktion entschieden, die später mit Forderungen erweitert wurde, wie jener auf das Recht als Bürger behandelt zu werden und Busse mit Würde betreten zu können. Martin Luther King, Jr. tat sich als einer der Hauptredner hervor und begeisterte die Zuhörer mit seinen rhetorischen Fähigkeiten. Hier gab King seine erste politische Rede und steckte den rhetorischen Rahmen des Kampfes um Bürgerrechte in den Vereinigten Staaten ab. Das machte ihn im Alter von gerade einmal sechsundzwanzig Jahren „dauerhaft zu einer öffentlichen Persönlichkeit".[64]

Noch am selben Abend wurde zur Fortführung des Boykotts die „Montgomery Improvement Association" (MIA) gegründet und King zu ihrem Präsidenten gewählt. Ausschlaggebend für diese Wahl war einerseits das bereits erwähnte Redetalent Kings und andererseits die Tatsache, dass er neu in der Stadt und damit ohne Feinde war. Sollte die Aktion nicht zufrieden stellend verlaufen, hätte King auch weniger

---

[62] Jacqueline Jones, Labor of Love, Labor of Sorrow. Black Women, Work and the Family, from Slavery to the Present, New York (NY) 1985, S. 280.
[63] Salmond, „My Mind Set on Freedom". A History of the Civil Rights Movement, 1954-1968, S. 53.
[64] Vgl. ebd., S. 54f.

Schwierigkeiten gehabt, sich ohne größeren Gesichtsverlust wieder zurückzuziehen. Allerdings gibt es auch Mutmaßungen darüber, dass Kings Wahl in Abwesenheit von Personen stattfand, die wohl gegen ihn gestimmt hätten.[65]

Zu dieser Zeit, als vor den Gerichten die NAACP dazu überging, die Rassentrennung nun als solche zu attackieren, kam der Busboykott richtig in Fahrt und erregte landesweite Aufmerksamkeit, was die bereits damals große Bedeutung des Fernsehens unterstreicht. Über die Bürgerrechtsbewegung wurde somit neben den bedeutendsten Zeitungen und nationalen Nachrichtenmagazinen auch durch das Fernsehen berichtet, was viel dazu beitrug, die Bemühungen der Afroamerikaner um Gleichberechtigung zu einem gesamtstaatlichen, wenn nicht globalen Thema zu machen. Auch in Medienbetrieben, die in weißer Hand waren, kam es zu einem Trend in Richtung verstärkter Repräsentation von Minderheiten. Zunächst allerdings ausschließlich in Reportagen, die mit dem Rassismusproblem zu tun hatten. Erst später wurde die Praxis langsam abgeändert und so genannte „ethnische" Moderatoren in Sendungen ohne thematische Beschränkungen und mit landesweiter Ausstrahlung eingesetzt.[66]

Der Busboykott dauerte bereits zwei Wochen als die Weihnachtszeit '55 begann. Das unterbrach den Boykott aber nicht. Unerwartet entschlossen sich die Menschen auch jetzt zur Kooperation. Die MIA bot der Busgesellschaft an, mit ihnen über die bereits bekannten, anfänglich bescheidenen Forderungen zu verhandeln. Diese waren kaum als revolutionär einzustufen und stellten wohl auch keine ernsthafte Bedrohung der Rassentrennung dar. Es war von daher schwer verständlich, dass sich die Busgesellschaft, die Stadtverwaltung und eine Mehrheit der weißen Bevölkerung derart verbittert und unnachgiebig verhielten. Im Grunde ging es aber um Symbole und weniger um Tatsachen. Dadurch wurden den Organisatoren des Boykotts zwei wichtige Punkte bewusst. Einerseits, dass Menschen ihre Vorrechte nicht ohne weiteres aufzugeben bereit waren und andererseits, dass der Zweck der Rassentrennung nicht war, die Rassen getrennt zu halten, sondern die isolierten Schwarzen zu unterdrücken. Ein Ende dieser Unterdrückung und echte Gleichberechtigung würde nur dann zu erreichen sein, wenn die Rassentrennung als

---

[65] Williams, The King God Didn't Save, S. 29.
[66] Franklin/Moss, From Slavery to Freedom. A History of African Americans, S. 489.

solches zu Ende ist.[67]

Der Boykott wurde alles andere als rasch beigelegt. Vielmehr schränkte die Busgesellschaft ihre Dienste in den afroamerikanischen Bezirken der Stadt drastisch ein, was aber die Entschlossenheit der dortigen Bewohner nur noch verstärkte. King und der MIA gelang es durch wiederholte Treffen die Stimmung aufrecht zu halten. Durch diese bislang unbekannte Verbissenheit gewann der Boykott noch mehr an nationaler Aufmerksamkeit und an finanzieller Unterstützung durch schwarze, wie auch weiße Gemeinschaften und Organisationen. Sogar aus Übersee flossen dem Aktionskomitee Gelder zu. Die MIA war indes damit beschäftigt, Fahrgemeinschaften zu organisieren und Taxis anzumieten. Die meisten Afroamerikaner entschlossen sich aber dazu, weiterhin zu Fuß zu gehen und damit ein Zeichen des sichtbaren Protests zu setzen.

Die Kommentare zweier Frauen, die sich an diesem Fußmarsch beteiligten, sollten weltweit bekannt werden:

„I'm not walking for myself but for my children and grandchildren."
und „My feet is tired (sic), but my soul is at rest."[68]

Der Boykott gewann an internationaler Aufmerksamkeit, auch da er über einen Zeitraum von mehr als einem Jahr eine bis dahin im tiefen Süden nicht gekannte Durchhaltekraft und Bestimmtheit darstellte. Die nationale und internationale Aufmerksamkeit, die der Boykott erregte, war nicht zuletzt auch auf Kings medienwirksame Ansprachen zurückzuführen. Das machte ihn und seine Familie zur Zielscheibe weißen Hasses in Montgomery und bereits in dieser frühen Phase des Aktivismus gingen bei ihm Drohbriefe und -anrufe ein.

Im Jahr 1956 machte sich langsam auch breiterer Widerstand gegen den Boykott breit. Es kam der Vorwurf auf, dass dieser örtliche Unternehmen schädige und daher verfassungswidrig sei. King und andere wurden verhaftet und zur Zahlung von Bußgeld verurteilt. In der Folge kam es zum Ausbruch von Gewalttätigkeiten. King geriet unter Druck von allen Seiten. Er war Beschimpfungen und ständigen Drohungen ausgesetzt, sein Haus wurde mit Brandbomben beworfen und er bei

---

[67] Salmond, „My Mind Set on Freedom". A History of the Civil Rights Movement, 1954-1968, S. 57.
[68] Vgl. ebd., S. 58.

verschiedenen Anlässen inhaftiert. Nichtsdestotrotz bewies er Tag für Tag seine Fähigkeit, hart für seine Ideen zu arbeiten, groß angelegte Pläne und Strategien auszuarbeiten, sowie Menschen durch seine Ansprachen zu bewegen und zu begeistern. Verzweifelte King zunächst noch vor Angst, war er später unwiderruflich zum Kampf gegen die Unterdrückung entschlossen und blieb dabei stets dem von ihm ausgerufenen Grundsatz der Gewaltlosigkeit treu. So rief er seine Anhänger auch nach einem Bombenanschlag auf sein Haus zur Nächstenliebe gegenüber den Rassisten auf.[69]

1956 wurde der Boykott also weiterhin aufrechterhalten. Die festgefahrene Situation in der die MIA sich zu Verhandlungen bereit zeigte, die Weißen aber fest entschlossen waren, keine Konzessionen zu machen, blieb unverändert. Die meisten Beamten der Stadt schlossen sich den „White Citizens Councils" an, die eine Kampagne der wirtschaftlichen Einschüchterung gegenüber den Schwarzen und jenen Weißen, die man verdächtigte, den Anliegen der MIA wohl gesonnen zu sein, verfolgte.

Im Februar 1956 zogen beide Seiten vor Gericht. Die eine Seite, um örtliche und innerstaatliche Bestimmungen, die Rassentrennung voraussetzten, für verfassungswidrig zu erklären und die andere Seite, um den Busboykott zu einer gesetzeswidrigen Verschwörung gegen die Busbetreiber zu erklären.

Am 21. Februar 1956 wurden 115 Afroamerikaner, vornehmlich die Organisatoren des Boykotts, inhaftiert und angeklagt, was die Position des örtlichen Gerichts zur Frage der Rassentrennung deutlich machte. Die Botschaft war unmissverständlich die, dass entschieden an diesen unmenschlichen Traditionen und Gesetzen festgehalten werden würde.[70] Die afroamerikanische Gemeinde war durch die Verhaftung ihrer Anführer aber nicht entmutigt. Vielmehr hielten diese Verhaftungen den Boykott in den Medien präsent. Am 4. Juni schließlich kam ein durch drei Bundesrichter besetztes Gremium an einem Bezirksgericht überein, dass die Rassentrennung gegen den 14. Verfassungszusatz verstoße, was die Stadtverwaltung von Montgomery dazu veranlasste, vor dem Obersten Gerichtshof in Berufung zu gehen.

In der Zwischenzeit wurde die NAACP zu einer illegalen ausländischen Organisation

---

[69] Waldschmidt-Nelson, GegenSpieler. Martin Luther King-Malcolm X, S. 70.
[70] Salmond, „My Mind Set on Freedom". A History of the Civil Rights Movement, 1954-1968, S. 59f.

erklärt, welche angeblich die Eintragungsgesetze von Alabama verletzt habe. Außerdem wurde eine Anklageschrift gegen die MIA verfasst wegen des Vorwurfs, ein Unternehmen ohne Lizenz zu betreiben. Bei diesem „Unternehmen" handelte es sich um die Fahrgemeinschaften im Zuge des Busboykotts.

Der Fall Rosa Parks ging mittlerweile durch alle Instanzen bis der Oberste Gerichtshof am 13. November 1956 entschied, dass die von den lokalen und innerstaatlichen Gesetzen Alabamas gutgeheißene Rassentrennung in Bussen gegen die Verfassung verstoße. Damit hatte der „Supreme Court" ziemlich genau sechzig Jahre nach dem Plessy-Urteil, die Order erlassen, dass diese Art der Rassentrennung aufgehoben werden muss. Am selben Tag gab Richter Carter der Stadt Montgomery in ihrer Anklage gegen die MIA recht. Diese Verurteilung stellte in der Praxis aber keinen Unterschied mehr dar, da der Boykott am nächsten Abend beendet wurde. Es war dies ein großer Sieg für die noch junge Bürgerrechtsbewegung und sollte zu einem zukunftsweisenden Beispiel werden. Nicht einmal das Erscheinen des Ku Klux Klans in der folgenden Nacht konnte noch Furcht unter der afroamerikanischen Gemeinschaft auslösen.[71]

Zunächst ignorierte die Stadtverwaltung von Montgomery den Beschluss des Obersten Gerichtshofes noch, dann aber wurde er am 20. Dezember offiziell durch Bundesbeamte überbracht, was erwirkte, dass er am folgenden Tag umgesetzt werden musste. Somit endete am 21. Dezember 1956 der insgesamt 382 Tage dauernde Boykott auch in der Praxis.

Noch am selben Tag stiegen Martin Luther King, Jr. und seine Mitkämpfer in einem örtlichen Bus zu, nahmen auf den vordersten Sitzen Platz und fuhren den ganzen Tag durch Montgomery. King war endgültig zu „einem weltweiten Symbol afroamerikanischer Entschlossenheit" geworden.[72] Er erhielt in der Folge unzählige Einladungen für öffentliche Auftritte, Reden und auch Preise und Auszeichnungen. So wurde er zum demokratischen Parteitag 1956 geladen und repräsentierte die Vereinigten Staaten im folgenden Jahr auf den Feierlichkeiten zur Unabhängigkeit Ghanas.

Aufgrund seiner Fähigkeit, Menschen zu bewegen, war es wenig verwunderlich, dass er bald zum gefragtesten Sprecher der afroamerikanischen Gemeinde wurde. Damit war er auch ideal in der Lage, die intensive Medienberichterstattung für die Zwecke

---

[71] Vgl. ebd., S. 61f.
[72] Vgl. ebd., S. 62.

der Bürgerrechtsbewegung auszunutzen. Erstmals wurde die breite Öffentlichkeit innerhalb und außerhalb der USA auf die in den Südstaaten praktizierten Diskriminierungen aufmerksam gemacht. Das trug auch zur Stärkung des Selbstbewusstseins der schwarzen Gemeinschaft bei und katapultierte Martin Luther King, Jr. ungewollt an die Spitze der afroamerikanischen Widerstandsbewegung.[73]

Schwarze Zeitungen fungierten als Pipelines für Informationen, aber auch weiße und internationale Publikationen begannen sich der Thematik anzunehmen. Die Menschen fingen an, die Möglichkeit eines Erfolges in Betracht zu ziehen, auch wenn die NAACP mehr oder weniger im ganzen Süden ausgeschaltet wurde. So forderten einige Staaten beispielsweise Mitglieder- und Spenderlisten ein und die Drohung ihren Arbeitsplatz zu verlieren, bewirkte bei vielen, dass sie der Organisation langsam ihre Unterstützung entzogen.

King erfreute sich indes anhaltender Popularität. So erhielt er zum Beispiel im Juni 1957 die Ehrenmedaille der NAACP und kam in Titelberichten der wichtigen Magazine *TIME* und *Nation* vor. King war damit gewissermaßen der Hauptprotagonist der neuen, dramatischen Veränderungen innerhalb der Rassenbeziehungen im amerikanischen Süden.

Auch nach seinem Ende diente der „Montgomery Bus Boycott" als Vorbild und Auslöser für ähnliche Aktionen im gesamten Süden. Aufbauend auf dem Beispiel Montgomerys planten viele Priester quer durch die Südstaaten nun eigene Kampagnen gegen die Rassentrennung. King war zunächst zögerlich in seiner Zustimmung zu weiteren Protestaktionen.[74] Am 10. Jänner 1957 erweiterte er aber die bestehenden Organisationen zur in Atlanta ansässigen „Southern Christian Leadership Conference" (SCLC). Deren Aufgabe war es, die verschiedensten Aktivitäten unter einem Dach zu koordinieren, also einen Dachverband aller im Kampf um die Bürgerrechte involvierten christlichen Gruppen im Süden zu bilden. Zum Präsidenten der SCLC wurde King gewählt und Ralph Abernathy, ebenfalls ein Priester, wurde zu seinem Sekretär bestimmt. In enger Zusammenarbeit mit der NAACP, waren die schwarzen Kirchen des Südens die herausragende treibende Kraft hinter dem aufkeimenden Widerstand der Afroamerikaner.

---

[73] Waldschmidt-Nelson, GegenSpieler. Martin Luther King-Malcolm X, S. 71.
[74] Vgl. ebd., S. 77.

In den späten Fünfzigern erreichte auf Seiten der Weißen die Gegenwehr gegen diese Bestrebungen der schwarzen Bevölkerung ihren Höhepunkt. Einschüchterung durch wirtschaftliche Repressionen und blanke Gewalt gehörten zur Tagesordnung. Gleichzeitig konnten nur vereinzelte kleine Schritte in Richtung Ausweitung der Bürgerrechte für alle Amerikaner erreicht werden. Die Effizienz der SCLC war oft durch strukturelle Mängel und Rivalitäten innerhalb der Organisation eingeschränkt.[75] Ella Baker, welche die Leitung des Büros in Atlanta innehatte, startete zum Beispiel als erstes ein Programm zur Wählerregistrierung, erhielt aber nur wenig Unterstützung von Seiten Kings und war zudem oftmals den Anfeindungen anderer Priester ausgesetzt, die eine generell herablassende Art gegenüber Frauen hatten.[76]

Die Aktivitäten der neuen Organisation konzentrierten sich zunächst auf „Citizenship Crusades", in denen die Menschen über ihre verfassungsmäßigen Rechte aufgeklärt und zur Eintragung in die Wählerregister ermutigt wurden. Dies war anfangs wenig erfolgreich, führte über kurz oder lang aber sicherlich mit zu einem Anstieg des schwarzen Widerstandsgeistes.

Am 17. Mai 1957 hielt Martin Luther King, Jr. im Rahmen einer „Prayer Pilgrimage" seine erste Rede in der amerikanischen Hauptstadt Washington D.C. Er setzte sich bei der Gelegenheit insbesondere für die Umsetzung der Integration an Schulen und die Wahlrechte im Süden ein und forderte die Regierung zu entsprechendem Handeln auf. Noch im selben Jahr, am 9. September 1957, wurde dann tatsächlich im Kongress der „Civil Rights Act" von 1957 beschlossen, durch den unter anderem im Justizministerium eine Kommission zur Untersuchung von Bürgerrechtsverletzungen eingesetzt wurde. Dadurch wurden zwar die Kompetenzen des Ministeriums hinsichtlich einer Ausweitung des Wahlrechts auf alle Amerikaner erweitert, jedoch nicht in einem Ausmaß, das weitreichende Auswirkungen in der Praxis gezeigt hätte.

Im selben Monat, also im September 1957, sah sich Eisenhower auch dazu gezwungen, Bundestruppen zur Öffnung der Mittelschule in Little Rock, der Hauptstadt des Bundesstaates Arkansas einzusetzen, was bereits erwähnt wurde. Bürgerrechtler begrüßten natürlich die Entscheidung Eisenhowers zur Unterstützung der neun schwarzen Schüler, die als „Little Rock Nine" Berühmtheit erlangten. Die Fernsehbilder von hasserfüllten weißen Demonstranten machten aber auch mehr als

---

[75] Salmond, „My Mind Set on Freedom". A History of the Civil Rights Movement, 1954-1968, S. 65.
[76] Vgl. ebd., S. 65.

deutlich, wie schwierig der Kampf gegen die Rassentrennung noch sein würde. Indes reiste King innerhalb und außerhalb der USA, um für moralische und finanzielle Unterstützung im Kampf gegen den Rassismus zu werben.

Im Oktober 1957 kam sein zweites Kind zur Welt, er blieb aber weiterhin damit beschäftigt, für die Bewegung zu arbeiten, seine Pflichten als Pfarrer wahrzunehmen und sein Buch „Stride Toward Freedom" beziehungsweise „Schritt zur Freiheit" fertig zu stellen. Als die Beschreibung der Ereignisse von Montgomery im Herbst 1958 erschienen war, begab sich King auf eine weitere Tour durch die USA und wurde während einer Buchsignierung in Harlem, New York City von einer Geisteskranken niedergestochen und lebensgefährlich verletzt. Es handelte sich dabei aber nicht um eine Weiße, sondern um eine Afroamerikanerin, welche die Auffassung vertrat, dass sich die Situation der schwarzen Gemeinde Amerikas durch Kings Bestrebungen in Richtung Integration in die Gesamtgesellschaft, die Situation nicht verbessert, sondern verschlechtert habe und Martin Luther King aus diesem Grund sterben müsse.[77] Dieser Vorfall machte ihm zwar seine eigene Verwundbarkeit bewusst, hielt ihn jedoch nicht davon ab, seinen Weg weiter zu verfolgen. Kings Überzeugung von der Sinnhaftigkeit des gewaltlosen Widerstands verstärkte sich 1959 während einer vierwöchigen Reise durch Indien mit seiner Familie nur noch. Sie waren dort als Gäste des indischen Staatschefs Nehru, der ein enger Mitstreiter des ermordeten Gandhi war.

Im selben Jahr gab King seine Position an der Dexter Avenue Kirche in Montgomery auf und zog mit seiner Familie nach Atlanta, um so mehr Zeit für die Belange der dort ansässigen SCLC investieren zu können. Er machte Bayard Rustin zum Leiter der Abteilung für Öffentlichkeitsarbeit, was insofern eine riskante Wahl darstellte, als dass Rustin homosexuell war und Verbindungen zur kommunistischen Partei unterhielt.[78] Nur ein Jahr später, 1960, legte Rustin unauffällig seine Funktionen nieder, blieb allerdings im Hintergrund einflussreich und unterstützte die SCLC mit seinem organisatorischen Fachwissen.

Ella Baker verließ 1960 die Organisation ebenfalls nachdem sie einen letzten wichtigen Beitrag geleistet hatte. Und zwar jenen, die SCLC in die seit kurzem von

---

[77] Fritz Wartenweiler, Martin Luther King. Gleiches Recht für Schwarz und Weiß, Zürich 1968, S. 23.
[78] Salmond, „My Mind Set on Freedom". A History of the Civil Rights Movement, 1954-1968, S. 66.

50

Studenten initiierten Proteste zu involvieren. Dazu zählte auch die so genannte „Sit-in Bewegung". Es kam zur Gründung des „Student Nonviolent Coordinating Committee" (SNCC). Die Studenten zogen es vor, die von King an sie herangetragene enge Kooperation auszuschlagen und stattdessen ihre Unabhängigkeit zu bewahren. Sie arbeiteten dennoch über einige Jahre harmonisch mit der SCLC zusammen, akzeptierten aber nie vollends das Prinzip der Gewaltlosigkeit, das für sie mehr eine Kampfstrategie darstellte als einen grundsätzlichen moralischen Leitspruch.[79]

Kings Philosophie des gewaltlosen Widerstandes

Für King war es der natürliche Lauf der Dinge, dass in den Vereinigten Staaten gewaltfrei und direkt vorgegangen werden müsse, dass also die „direct action" zur Anwendung kam. Er erklärte dies rein schon aus der für Amerika typischen langwährigen Tradition, Obrigkeiten nicht als gottgegeben anzuerkennen. Daneben gründete er als Priester sein Vertrauen logischerweise im Prinzip der christlichen Vergebung, was er folgendermaßen ausdrückte:

„Nonviolent direct action did not originate in America, but it found its natural home in this land, where refusal to cooperate with injustice was an ancient and honorable tradition and where Christian forgiveness was written into the minds and hearts of good men."[80]

Oft angeführte Vergleiche waren, dass bereits die gewaltlosen frühen Christen das Römische Reich erschütterten, Boykotte und Proteste der amerikanischen Kolonien zur Unabhängigkeit von der britischen Krone führten und schließlich Gandhis gewaltfreie Grundsätze 350 Millionen Inder vom Kolonialismus befreit hatten.
Martin Luther King, Jr. konnte, ähnlich wie beispielsweise auch Rosa Parks, durch sein Aufwachsen in der Umgebung der „community churches" auf einen tief verwurzelten spirituellen Glauben zurückgreifen. Erst dadurch war es ihm möglich, eine Doktrin der Gewaltlosigkeit zu vertreten und anders als die „Black Muslims"

---

[79] Arnulf Zitelmann, „Keiner dreht mich um". Die Lebensgeschichte des Martin Luther King (Gulliver Taschenbuch 761), Weinheim-Basel 1985, S. 73.
[80] King, Why We Can't Wait, S. 25.

nicht nach einer permanenten Trennung von Schwarz und Weiß zu streben.[81] Ein Großteil der gerade im Süden stark in der christlichen Tradition verwurzelten schwarzen Gemeinschaft teilte diese Ansicht, weshalb die schwarzen Nationalisten dort nur wenig Rückhalt für ihre Weltanschauung fanden.

Gewaltlosigkeit war für King eine Waffe, die genauso effizient, gleichzeitig aber gerechter war, als alle anderen und eine einerseits praktische, andererseits auch moralisch vertretbare Antwort auf das Verlangen nach Gerechtigkeit darstellte. Er verwendete den Begriff des „cutting without wounding"[82], also des Schneidens ohne zu verwunden für diese letztlich erfolgreiche Taktik. Es war für King auch klar, dass man nicht mit Problemen konfrontiert wird, die durch Lösungen, wie die friedfertige Waffe des gewaltlosen Widerstands als Unterstützung der parallel auf dem Gerichtsweg angestrebten Änderungen, unüberbrückbar wären. Für ihn stellte dies einen Ausweg aus der Passivität dar, ohne aus Rachsucht Gewalt anzuwenden.[83]

Als Feindbild wurden nicht einzelne Personen, sondern das feindselige System als solches angesehen. Der Versuch, aufgestauten Hass in konstruktive Energien umzuwandeln, um nicht nur sich selbst, sondern auch seine Unterdrücker zu befreien, stellte eine starke Motivation dar. Genauso die universelle Qualität einer „Armee", in der auch Lahme, Hinkende und Verkrüppelte teilnehmen konnten.[84] Demonstranten aus den verschiedensten gesellschaftlichen Schichten, Akademiker wie Arbeiter, fanden sich in der Bewegung hinter einem gemeinsamen Ziel vereint. King war sich der Notwendigkeit bewusst, Menschen den Glauben zu vermitteln, dass sie Teil einer bedeutenden Bewegung seien. Dies stärkte unmittelbar deren Selbstvertrauen und somit auch die Beständigkeit der Bürgerrechtsbewegung. Die Gewaltlosigkeit des Widerstands lähmte und verwirrte die bestehenden Machtstrukturen und Brutalität und Gewalt stellten sich im Licht der globalen Berichterstattung als hilflos heraus. Nur wenn diese versteckt und unbeobachtet angewendet werden konnten, waren sie effektiv.[85] Dadurch, dass die Berichterstattung allgegenwärtig war, kamen nur verhältnismäßig wenige Demonstranten direkt mit Gewalt in Berührung und erstmals war es Afroamerikanern möglich, den Rassisten von Auge zu Auge, also quasi auf gleicher Stufe, entgegenzutreten.

Aktionismus ohne Gewaltanwendung mit tausenden Demonstranten, die geradezu

---

[81] Vgl. ebd., S. 35.
[82] Vgl. ebd., S. 26.
[83] Vgl. ebd., S. 36.
[84] Vgl. ebd., S. 38.
[85] Vgl. ebd., S. 39.

erpicht darauf waren, trotz der Gefahr von Misshandlungen und der Unsicherheit des Justizsystems der Südstaaten, ins Gefängnis zu gehen, war ein relativ neues Phänomen, sieht man von Kings Vorbild Mahatma Gandhi einmal ab, der im Befreiungskampf Indiens schon etwa zwei Jahrzehnte zuvor auf ähnliche Maßnahmen zurückgriff. King schrieb, dass eine Gefängnisstrafe schon beinahe wie ein Ehrenzeichen getragen wurde, da dies ausdrückte, dass diese Person ungeduldig ihrer Freiheit entgegen sah.[86] Eine treibende moralische Motivation vieler Bürgerrechtler war, dass sie den Rassisten vorhalten konnten, dass es der Welt bewusst sein würde, dass der Kampf für die Gleichberechtigung und ein Ende des Rassismus das einzig Richtige waren, während sie für eine falsche und rückwärts gewandte Gesellschaftsordnung eintraten. Außerdem wurde durch den Gewaltverzicht auf Seiten der Bürgerrechtler auch die Gewaltanwendung durch die andere Seite vermindert. Vielmehr machten sich dort Verwirrung, Unsicherheit und Uneinigkeit breit, was von nicht hoch genug einzuschätzender psychologischer Bedeutung war. Man ließ die Weißen wissen, dass ihr stereotypes Bild von Afroamerikanern als Clowns keinerlei Grundlage besaß und dass Schwarze sehr wohl dazu in der Lage waren, ihren Widersachern entgegenzutreten und diese zu besiegen, da deren an sich übermächtige Kraft nicht mehr länger effizient war. Daneben heilte die Gewaltlosigkeit nach Kings Aussage auch interne Wunden und stellte den Stolz und die Ehre der afroamerikanischen Gemeinschaft wieder her.[87]

Es ist aber nicht so, dass die Methode und die Philosophie dieser „Revolution" über Nacht ausgearbeitet oder sofort von allen akzeptiert worden wäre4. Die konservativen Kräfte verweigerten sich zunächst neuen Methoden und vertraten einen langsameren Weg, der aber, wie King richtig erkannte, unmittelbar nur wenig für die Menschen erreichen würde. Ein mindestens genau so großes Hindernis stellten auch die extremen Aktionisten beziehungsweise militanten Kräfte dar, da sie erst überzeugt werden mussten, dass sie das Problem nicht alleine durch einen Ruf zu den Waffen lösen können, während sie gleichzeitig aber nicht gewillt waren, diesen Aufstand anzuführen, der nur einen selbstmörderischen Ausgang nehmen konnte. Martin Luther King analysierte, dass Militanz ja im Prinzip nichts anderes ist, als der Versuch, eine negative Situation mit negativen Mitteln zu lösen.[88]

---

[86] Vgl. ebd., S. 30.
[87] Vgl. ebd., S. 40.
[88] Vgl. ebd., S. 41.

Auch nach dem Boykott von Montgomery stellten sich somit nicht alle Afroamerikaner einig hinter die praktizierten gewaltlosen Grundsätze. Gerade zwischen den Befürwortern von direktem Vorgehen oder „direct action" und jenen, die dem gerichtlichen Vorgehen oder der „legal action" den Vorzug gaben, kam es oftmals zu unterschiedlichen Ansichten, was die Wirksamkeit der jeweils anderen Methode anging. King versuchte, beide Pole zu kombinieren um so die Effizienz beider zu verstärken. Dies sollte sich gerade im Zuge der Sit-in-Bewegung deutlich nachvollziehen lassen, wo die Verbindung von unmittelbaren Protesten auf den Strassen und gerichtlichen Schritten unter anderem weitreichende Präzedenzfälle hervorbrachte und die Bereiche, in denen es zur Integration der Rassen kam, in großem Maße ausweitete.[89]

Aufbau einer gewaltlosen Kampagne

Im Prinzip gab es vier Stufen beim Aufbau einer Kampagne des gewaltlosen Widerstands. Zunächst das Sammeln von Fakten, dann der Versuch durch Verhandlungen zum Ziel zu gelangen. Gelang das nicht, wurde Selbstreinigung betrieben und schließlich zu direktem Vorgehen übergegangen. Direkter gewaltloser Widerstand war also grundsätzlich darauf aus, eine Krise zu verursachen und zu einer derart großen Spannung zu führen, welche die weiterhin ernsthafte Verhandlungen verweigernden Gegenspieler dazu zwang, sich mit der Problematik auseinander zusetzen. Konstruktive gewaltfreie Spannung war nach King somit die Grundlage für Wachstum.[90] Nicht erst durch den gewaltlosen Widerstand kommt es zu den Krisen, sondern er dient vielmehr dazu, die vorhandenen, aber bis dahin versteckten Spannungen zum Ausbruch zu bringen. Martin Luther King, Jr. sah es als falsch an, Menschen davon abzuhalten, nach grundlegenden und von der Verfassung garantierten Rechten zu streben, nur weil der Weg dorthin zu gegen sie gerichteter Gewaltanwendung führen könnte.[91] Er verstand es weiters als einen Irrtum, dass Zeit im Freiheitskampf eine Rolle spielte. Vielmehr vertrat er die folgende Auffassung:

„We must use time creatively, in the knowledge that the time is always ripe

---

[89] Vgl. ebd., S. 43.
[90] Vgl. ebd., S. 79.
[91] Vgl. ebd., S. 85.

to do right. ... Now is the time to lift our national policy from the quicksand of racial injustice to the solid rock of human dignity."[92]

Afroamerikaner griffen nun also weder zu Gewalt, noch akzeptierten sie länger die Unterdrückung durch die Weißen. Das beunruhigende Stillschweigen der Nation vor der Kenntnisnahme der Ungerechtigkeit war beendet und Kings Gegenmittel gegen diese Ungerechtigkeit war der gewaltfreie Widerstand. Dieser machte Schluss mit dem Mythos von der angeborenen Minderwertigkeit der schwarzen Bevölkerung, da minderwertige Personen kaum einen Weg derart weitreichender Opfer, Tapferkeit und Geschick wählen und ausführen hätten können[93], wie King es in seiner von der Bibel geprägten Sprache ausdrückte.

---

[92] Vgl. ebd., S. 86.
[93] Vgl. ebd., S. 120f.

Portrait - Martin Luther King, Jr.

Als unbestritten wichtigster Persönlichkeit der amerikanischen Bürgerrechtsbewegung fällt Martin Luther King, Jr. eine zentrale Position im Kampf um mehr Rechte für die unterdrückten Afroamerikaner zu. Da Martin Luther King, Jr. aus der höheren Mittelklasse Atlantas stammte, kann seine Kindheit aber kaum als typisch für einen Afroamerikaner im Süden der USA jener Zeit gelten. Er blieb als privilegiertes Kind einer einflussreichen Familie größtenteils von den Widrigkeiten der Rassentrennung verschont.

Elternhaus und Studium

Aufgewachsen in einem geräumigen Haus als Enkelkind und Sohn von Baptistenpriestern, litten er und seine Familie auch während der Wirtschaftskrise der dreißiger Jahre keine Not. King war ein intelligentes und lebhaftes Kind, das angeblich schon früh auch eine Vorliebe für „große Worte" zeigte. Er hatte eine besonders enge Beziehung zu seiner Großmutter und ein eher kompliziertes Verhältnis zu seinem autoritären Vater, den er einerseits bewunderte, andererseits aber auch fürchtete.[94] Sein Vater war ein Fundamentalist, der die Bibel wörtlich auslegte. Bevormundungen gegenüber seinem Sohn führten zu teils heftigen Auseinandersetzungen zwischen den beiden. Dennoch überwogen am Ende die positiven Eindrücke.

Martin Luther King, Jr. wurde durch seine glückliche und unbeschwerte Kindheit entscheidend geprägt, auch im Hinblick auf die Diskriminierungen, denen natürlich auch er nicht völlig aus dem Weg gehen konnte. Seine Eltern lehrten ihn jedoch, dass es der falsche Weg ist, darauf mit Hass oder Aggression zu reagieren und dass „Farbige" genauso achtbare und wertvolle Menschen seien, wie alle anderen. Ein erstes prägendes Erlebnis in dieser Beziehung war, dass es King im Alter von sechs Jahren durch den Vater eines seiner weißen Freunde verboten wurde, diesen weiterhin zu treffen.[95]

Die Umwelt Kings während seiner Kindheit war eine, die maßgeblich dadurch geprägt war, dass Schwarze als Bürger zweiter Klasse behandelt wurden. So wurden

---

[94] Waldschmidt-Nelson, GegenSpieler. Martin Luther King-Malcolm X, S. 35.
[95] Vgl., ebd., S. 36.

sie automatisch mit Vornamen angesprochen, getrennte oder gleich ganz versperrte öffentliche Einrichtungen waren die Regel, genauso wie dass Afroamerikanern nur die hinteren Plätze in Bussen zustanden, usw. Auch Martin Luther King, Jr. hatte durch Erlebnisse, wie einen Schlag ins Gesicht durch eine weiße Frau in einem Kaufhaus oder dem Stehen in einem Bus, wo er den Sitzplatz räumen musste, ein gewisses Maß an aufkeimendem Hass und Wut auf all jene, die von diesem System profitierten.[96]

Dank dem starken Einfluss der Black Baptist Church und auch seinem familiären Hintergrund, das heißt der langjährigen aktiven Mitarbeit im Rahmen der Kirche, wurde King aber nicht zu einem Separatist. Für Baptisten, die sich mit dem Volk Israel identifizieren, ist der Glaube an Erlösung und Befreiung noch im Diesseits ein zentrales Element, was sich schon während der Zeit der Sklaverei sowohl in getarnten geheimen Botschaften der Gospels, wie auch dem Verstecken von flüchtigen Sklaven oder Organisationen, wie der „Underground Railroad"[97] widerspiegelte. Daher hielten sie auch stets an ihrem Glauben an ein friedliches Miteinander der verschiedenen Rassen fest.[98] Viele Baptisten waren in der NAACP aktiv, wie beispielsweise Kings Großvater, der den Boykott gegen eine rassistische Zeitung leitete oder auch Kings Vater, „Daddy King", der massiv und öffentlich gegen die Segregation auftrat und unter anderem Protestmärsche gegen Wahlausschlüsse und für eine faire Entlohnung von Lehrkräften organisierte.

1944 begann Martin Luther King, Jr. mit seinem Studium der Theologie am Morehouse College. Zu der Zeit war er durch das Vertrauen in seinen Glauben bereits soweit gestärkt, dass er zu der Überzeugung gelangte, dass sich die Rassentrennung schlussendlich überwinden lassen würde.[99] King genoss die Zeit an der Universität und verehrte geradezu den dortigen Präsidenten Dr. Benjamin Mays, der die Diskussion über Rassenprobleme und Proteste gegen die Segregation immer förderte.[100] Von ihm übernahm King zusehends die aufgeklärte Theologie des

---

[96] Vgl. ebd., S. 37.
[97] Die so genannte „Underground Railroad" war ein von Abolitionisten unter der Leitung der ehemals selber versklavten Harriet Tubman mit Hilfe von Quakern und anderen der Sklaverei kritisch gegenüber stehenden Gruppen organisierter Fluchtweg aus dem Süden der USA nach Kanada, wo es keine Sklaverei gab. Die Zahl der auf diesem Weg zwischen 1800 und 1861 entkommenen früheren Sklaven wird auf bis zu 100.000 geschätzt.
[98] Waldschmidt-Nelson, GegenSpieler. Martin Luther King-Malcolm X, S. 39.
[99] Vgl. ebd., S. 39.
[100] Lerone Bennett, Jr., What Manner of Man. A Biography of Martin Luther King, Jr., Chicago (IL) 1968, S. 26f.

Liberalismus. Er machte sich aber auch Gedanken über die intellektuelle Akzeptanz von Religion insbesondere bei jener emotionalen Ausprägung, die in afroamerikanischen Gemeinden weit verbreitet ist. Weiters konnte King durch den direkten Kontakt mit Studenten aller ethnischen Gruppen seine anti-weißen Gefühle ablegen, da er erkannte, dass diese in Kooperation mit den afroamerikanischen Studenten gegen die Rassentrennung kämpfen wollten.[101] Sie sahen, dass der Rassismus auch ein strukturelles und gesellschaftliches Problem war und das nicht nur in den Südstaaten, sondern auch im Norden, obwohl es dort formell keine Rassentrennung gab. Während seines Studiums verbreitete sich somit sein Horizont maßgeblich. Er trat endgültig aus dem Umfeld der stark konservativ und fundamentalistisch geprägten Theologie seines Vaters heraus und bewegte sich hin zum evangelischen Liberalismus, in dem der Glaube als Aufgabe zur Beseitigung sozialer Missstände angesehen wird. Hier zeigt sich deutlich der Einfluss der Schriften Walter Rauschenbuschs, in denen die Mission des sozialen Evangeliums, die „sozialen Ziele Jesu" und das Streben nach sozialer Gerechtigkeit herausgestrichen sind.[102] Daneben war der Pessimismus von Reinhold Niebuhr von starkem Einfluss, durch den Martin Luther King, Jr. seinen zum Teil ungebremsten Optimismus etwas zügeln konnte. Niebuhr thematisierte den durch bestimmte soziale Gruppen ausgeübten Machtmissbrauch und dessen spätere Rechtfertigung mittels pseudorationaler Argumente. King schrieb Niebuhr zu, dass er durch dessen Werke vom „Potential des Bösen" erfuhr.[103] Nichtsdestotrotz glaubte King aber an den Pazifismus und die Notwendigkeit kollektiver Anstrengungen und Auseinandersetzungen zur Verbesserung des gesamtgesellschaftlichen Zustandes Amerikas. Es war ihm bewusst, dass man nicht nur die Welt von heute sehen kann.

Wenngleich King, der getreu seinem baptistischen Hintergrund, an einen persönlichen, guten und gerechten Gott glaubte, der alle Menschen, unabhängig von deren sozialen oder ethnischen Herkunft liebt, und sich auch intensiv mit alternativen Gottesbildern beschäftigte, spielte er doch ernsthaft mit der Vorstellung, eine Ausbildung zum Arzt oder Rechtsanwalt zu machen. Nicht zuletzt aufgrund Mays Einfluss entschloss er sich aber 1947 doch dazu, Pfarrer zu werden und so wurde King bereits im folgenden Jahr zum Priester geweiht.

---

[101] Waldschmidt-Nelson, GegenSpieler. Martin Luther King-Malcolm X, S. 47.
[102] Bennett, What Manner of Man. A Biography of Martin Luther King, S. 37.
[103] Whitfield, The Culture of the Cold War, S. 100.

Nach Beendigung seines Grundstudiums am Morehouse College begann er ein Studium zum Magister in Theologie in Pennsylvania, was ihm neben dem Abstand vom Vater auch den Vorteil einbrachte, an einer integrierten Schule studieren zu können. Anfangs war er fast schon übereifrig darin, keinen Anlass zu geben, dem Stereotyp eines „typischen" Afroamerikaners zu entsprechen, wie auch das folgende Zitat Kings belegt: „Ich hatte ständig das typische weiße Negerbild vor Augen, wonach ein Neger dauernd zu spät kommt, lärmt und ständig lacht, dreckig und ungepflegt ist, und ich habe mich eine Weile lang schrecklich angestrengt, anders als das Klischee zu sein".[104] Dennoch kam es auch am Crozer-Theologieseminar in Chester zu Übergriffen, wie beispielsweise einem Angriff durch einen rassistischen Mitstudenten aus dem Süden. Kings gelassene Reaktion darauf machte ihn sehr populär unter seinen Kommilitonen, während auch er seine positiven Erfahrungen mit Weißen bestätigt sah. Später wurde sogar der „Angreifer" zu einem seiner Freunde, was einmal mehr zeigte, dass besseres Kennen lernen der Schlüssel zu einem umfassenderen Verständnis darstellt.[105]

Im Sommer 1953 heiratete King die um zwei Jahre ältere Musikstudentin Coretta Scott, die seinen Vorstellungen von Charakter, Intelligenz, Glaube und Schönheit entsprach, gleichzeitig aber auch die Bereitschaft hatte, Pfarrersfrau und Vollzeitmutter zu sein. Darin spiegelte sich relativ klar Kings konservative Werthaltung in familiärer Hinsicht wieder und es ist nicht weiter verwunderlich, dass sich die Begeisterung bei Frau Scott, andererseits aber auch bei „Daddy King", zunächst in Grenzen hielt.[106] Schließlich fand jedoch am 18. Juni 1953 im Elternhaus der Braut in Alabama die Hochzeit statt.

Martin Luther King, Jr. schloss schlussendlich als einer der Jahrgangsbesten an der Theologischen Hochschule in Boston ab und nutzte das damit verbundene Stipendium dazu, an die Boston University zu wechseln, wo er 1955 zum Doktor der Theologie promovierte. Während seiner Studienzeit erhielt King durch die Schriften Thoreaus, der bereits 1849 zum Widerstand gegen eine menschenrechtsfeindliche Politik aufrief, und anderer Autoren wichtige Impulse dazu, wie man die Gegner der Rassenintegration von deren Richtigkeit überzeugen oder aber diese überwinden könnte.

---

[104] Zitelmann, „Keiner dreht mich um". Die Lebensgeschichte des Martin Luther King, S. 29.
[105] Waldschmidt-Nelson, GegenSpieler. Martin Luther King-Malcolm X, S. 48.
[106] Vgl. ebd., S. 59.

Trotz der Tatsache, dass gegen Ende seines Studiums mehrere Angebote für eine akademische Laufbahn an King herangetragen wurden, entschied er sich doch für den aktiven Kirchendienst, in dem er wohl wesentlich mehr Möglichkeiten zu einer Änderung bestehender Ungerechtigkeiten sah. Ähnliche Beweggründe dürften die Kings auch dazu bewogen haben, sich im Süden der Vereinigten Staaten anzusiedeln, obwohl das Leben im Norden sicherlich leichter gewesen wäre und mehr Möglichkeiten geboten hätte. Nur in den Südstaaten war es aber möglich, sich tatsächlich aktiv für die afroamerikanische Gleichberechtigung im Kampf gegen Rassismus und Segregation engagieren zu können. Am 31. Oktober 1954 wurde Martin Luther King, Jr. als Priester an die Dexter Avenue Baptist Church in Montgomery, Alabama bestellt. Er nahm dieses Angebot vor allem aus dem Grund an, weil ihm das dortige intellektuelle Umfeld zusagte. Sein Vater hingegen war entsetzt, da er fest damit gerechnet hatte, dass sein Sohn wieder an seine Pfarre in Atlanta zurückkehren würde.[107]

Martin Luther King, Jr. sollte in den folgenden Jahren zum Symbol einer ganzen Ära des zivilen Ungehorsams in den Vereinigten Staaten werden, da er als der „Anführer" der Bürgerrechtsbewegung galt und viele in ihm wohl auch den lange erhofften „Erlöser" sahen, der die bestehenden Ungerechtigkeiten anprangern und schließlich bei Behörden und vor Gericht beseitigen würde.[108] In seinen starken Reden und durch die daraus resultierenden Taten warf King viele alte Vorurteile über Bord: „new Negroes can stick together", „leaders do not have to sell people out", „threats and violence do not necessarily intimidate any longer" oder auch „our church is becoming militant." Er war die bestimmende Persönlichkeit im Jahrzehnt der Bürgerrechtsbewegung, das sich vom Urteil des Obersten Gerichtshofs im Fall „Brown v. Topeka Board of Education" 1954 bis zur Verabschiedung des „Civil Rights Act" im Kongress 1964 spannte. In diese Position gelangte er aufgrund verschiedenster Umstände.

King als Anführer der Bürgerrechtsbewegung

Zunächst einmal ebnete der Oberste Gerichtshof den Weg mit seiner Entscheidung aus dem Jahr 1954, dass nach Hautfarbe getrennte Schulen von Natur aus ungleiche

---

[107] Rolf Italiaander, Martin Luther King, Berlin 1968, S. 22f.
[108] Asante/Mattson, Historical and Cultural Atlas of African Americans, S. 120.

Grundvoraussetzungen bieten würden. Dieses Urteil ist insofern von allerhöchster Wichtigkeit, da damit ein halbes Jahrhundert an juristischer Voreingenommenheit, die mit dem Schiedsspruch im Prozess „Plessy v. Ferguson" 1896 begann, beendet und erst dadurch die zahlreichen Angriffe auf das System der Rassentrennung ermöglicht wurden.

Anfangs war King nicht stolz darauf, schwarzer Hautfarbe zu sein. Es ging aber wohl ähnlich wie jenem afroamerikanischen Reporter, der sagte, dass ihn die Ereignisse im Rahmen des Montgomery Busboykotts stolz gemacht hätten, ein Schwarzer zu sein: „Montgomery made me proud to be a Negro."[109]

Alles begann damit, dass sich Rosa Parks am 1. Dezember 1955 nicht zuletzt aus simpler Müdigkeit heraus weigerte, ihren Sitzplatz in einem Bus für einen weißen Fahrgast zu räumen, wie es durch die im ganzen Süden der Vereinigten Staaten praktizierte Rassentrennung erwartet wurde. Durch diese Einzelaktion wurde der „Montgomery Bus Boycott" initiiert, zu dessen zentralem Sprecher und Strategen der junge und erst seit kurzem in der Stadt angestellte Priester aus Atlanta, Martin Luther King Jr., werden sollte. In Zusammenarbeit mit dem ebenfalls jungen Anwalt Fred Gray, entwickelte er die grundsätzliche Taktik der Bürgerrechtsbewegung.

Einmal mehr war auch hier eine generelle wirtschaftliche Misere Auslöser der Probleme vieler Menschen, gekoppelt mit einer grundsätzlichen Feindseeligkeit zwischen den Menschen und einem Mangel an Vertrauen in die eigenen Kräfte und Fähigkeiten. Frederick Douglass und W.E.B. Du Bois waren von großem Einfluss auf King, ebenso wie Gandhi der unter Anwendung der Methode des gewaltlosen Widerstands die britische Kolonialmacht in Indien zum Abzug zwang. All diese Persönlichkeiten waren sich des Umstands bewusst, dass man nicht nur die momentanen Zustände im Auge behalten kann, sondern darüber hinaus gehende Visionen und vor allem Ideen haben muss. Das verband sie mit King, der zudem noch in der Lage war, sowohl Massen als auch Einzelpersonen zu bewegen.

Die Erweiterung pazifistischen Ungehorsams durch Streiks, Boykotte und Proteste gegen eine schier unüberwindbare Übermacht wie es von Gandhi praktiziert worden war, beeindruckte King offenbar besonders und er sah in der Gewaltlosigkeit oder Satyagraha auch eine Hoffnung für die Vereinigten Staaten. Entgegen später

---

[109] Clayborne Carson, Stewart Burns, Susan Carson, Pete Holloran, Dana Powell (Hrsg.), The Papers of Martin Luther King, Jr. Volume III: Birth of a New Age, December 1955-December 1956, Berkeley (CA) 1997.

erhobener Vorwürfe gegen ihn, lehnte er hingegen den Kommunismus als echte Alternative wegen dessen ethnischem Relativismus und totalitären Ansprüchen entschieden ab.[110] King vertiefte seine Philosophie der Gewaltlosigkeit. Seine Fixierung auf diese bestimmte Art des Widerstandes hatte ihre Grundlage unter anderem auch einfach in dem Wissen, dass der Einsatz von Gewalt gegen die wirtschaftlich-politischen Machtstrukturen im amerikanischen Süden aussichtslos wäre. Er setzte daher voll und ganz auf die Prinzipien und Methoden Gandhis, kombiniert mit seiner tiefen Religiosität und der Schlagkraft einer Massenbewegung unter dem Leitspruch des gewaltlosen Widerstands. Martin Luther King konzentrierte sich stets auf das System der Rassentrennung und vergaß dabei auch nicht darauf, die Schuldgefühle zahlreicher weißer Amerikaner dadurch anzusprechen, dass er betonte, ein Sieg der Bürgerrechtsbewegung wäre nicht ein Durchbruch für die afroamerikanische Bevölkerung alleine, sondern für alle Amerikaner. Seine Botschaft war eine versöhnliche, aber im Hinblick auf einen Kompromiss mit der etablierten weißen Oberschicht unnachgiebige. Als größtes Problem galt nicht aggressiver Massenprotest, sondern die Gleichgültigkeit breiter Bevölkerungsschichten.[111]

War diese erst überwunden, stellte sich die „non-violent resistance", das heißt der gewaltlose Widerstand unter körperlicher Konfrontation mit dem Gegner, als neue und schlagkräftige Waffe heraus. In der körperlichen Auseinandersetzung mit dem „Bösen" wurden dann auch langsam Resultate spürbar. Als Grundkonflikt blieben die Ungerechtigkeit zwischen den Menschen selber, die Feindseligkeit von Mensch zu Mensch und ein Mangel an Vertrauen in die eigenen Kräfte und Fähigkeiten bestehen.

In seinen Reden griff King vornehmlich auf die Sprache der Bibel zurück und auch ein Großteil der von ihm verwendeten Beispiele stammte ursprünglich aus dieser Quelle. Im Mittelpunkt stand vorherrschend die allumfassende zwischenmenschliche Liebe. Durch den gewaltlosen Widerstand gab King den Afroamerikanern des Südens die geistige und ideologische Möglichkeit für ihre Freiheit zu kämpfen. Gleichzeitig wurden dadurch aber auch die Einbildungskraft und das Engagement tausender weißer Sympathisanten angeregt.

Durch King mit seiner SCLC und der emotionalisierten Atmosphäre während der Zeit

---

[110] Gerd Presler, Martin Luther King (rowohlts monographien), Reinbek bei Hamburg 1984, S. 35f.
[111] Salmond, „My Mind Set on Freedom". A History of the Civil Rights Movement, 1954-1968, S. 63.

der Proteste und Demonstrationen, gerieten die angepasstere NAACP, sowie die „National Urban League" (NUL), die sich beide auf gerichtliche und wirtschaftliche Lösungen für die Probleme der Afroamerikaner konzentrierten, aus dem Rampenlicht ins Abseits. Kings Bewegung hatte zudem auch die moralische Autorität der Kirche, sowie eine breite internationale Unterstützung hinter sich, was ihm erst ermöglichte, sich aus dem eingeschränkten juristischen Kontext herauszubewegen und auf wesentlich breiterer Basis grundsätzliche Fragen über die Art des Zusammenlebens in einer freien und offenen Gesellschaft anzugehen.[112]

Quer durch die Südstaaten wurde die Rassentrennung auf breiter Front attackiert, wie es nie zuvor vorgekommen war. Ein Hauptziel waren beispielsweise segregierte Schulen und Universitäten, was 1957 Präsident Eisenhower im Fall von Little Rock, Arkansas dazu zwang, die Aufhebung der Rassentrennung durch den Einsatz von Truppen durchzusetzen. Weiters wurde ab 1960 von North Carolina ausgehend, aber bald im gesamten Staatsgebiet der USA, im Rahmen von so genannten „Sit-ins", die Integration von Restaurants und anderen öffentlichen Einrichtungen eingefordert. King unterstützte diese Aktionen tatkräftig und initiierte zudem hunderte von Protesten in kleineren und größeren Städten. Ab 1961 überprüften die als „freedom riders" bekannten Aktivisten, ob die Rassentrennung im öffentlichen Verkehr auch tatsächlich aufgehoben wurde, was unter anderem zu schweren Zusammenstößen mit dem rassistischen Mob, aber auch einer entweder untätigen oder ebenfalls feindlich eingestellten Polizei führte.[113]

Bis etwa 1963 hatte die Bürgerrechtsbewegung ihren Höhepunkt erreicht und tausende wurden wegen ihres Einsatzes für die Gleichstellung der Rassen verhaftet, inhaftiert oder sogar ermordet. Im August '63 fand schließlich in Washington D.C. die größte Veranstaltung in der Geschichte der Bewegung statt, der so genannte „Marsch auf Washington", bei dem Martin Luther King, Jr. seine berühmte Rede „I Have a Dream" hielt und sich endgültig als moralische Stimme der Nation etablierte. Dieser Tag im August stellte, was das Bewusstsein über durch unterschiedliche Hautfarben bedingte Ungerechtigkeiten angeht, den absoluten Höhepunkt dar und veranlasste die Legislative endgültig dazu, Bürgerrechte zu einem vordringlichen Gegenstand ihrer Gesetzgebung zu machen. In seinem berühmten „Letter from a Birmingham Jail" aus dem Jahre 1963, spiegelt sich dennoch eine teilweise

---

[112] Asante/Mattson, Historical and Cultural Atlas of African Americans, S. 119.
[113] Vgl. ebd., S. 121.

Desillusionierung Martin Luther Kings wieder, da die Geschwindigkeit der Veränderungen nicht seinen ursprünglichen Annahmen entsprach. Nichtsdestotrotz war er weiterhin in der Lage, in seinen Predigten Hoffnung und Zuversicht zu vermitteln und nicht zuletzt Dank seiner gewandten Sprache blieb sein Einfluss auf Glaubensgemeinden und dort insbesondere auf die die Mehrheit stellenden Frauen, ungebrochen. Bedeutend ist auch, dass Martin Luther King bereits seit 1960 den Kampf der Afroamerikaner mit dem Kampf unterprivilegierter Menschen im Allgemeinen gleich setzte und das in einem globalen und somit nicht ausschließlich auf die Vereinigten Staaten begrenzten Zusammenhang. Die größere Publicity führte automatisch auch zu größeren Forderungen von Kings „Schützlingen", als deren Sprecher er nun galt. Unter anderem wurde er 1964 vom Nachrichtenmagazin *TIME* zum „Mann des Jahres" gekürt und mit folgenden Worten gelobt:

„Nach 1963 wird der Neger dank der Hilfe Martin Luther Kings Jr. nie wieder sein, wo und was er vorher war."[114]

Andere Erfolge dieser Zeit unmittelbar nach dem äußerst medienwirksamen „Marsch auf Washington" waren Kings Buch „Warum wir nicht warten können", die Unterzeichnung des „Civil Right Acts" durch Präsident Johnson im Juli 1964, sowie eine erstmalige politische Organisation der schwarzen Bevölkerung Mississippis im Zuge der „Freedom Summer"-Aktion jenes Jahres, das mit Zusammenkünften mit Willy Brandt und Papst Paul VI., sowie der Verleihung des Friedensnobelpreises im Dezember in Oslo zu Ende ging. Das Preisgeld in der Höhe von 54.000 Dollar stellte Martin Luther King, Jr. vollständig der Bürgerrechtsbewegung zur Verfügung, während er mit seiner Familie, wie übrigens auch Malcolm X, bescheiden und mit einem relativ geringen Gehalt lebte. King erkannte richtig, dass für zukünftige schwere Kämpfe um Bürgerrechte in den USA alle verfügbaren Mittel noch dringend benötigt würden. So erwies sich das neue Anti-Segregationsgesetz beispielsweise als unwirksam im Bereich des Wahlrechts und rassistische Weiße umgingen die neuen Regelungen geschickt, um dadurch auch weiterhin große Teile der schwarzen Bevölkerung von aktiver politischer Mitwirkung auszuschließen. Gleichzeitig lehnte Präsident Johnson ein von King eingefordertes Gesetz zur Durchsetzung des

---

[114] Italiaander, Martin Luther King, S. 41.

Wahlrechts afroamerikanischer Bürger ab, wohl aus Furcht vor einem Verlust der Unterstützung von Abgeordneten der Südstaaten für sein „Great Society"-Programm und dessen progressive Sozialgesetzgebung.[115]

King glaubte an einen durch den „American Dream" vorgegebenen Traum von einem Amerika der Gleichberechtigung und Freiheit, ganz im Gegensatz zu Malcolm X, dem Gegenpol auf Seiten der schwarzen Nationalisten. Dieser sah in Amerika vielmehr einen Staat des Alptraums, in dem die Afroamerikaner gefangen waren. Während King die einzige Möglichkeit einer Verbesserung der Lebensumstände schwarzer Amerikaner darin erkannte, die Integration in die Gesamtgesellschaft anzustreben, war für Malcolm X, in seiner Funktion als Sprecher der radikalen NoI, eine strikte Trennung der Rassen zum Schutz vor den bösartigen und minderwertigen Weißen, vorrangig.[116] Hier spiegelte sich deutlich der uralte Konflikt innerhalb der schwarzen Bevölkerung Amerikas wieder, den auch W.E.B. Du Bois Anfang des 20. Jahrhunderts in seinem Buch „The Souls of Black Folk" bereits herausstrich: Rassentrennung und Separation auf der einen und Integration beziehungsweise das Bestreben ein „ganzer Amerikaner" zu sein, auf der anderen Seite. Dieser Zwiespalt besteht schon seit den Freiheitskämpfen während der Sklaverei, weshalb die Bürgerrechtsbewegung auch nur im Zusammenhang mit der Vorgeschichte verstanden werden kann. Dem gegenüber steht, dass sich Kings Position zu Rassenkonflikten, sozialen Problemen und auch der Regierung Lyndon B. Johnsons im Zeitraum nach 1965 immer mehr an die Analysen und Aussagen von Malcolm X annäherte, dem er ausdrücklich seine Hochachtung aussprach, aber auch das Bedauern darüber, dass es zu keiner engeren Zusammenarbeit gekommen war. Daneben enttäuschte King die herbe Kritik an seiner „Poor People's Campaign", was ihn aber nicht vom Plan abbrachte, gegen die Schlechterstellung unterprivilegierter Menschen im Allgemeinen aufzutreten oder sein „Traumziel" aufzugeben, auch wenn er gleichzeitig von Alpträumen zu sprechen begann. Ähnlich wie Malcolm X seine Sicht der Dinge kurz vor seiner Ermordung von Bürgerrechten zu Menschenrechten erweitert hatte, tat das auch King, was ihn bei vielen ehemaligen Verbündeten unbeliebt machte und bei von vornherein feindlichen rechtsradikalen Gruppen und Geschäftsleuten noch stärker in Misskredit brachte, sofern das überhaupt noch

---

[115] Waldschmidt-Nelson, GegenSpieler. Martin Luther King-Malcolm X, S. 127.
[116] Vgl. ebd., S. 13.

66

möglich war. Der Ku Klux Klan setzte ein Kopfgeld für die Ermordung Kings aus und bis zum Jahr 1968 gingen beim FBI etwa fünfzig konkrete Morddrohungen ein. Trotzdem lehnte King es weiterhin ab, von Leibwächtern begleitet zu werden oder aber eine Waffe mit sich zu führen. Er dürfte das nahende Ende aber sehr wohl gespürt haben, was deutlich an zunehmend düsteren Reden, wie jener am 4. Februar 1968 in der Ebenezer Baptist Church in Atlanta, abzulesen war, in der King in der Vergangenheit von sich als „drum major" oder „wichtiger Trommel" sprach.

Am Ende des Weges

Im März 1968 ereilte ihn ein Hilferuf aus Memphis im Bundesstaat Tennessee, wo ein Streik der Müllmänner und Kanalarbeiter ausgebrochen war, die damit gegen die Verweigerung der Anerkennung ihrer neu gegründeten Gewerkschaft durch die Stadtverwaltung und für eine bessere Entlohnung und Arbeitsbedingungen auftraten. Im Zuge der Streikaktion kam es auch wiederholt zu gewaltsamen Ausschreitungen. Laut Andrew Young, entschloss sich King entgegen dem Rat vieler seiner Mitarbeiter dazu nach Memphis zu reisen.[117] Zunächst einmal passte dieser Fall sehr gut in sein Konzept zum Kampf für Menschenrechte und soziale Gerechtigkeit und ein erfolgreicher Streik wäre außerdem noch ein gelungener Auftakt für die „Poor People's Campaign". Am 28. März 1968 führte Martin Luther King, Jr. einen Protestmarsch der streikenden Arbeiter an, bei dem die Polizei einen jungen Schwarzen erschoss, was in der Folge zu blutigen Rassenunruhen in der ganzen Stadt führte. Die Aktion entwickelte sich zu einem Fiasko und King kehrte überstürzt nach Atlanta zurück. Lange ließ er sich aber nicht entmutigen und kehrte schon kurze Zeit später wieder nach Memphis zurück, wo er am Abend des 3. April seine letzte große Predigt hielt. Darin drückte er seinen festen Glauben darüber aus, dass der Prozess der Verbesserungen weitergehen könne, so lange alle gemeinsam daran arbeiten. Er gab auch einen Kommentar zu den gegen seine Person gerichteten Morddrohungen ab und sprach davon, dass er durch Gottes Willen auf den Berg kommen durfte und dort das „Gelobte Land gesehen" habe.[118]

Am Morgen des kommenden Tages wurde Martin Luther King, Jr. schließlich von einem seinem Hotel gegenüberliegenden Gebäude aus durch einen Schuss ermordet,

---

[117] Henry Hampton/Steve Fayer, Voices of Freedom. An Oral History of the Civil Rights Movement from the 1950s through the 1980s, New York (NY) 1990, S. 459.
[118] Zitelmann, „Keiner dreht mich um". Die Lebensgeschichte des Martin Luther King, S. 157.

womit sich seine Prophezeiungen erfüllt hatten. Die Situation stellte sich in Folge nun also so dar, dass die beiden prägenden Anführer der schwarzen Befreiungsbewegung, Malcolm X und Martin Luther King, Jr. Attentaten zum Opfer gefallen waren. Die große Koalition schwarzer und weißer Bürgerrechtler war zerbrochen und der Krieg in Vietnam wurde mit unverminderter Härte weitergeführt. Somit lag der Traum von einer besseren Gesellschaft in weiterer Ferne als zuvor. Der schwarze Freiheitskampf ging aber natürlich auch nach 1968 noch weiter. Außerdem verlor King nie seinen Platz im kollektiven Gedächtnis der USA. Bereit seine Beisetzung am 9. April 1968 glich mit ihren fast 100.000 Teilnehmern einem Staatsbegräbnis. Die Grabrede wurde dabei von Kings früherem Universitätspräsidenten Benjamin Mays gehalten, der meinte: „King hätte als Schwarzer allen Grund gehabt, Amerika zu hassen, liebte sein Land jedoch leidenschaftlich. Umso tragischer ist es, dass das amerikanische Volk eine Mitschuld an seinem Tode trägt."[119] Während sein Grab zu einer Wallfahrtsstätte wurde und rund um seine Person eine Art Heldenkult entstand, wird Kings sozialrevolutionäres Erbe von einer Mehrheit der Amerikaner oft völlig verdrängt.[120] Es gibt Gedenkbriefmarken zu King und als bisher einzigem Afroamerikaner wurde ihm in den achtziger Jahren ein eigener Feiertag, der „Martin Luther King Day" am jeweils dritten Montag im Jänner, gewidmet. Später wurde auch des Öfteren gemutmaßt, dass durch die zunehmende Radikalisierung in Kings späteren Jahren, nicht nur viel am Sympathie und Popularität verloren ging, sondern ihm seine systemkritischen Aussagen, unter anderem zum Vietnamkrieg, auch eine Menge neuer Feinde einbrachten, was ihm schlussendlich das Leben gekostet habe. Einer jener Historiker, die diese Linie vertreten, ist der Südafrikaner Allen Boesak, der 1976 schrieb, „King war Revolutionär…damit eine echte Gefahr für das System… Betreiber des Systems mussten ihn töten."[121] Im selben „systemerhaltenden" Zusammenhang seien auch die Ermordung von John F. Kennedy 1963, die von Malcolm X 1965 und Robert Kennedys 1968 zu sehen, was zur bis heute heiß diskutierten Verschwörungstheorie oder „big conspiracy" führte. Genauso wie Malcolm X, wurde auch King zu einem Symbol des schwarzen Widerstands stilisiert und in der Zeit nach seinem Tod nur äußerst eindimensional gesehen. Dass sich die beiden ehemaligen Gegenspieler und Erzrivalen am Ende ihres Lebens sehr nahe gekommen sind, ist oft nicht bekannt, genauso wie die Tatsache, dass eine

---

[119] Vgl. ebd., S. 151.
[120] Vgl. ebd., S. 153.
[121] Vgl. ebd., S. 152.

Kooperation zwischen den beiden nach 1965 mitunter im Bereich des Möglichen gelegen hätte. Bis heute werden die einseitig oder unvollständig verstandenen Philosophien beider Männer von unterschiedlichen Gruppen für deren Zwecke benutzt. So berufen sich beispielsweise Befürworter der „affirmative action" auf den „späten King" mit seinem Eintreten für soziale Gerechtigkeit, ignorieren aber, dass er dies ausdrücklich für Menschen aller ethnischen Ursprünge gefordert hatte. Konkret stellt die seit Mitte der Sechziger praktizierte „affirmative action" aber ein Abgehen von der von King vertretenen „Farbenblindheit" oder „colorblindness" dar, was Kritiker teilweise als Abweichen von moralischen Grundsätzen und Lüge auslegen.[122] Als größtes Vermächtnis Kings bleiben aber in jedem Fall die 1964 und 1965 verabschiedeten Gesetze zur Aufhebung der Rassentrennung und Diskriminierung in den Vereinigten Staaten bestehen: der „Civil Rights Act" (CRA) und der „Voting Rights Act" (VRA). Es soll nicht vergessen werden, dass auch viele andere wichtige Personen daran mitgewirkt haben, aber King kommt unbestritten eine Sonderstellung als primäre Führungspersönlichkeit zu, die auf sein Charisma, seine ausgefeilte Rhetorik, Kompromisslosigkeit und Philosophie der Gewaltlosigkeit zurückzuführen ist. Nicht zuletzt auch durch den Friedensnobelpreis wurde er endgültig zum „moralischen Gewissen der Nation".[123]

---

[122] Ellis Cose, Color-Blind. Seeing Beyond Race in a Race-Obsessed World, New York (NY) 1997, S. 102.
[123] Waldschmidt-Nelson, GegenSpieler. Martin Luther King-Malcolm X, S. 159.

IV. Phase des Aktivismus

Die Sit-in-Bewegung

Am 31. Jänner 1960 wurde noch in so gut wie allen Restaurants in den Südstaaten die Rassentrennung praktiziert. Für Joseph McNeill aus North Carolina, einen Studenten im ersten Studienjahr am schwarzen „Agricultural and Technical College" in Greensboro, und viele andere war das Warten auf unmittelbar spürbare Fortschritte durch Gerichtsverfahren zu langwierig. Aus diesem Grund beschloss er gemeinsam mit drei anderen Studenten die Sache selbst in die Hand zu nehmen, um den Prozess zu beschleunigen. Nicht in Verbindung mit der SCLS stehend, aber durch die Vorgänge in Montgomery und Martin Luther Kings Standpunkte tief beeinflusst, betraten die vier College-Studenten am 1. Februar 1960 das Woolworth-Kaufhaus in der Innenstadt Greensboros und setzten sich in der dortigen Cafeteria nieder. Als ihnen eine Bestellung verweigert wurde, kamen sie der Aufforderung zu gehen nicht nach und blieben sitzen. Dabei verhielten sie sich stets höflich und standen in krassem Gegensatz zur sich ansammelnden weißen Menge, die sie beschimpfte und misshandelte. Am folgenden Tag kamen die vier Studenten wieder. Alle waren tief in der christlichen Tradition verwurzelt und von passivem Widerstand und Gewaltlosigkeit bestimmt. Sie setzen ein Beispiel, das mehr und mehr Nachahmer fand und so fanden sich am 3. Februar bereits 63 Afroamerikaner an der Imbisstheke ein. Am folgenden Tag schlossen sich ihnen auch die ersten weißen Demonstranten an. Gegen Ende der Woche erklärten sich Stadtbeamte zu Verhandlungen bereit und der Protest wurde ausgesetzt. Wie üblich waren die Versprechungen nicht ernst gemeint.[124] Die Stadtverwaltung unterschätzte jedoch die Entschlossenheit der afroamerikanischen Gemeinde der Stadt. Die Demonstrationen wurden am 1. April wieder aufgenommen und von nun an tagtäglich abgehalten. Dass die Stadt am 2. April 45 protestierende Studenten verhaften ließ, stellte sich als gravierender Fehler heraus, da sich nun die gesamte schwarze Gemeinde von Greensboro solidarisierte und zu Boykotten gegen bestimmte Geschäfte aufrief. Die Einnahmen fielen in den Keller und zwangen die Stadt zurück an den Verhandlungstisch. Schlussendlich wurde es der schwarzen Bevölkerung ermöglicht, an den städtischen Imbisstheken zu essen. Die Maßnahme wurde auch rasch in die Tat umgesetzt und der Protest hatte

---

[124] Salmond, „My Mind Set on Freedom". A History of the Civil Rights Movement, 1954-1968, S. 83.

somit zu einem raschen und schmerzlosen Erfolg geführt. Dies war der erste Sit-in-Protest der amerikanischen Bürgerrechtsbewegung und viele junge Leute folgten im selben Jahr diesem Beispiel in den gesamten Vereinigten Staaten.

Somit begann die Phase des Aktivismus, der schnellere Erfolge zeigen sollte, als es bislang der Fall gewesen war. Dies auch deshalb, weil die Demonstranten gut gekleidet, höflich und nie drohend oder rachsüchtig auftraten. Ganz im Gegensatz zu den ihnen gegenüber stehenden Befürwortern der Rassentrennung. Allein schon dieses Bild muss ein Schlag ins Gesicht all jener gewesen sein, die immer noch an Vorurteile, wie jenes über die angeborene Primitivität der Afroamerikaner glaubten. Eine übliche Reaktion auf die diversen Sit-ins waren Verhaftungen der beteiligten Personen unter der Anklage der Störung des öffentlichen Friedens, Widerstands gegen die Polizeigewalt und ähnlichem mehr. In Folge der raschen Ausweitung der Aktionen kam es zu Massenverhaftungen und zahlreichen Zwischenfällen mit weißen Rassisten. Deren brutales Vorgehen gegenüber den friedlichen Demonstranten brachte, mit Unterstützung des Fernsehens, rasch die öffentliche Meinung auf Seite der Bürgerrechtler. Gewalt war also einmal mehr die weiße Reaktion auf Aktionen der Bürgerrechtler, wie Sit-ins und die neu entdeckte Waffe der Jail-ins[125]. Studenten wurden beschimpft, geschlagen, getreten, mit Zigaretten versengt und hunderte wurden verhaftet und inhaftiert. Die Zeit in der Alibipolitik akzeptiert wurde, schien endgültig vorüber. Mit Unterstützung der schwarzen Gemeinden der Städte zwangen die protestierenden jungen Afroamerikaner die Bürgermeister dazu, sich über die moralische Verkehrtheit bewusst zu werden, die darin bestand, einerseits Leuten Waren zu verkaufen, denselben Menschen aber andererseits nicht zu gestatten in den Geschäften auch zu essen.

Die umfassendste Sit-in-Kampagne wurde ab 1960 unter der Leitung von Julian Bond und Lonnie King in Atlanta, Georgia durchgeführt. Es wurde nicht nur für die Aufhebung der Rassentrennung an Imbisstheken gekämpft, sondern für eine Desegregation aller öffentlichen Gebäude, für das allgemeine Wahlrecht sowie für gleiche Chancen in den Bereichen Beschäftigung und Bildung. Sit-ins stellten auch in diesem Fall die wichtigste strategische Waffe dar. Gegen Ende des Jahres konnte die

---

[125] Bei den so genannten Jail-ins ließen sich Demonstranten zu großer Zahl ohne Widerstand verhaften und inhaftieren. Das Ziel war, die Kapazität der Gefängnisse innerhalb kürzester Zeit zu sprengen und so einen effektiven Einsatz der Sicherheitskräfte möglichst zu erschweren oder unmöglich zu machen.

einflussreiche afroamerikanische Gemeinde Atlantas für die Unterstützung des Protests gewonnen werden. Einige nahmen aktiv an Sit-ins teil, die meisten boykottierten zumindest die Innenstadtgeschäfte. Die weiße Machtstruktur ließ sich noch bis im folgenden Jahr, also 1961, nicht beeinflussen, gab aber letztlich den Forderungen nach.

Bis im September 1961 hatten über 70.000 schwarze und weiße Amerikaner aktiv an derartigen Protesten teilgenommen und bereits bis im August 1960 waren als direkte Auswirkung die Imbisstheken in 28 Städten des Südens desegregiert worden, genauso wie einige Theater und Restaurants. Nur wenige Monate zuvor schien ein derart rascher Erfolg noch in weiter Ferne. Durch die Sit-in-Bewegung wurde eine ganze Generation von Studenten radikalisiert und wuchs in einem Umfeld politischen Bewusstseins auf. Sie waren durch die langsamen Fortschritte seit 1954 desillusioniert und hatten daher wenig Hoffnung, dass ein Gang durch die Gerichte in absehbarer Zeit einen Zuwachs an Rechten bringen würde. Die studentischen Aktionen erhöhten die Geschwindigkeit und trieben in der Folge die Erwachsenen in den urbanen afroamerikanischen Gemeinden vor sich her.[126] Zudem wurden sich die weißen Südstaatler mehr und mehr bewusst, dass sie auf einer tickenden Zeitbombe saßen.

Gründung des „Student Nonviolent Organizing Committee"

Alles in allem war die Sit-in-Bewegung ein durchschlagender Erfolg. Fast alle bestreikten Einrichtungen hoben rasch die Rassentrennung auf. Die involvierten Aktivisten waren für gewöhnlich aus den Gegenden, in denen sie protestierten und nach diesen Ereignissen sprachen nur noch wenige Weiße weiterhin über die Zufriedenheit „ihrer Schwarzen". Auch das Selbstbewusstsein der Afroamerikaner änderte sich drastisch. Der Glaube, etwas bewegen und letztlich den Kampf um Fairness und Gleichbehandlung gewinnen zu können, setzte sich durch. Auch King war begeistert von der Initiative der Studenten und organisierte im April 1960 in Raleigh, North Carolina gemeinsam mit Ella Baker auf Kosten der SCLC eine Konferenz der Beteiligten an den landesweiten Sit-ins. Diese Zusammenkunft stellte einen Versuch dar, die positiven Energien in einer Organisation bündeln zu können.

---

[126] Cooper/Terrill, The American South. A History, S. 723.

Baker setzte sich gegen King mit ihrer Forderung durch, dass die Studenten unabhängig bleiben sollten. Sie war gegen die zentralistische Struktur der SCLC und deren alleinige Ausrichtung auf die Person Kings. Vielmehr erschien ihr eine kollektive Gruppenleitung als sinnvoll.[127] Darin erhielt sie Unterstützung aus der Studentenschaft und es kam zur Gründung des SNCC, das künftig eine bedeutende Rolle im Rahmen des schwarzen Widerstandes innehaben sollte.

Die herrschende Stimmung kann wohl am ehesten als eine voller Selbstsicherheit, Ungeduld und auch Naivität charakterisiert werden.[128] Martin Luther King, Jr. versäumte es nicht, die Studenten daran zu erinnern, dass Gewaltlosigkeit auf tiefster innerer Überzeugung beruhen müsse und nicht lediglich eine Taktik zum Erreichen von Zielen sein könne. Viele hatten allerdings bereits zu diesem Zeitpunkt ihre Probleme mit dieser Aussage und glaubten, dass verstärkte Militanz eines Tages durchaus notwendig sein würde.[129] In der Zeit danach, begannen Studenten auch innerhalb der NAACP die Führung von den älteren Mitgliedern zu übernehmen und das SNCC trat bestimmter als noch zuvor auf. In den späteren sechziger Jahren kam es dann schlussendlich zu zunehmenden Spannungen zwischen dem SNCC und den konservativeren Organisationen SCLC und NAACP. Der schrankenlose Optimismus, die Rechtschaffenheit und der Glaube an Amerika aus denen heraus die SNCC geboren wurde, waren allesamt Qualitäten, welche die Organisation über die Jahre verlieren sollte. Zunächst funktionierte die Zusammenarbeit der für die Bürgerrechte engagierten Gruppen aber. Im Hinblick auf die anstehenden Probleme wurden sicherlich viele auch anfangs schon vorhandene Konflikte hinter das gemeinsame Ziel einer gerechten Gesellschaft hintan gestellt.

Die Zeit war aus verschiedenen Gründen reif für tief greifende Änderungen nachdem sich die schwarze Bevölkerung vom ländlichen in den urbanen und vom Süden in den Norden und Westen verlagert hatte. Von großer Bedeutung waren selbstverständlich auch die juristischen Entscheidungen des Obersten Gerichtshofes zum Wahlrecht und zur Aufhebung der Rassentrennung an Schulen, sowie der durch Rosa Parks ausgelöste Busboykott von Montgomery unter der Leitung von Martin Luther King, Jr. Weitere wichtige Faktoren stellten schließlich die Dekolonisation der

---

[127] Waldschmidt-Nelson, GegenSpieler. Martin Luther King-Malcolm X, S. 84.
[128] Salmond, „My Mind Set on Freedom". A History of the Civil Rights Movement, 1954-1968, S. 87.
[129] Vgl. ebd., S. 87.

afrikanischen Staaten und das Bürgerrechtsgesetz von 1957 dar. Es war jedoch von Anfang an offensichtlich, dass dieses Bürgerrechtsgesetz gestärkt werden müsste, um tatsächlich effektiv zu sein. Daher wurde 1960 ein neues Gesetz beschlossen. Im „Civil Rights Act" von 1960 autorisierte der Kongress nationale Gerichte dazu, spezielle Verwaltungsbeamte für die Registrierung von Wählern zu ernennen. Lyndon B. Johnson, ein Texaner, der vom Süden in den Westen ausgewandert war, zeichnete sich für das Gesetz verantwortlich, welches eine Wählerregistrierung von Afroamerikaner möglich machte. Bis 1962 wurden vom Justizminister über dreißig Fälle eingebracht, in denen Afroamerikaner den Schutz ihres Wahlrechts einforderten.[130]

Kampf um die Präsidentschaft 1960

Nach dem Ende von Eisenhowers zweiter Amtszeit fanden im Jahr 1960 Präsidentschaftswahlen statt. Der nächste Präsident musste sich wohl oder übel der Frage der Rassenintegration stellen. Der Kandidat der Republikaner, Nixon, befürwortete Bürgerrechte ebenso wie der Demokrat Kennedy, bei dem die Unterstützung derselben aber noch stärker war. Der Präsidentschaftswahlkampf von 1960 war somit massiv von der brennenden Frage nach dem Status der Millionen von Afroamerikanern in den USA bestimmt. Zu diesem Zeitpunkt hatten sich bereits über eine Million schwarzer Wähler im Süden des Landes registrieren lassen. Es war also für beide großen Parteien, Demokraten wie auch Republikaner, wichtig, sich für Gerechtigkeit und Gleichbehandlung einzusetzen.

Zunächst erschien der Republikaner und amtierende Vizepräsident Richard M. Nixon als der für die Afroamerikaner attraktivere Kandidat, da die neuenglische Umgebung aus welcher der demokratische Senator Kennedy stammte, nicht wirklich darauf hinwies, dass die Rassentrennung für ihn ein Thema wäre. Außerdem war Kennedy auf die Unterstützung des Südens, in dem er als Katholik ohnehin schon gehandicapt war, angewiesen. Es blieb auch nicht unbeachtet, dass Kennedy für eine Abschwächung des Bürgerrechtsgesetzes von 1957 gestimmt und Präsident Eisenhower für dessen Einsatz von Bundestruppen während der Krise in Little Rock kritisiert hatte. Auch Nixon hatte aber seine Probleme, da für ihn in dem sich

---

[130] Franklin/Moss, From Slavery to Freedom. A History of African Americans, S. 498.

abzeichnenden Kopf-an-Kopf-Rennen die Stimmen aus den Südstaaten ebenfalls entscheidend waren.

Nach Sicherstellung seiner Nominierung als Kandidat der Demokraten entschloss sich Kennedy dazu, die liberale Bürgerrechtslinie seiner Partei voll zu unterstützen. Unter anderem versprach er nach seiner Wahl zum Präsidenten die Ungerechtigkeiten auf dem Wohnungsmarkt mit einem Federstrich, also „by a stroke of the presidential pen" zu beenden.[131] Dadurch, dass sich der demokratische Kandidat Kennedy von seinen afroamerikanischen Beratern über die Probleme und Ziele innerhalb der schwarzen Gemeinschaft informieren ließ, gelang es ihm, seinen republikanischen Gegenspieler am Ende knapp zu überholen. Kennedy warf Nixon zum Beispiel vor, dass die republikanische Regierung zu zögerlich beim Kampf gegen Rassismus vorgehen würde.[132]

Ausschlaggebend für Kennedy Sieg war aber wohl die folgende Gegebenheit: King wurde im Oktober 1960 während eines gemeinsam mit Julian Bond von der SNCC durchgeführten Sit-ins in Atlanta einmal mehr inhaftiert und zu einer Gefängnisstrafe in einem berüchtigten Gefangenenlager in Georgia verurteilt. Offizieller Grund für die Verhaftung war übrigens, dass King durch seine Teilnahme an der Demonstration gegen die gegen ihn nach einer Geschwindigkeitsübertretung verhängten Bewährungsauflagen verstoßen habe. Im Gefängnis gab es angeblich eine Verschwörung, mit der Absicht, ihn zu ermorden.[133] Frau King wandte sich Hilfe suchend an Vizepräsident Nixon. Kings Vater war Republikaner und versprach für ihn zu stimmen. Dieser aber antwortete nicht. Denkbar ist, dass ausschlaggebend für diese Nicht-Reaktion Nixons die Furcht vor dem Verlust zu vieler Stimmen aus dem Süden war, sollte er sich aktiv für King einsetzen.[134]

Nach einem Telefonat John F. Kennedys mit der Ehefrau Kings, Coretta King, bewirkte auf jeden Fall der Einsatz von Robert Kennedy beim zuständigen Richter die Freilassung Martin Luther Kings. Dieses Auftreten der Kennedys und deren laut King „mutiges Einschreiten gegen die schlechte Behandlung von Afroamerikanern im Süden" war mit Blick auf die Wahlen im November sicherlich kein uneigennütziger Schritt. So stellten sich nun die einflussreichen Kings offiziell hinter

---

[131] Thomas C. Reeves, A Question of Character. A Life of John F. Kennedy, New York (NY) 1991, S. 248.
[132] Franklin/Moss, From Slavery to Freedom. A History of African Americans, S. 498.
[133] Vgl. ebd., S. 499.
[134] Salmond, „My Mind Set on Freedom". A History of the Civil Rights Movement, 1954-1968, S. 67.

die Kandidatur von Kennedy, welcher am Ende 80% der Stimmen der schwarzen Bevölkerung erhielt, denen natürlich nicht verborgen blieb, dass weder Eisenhower noch Nixon sich für die Aufhebung der Gefängnisstrafe gegen King eingesetzt hatten. 1960 war die afroamerikanische Gemeinschaft zudem bereits so auf den Kampf um ihre Bürgerrechte fixiert, dass kaum andere Beweggründe ihre Entscheidung für die eine und gegen die andere Partei beeinflussten. Das Endergebnis der Wahlen war äußerst knapp, weshalb als gesichert gelten darf, dass Kennedy lediglich durch die afroamerikanischen Stimmen zum Präsident gewählt worden war. Die Erwartungen, die in die neue Regierung gesetzt wurden, waren entsprechend hoch. Beispielsweise in Richtung einer Bewegung zur Erlangung der vollen staatsbürgerlichen Rechte. 1961 heftete sich die NAACP den Slogan „Freed, But Not Free – Free By '63" auf ihre Fahnen und nahm damit Bezug auf das nahende 100-Jahr-Jubliläum der Befreiung der Sklaven von 1863.

Nach seinem Einzug ins Weiße Haus verhielt sich Kennedy nun, entgegen Kings Erwartungen, jedoch zunächst passiv und die Proteste gingen weiter.[135] Dies lag unter anderem auch daran, dass weder Kennedy noch der Nation als Ganzes die Dringlichkeit des Problems bewusst war.[136] Allein wegen der Knappheit des Wahlausgangs, der Notwendigkeit den Süden an sich zu binden und der Stärke der konservativen Koalition im Kongress erschien es der Regierung John F. Kennedys als vorerst klüger, keine größeren Schritte zur Unterstützung der Bürgerrechtsbewegung zu unternehmen. Zu Roy Wilkins von der NAACP sagte Kennedy, er solle während dem ersten Jahr seiner Regierung keine entsprechende Gesetzgebung erwarten, da er die Kongressabgeordneten aus den Südstaaten nicht vor den Kopf stoßen wolle. Allerdings würde er Verordnungen erlassen, um der schwarzen Bevölkerung zu helfen.[137] Kennedy hatte im Wahlkampf gelobt, die Diskriminierung im Wohnbereich zu beenden, aber es kam nicht dazu. Kennedy wollte vielmehr mit „moral leadership", also einer „moralisch korrekten Führung" punkten. Er strebte lediglich in jenen Bereichen, in denen die Bundesregierung bereits unumschränkte und unangefochtene Autorität besaß, eine Ausweitung der Maßnahmen an. Das Wahlrecht wurde durch Verhandlungen und Gerichtsverfahren gesichert und der Druck für eine

---

[135] Waldschmidt-Nelson, GegenSpieler. Martin Luther King-Malcolm X, S. 86.
[136] Salmond, „My Mind Set on Freedom". A History of the Civil Rights Movement, 1954-1968, S. 109.
[137] Reeves, A Question of Character. A Life of John F. Kennedy, S. 248.

verstärkte Anstellung von Afroamerikanern im Rahmen föderaler Programme erhöht. Weiters wurde ein Komitee für Gleichbehandlung am Arbeitsmarkt, das „Presidential Committee on Equal Employment Opportunity" unter der Leitung von Lyndon B. Johnson eingesetzt, genauso wie das von David Lawrence angeführte „Committee on Equal Opportunity in Housing" zur Herstellung der Gleichbehandlung auf dem Wohnungsmarkt. Zudem ernannte die neue Regierung zahlreiche Afroamerikaner zu wichtigen bundesstaatlichen Funktionen, wie Richtern, Kabinettsmitarbeitern, Staatsanwälten und anderem mehr. Harris Wofford, ein deklarierter Bewunderer von Martin Luther King, Jr. wurde im Weißen Haus als Berater in Bürgerrechtsfragen angestellt und Präsident Kennedy lud Afroamerikaner in bisher ungekanntem Ausmaß zu Besprechungen und sozialen Anlässen.

Alles in allem blieb die Situation bezüglich gerechter Beschäftigung und offenem Zugang zum Arbeitsmarkt, aber auch auf bundesstaatlicher Ebene mehr als unbefriedigend und Diskriminierungen waren noch immer an der Tagesordnung. Frühe Initiativen Kennedys und dabei speziell das „Presidential Committee on Equal Employment Opportunity", erwiesen sich als Fehlschläge. Die Fortschritte waren mehr als gering. So stiegen die Beschäftigungszahlen von Afroamerikanern im öffentlichen Dienst lediglich um 1 Prozent an und unter Auftraggebern des Bundes, so genannten „federal contractors", gar nur um 0,01 Prozent.[138] Diese Zahlen spiegelten wieder, welche Dringlichkeit oder tatsächliche Besorgnis hinsichtlich Bürgerrechtsfragen vorhanden war. Daher verwundert es nicht, dass sich die Afroamerikaner und andere Bürgerrechtler mit Kennedys Regierung bald unzufrieden zeigten und rasch damit begannen, den Druck wieder zu verstärken und neue Protestaktionen zu setzen.[139]

King fing damit an, „gewöhnliche" Menschen mit einzubinden, während die NAACP doch weiterhin eher elitäre Züge hatte. Er war nicht der einzige, der aktiv tätig war, allerdings handelte es sich bei ihm um die Person, die allgemein als Anführer galt. In den Jahren 1960/61 verstärkten die SCLC, SNCC, CORE und NAACP allesamt ihre Aktivitäten. Im SNCC rumorte es indes bereits wieder gehörig, da sich die Studenten von der Kennedy-Regierung betrogen fühlten und diese dafür jetzt verfluchten. Das Versprechen für eine Beendigung der Benachteiligung Schwarzer auf dem

---

[138] Salmond, „My Mind Set on Freedom". A History of the Civil Rights Movement, 1954-1968, S. 113.
[139] N. A. Wynn, Die 1960er Jahre, in: Die Vereinigten Staaten von Amerika, hrsg. v. Willi Paul Adams (Fischer Weltgeschichte 30), Frankfurt/M. 1977: S. 410.

Wohnungsmarkt wurde 1961 nicht eingehalten und erst Ende des folgenden Jahres wurde eine entsprechende Verordnung erlassen. Die vorsichtige Herangehensweise der Regierung hielt 1962 im Großen und Ganzen an.

Krise an der „University of Mississippi"

Noch zu Beginn der sechziger Jahre besuchte weniger als ein Prozent der afroamerikanischen Schüler gemischte Klassen. Der Staat Mississippi blieb auch weiterhin eine „abgeschottete Gesellschaft", in der eine Art Belagerungsmentalität vorherrschte. Hier hatten die „White Citizens Councils" die Kontrolle und auch nur das geringste Ausmaß von Zugeständnissen an Afroamerikaner schien undenkbar. Die schwarze Gemeinde Mississippis hatte bisher ihre Hoffnungen auf die Wahlurnen und nicht die Schulklassen gesetzt. Mit seinem letztlich erfolgreichen Versuch, die Universität von Mississippi zu integrieren, änderte James H. Meredith jedoch alles. Trotz oder gerade wegen eines neuerlichen dramatischen Zusammenstoßes zwischen lokalen und staatlichen Kräften und einem von Präsident Kennedy angeordneten Militäreinsatz zur Niederschlagung der örtlichen Missachtung föderaler Gesetze, setzte Meredith mit seiner Aktion ein Zeichen, das schwarze Amerikaner im ganzen Land beeinflusste.

Nach Wochen der Verzögerung, Unentschlossenheit und geheimen Verhandlungen der Kennedys mit dem Gouverneur von Mississippi, Ross Barnett, einem deklarierten Befürworter der Rassentrennung, kam es dennoch zum Ausbruch von Gewalttätigkeiten. Genauso wie vor ihm Orval Faubus, sein Amtskollege in Arkansas, hatte auch Barnett nie ernsthaft vor, die Situation unter Kontrolle zu halten. Es erschien ihm wohl vielmehr nützlich, Meredith durch einen gegen ihn gerichteten wütenden Mob auf den Strassen, einzuschüchtern. Erst zu diesem späten Zeitpunkt entschloss sich die Regierung zum Handeln und intervenierte, aber sogar mit vom Präsidenten zu seinem Schutz abgestellten Marshalls wurde Meredith mehrmals die Zulassung zur Universität verweigert. In einer Fernsehansprache an die Nation ging Präsident Kennedy auf die Wichtigkeit ein, sich an Gesetze zu halten. Zur selben Zeit verwandelte sich der Campus der Universität von Mississippi in eine Kampfzone und ein neuerliches Symbol für den amerikanischen Rassismus. Die Armee wurde ausgesandt, um die Ruhe wiederherzustellen und am folgenden Tag wurde es Meredith mit Hilfe einer bewaffneten Eskorte gestattet, sich als Student an der Universität einzuschreiben. Diese Ereignisse hatten einen großen Einfluss auf

Kennedys Strategien bezüglich der Bürgerrechte im Land. Es war ihm spätestens zu diesem Zeitpunkt klar, dass politisch gesehen, der Süden nun verloren war, was ihm ermöglichte, seine Vorstellungen komplett zu überdenken und traditionelle Ansichten über Bord zu werfen. Bereits bei der nächsten Desegregationskrise sollte sich zeigen, dass die Regierung mit wesentlich mehr Bestimmtheit und Geschwindigkeit als zuvor eingreift.

Da sich das volle Interesse der Öffentlichkeit nun aber auf die zwischenzeitlich ausgebrochene Krise um die angebliche Stationierung von atomaren Raketen auf Kuba konzentrierte und die Medien sich dieser neuen Gefahr zuwandten, verschwand Meredith sehr bald aus den Schlagzeilen. Es blieb weitgehend unbekannt, dass er nun zwar offiziell als Student zugelassen war, im täglichen Betrieb jedoch Anfeindungen der natürlich nicht über Nacht zu Gegnern der Rassentrennung verwandelten Rassisten ausgesetzt war. Dasselbe galt auch für jene Studenten, die Meredith akzeptierten. Auch sie wurden von der breiten Mehrheit angefeindet.[140]

Mit Bussen in Richtung Freiheit

Bereits 1946 machte sich ein aus dem 2. Weltkrieg von Europa in die USA zurück gekehrter Kriegsveteran namens Wilson Head auf eine Busfahrt durch die Südstaaten. Er wollte damit die Entscheidung des Obersten Gerichtshofs testen, die besagte, dass Rassentrennung auf Bussen zwischen den Staaten unrecht sei. Ähnliche Aktivitäten setzte auch der 1942 gegründete CORE schon im Jahr 1947, als sich eine gemischtrassige Gruppe auf den Weg von Washington nach Kentucky machte. Diese beiden Unternehmungen waren Modelle für die Zukunft, die nun in der nächsten entscheidenden Phase der Bürgerrechtsbewegung wieder aufgenommen wurden.

1960 hatte der „Supreme Court" die Rassentrennung auch für das gesamte Areal der Busbahnhöfe für illegal erklärt, weshalb der leitende Direktor von CORE, James Farmer, die Zeit für reif erachtete, eine neue „Freiheitsfahrt" zu starten, auch um eine Konfrontation heraufzubeschwören und dadurch das Problem ins nationale Blickfeld zu rücken. Im Mai 1961 wurden schließlich so genannte „Freiheitsfahrer" beziehungsweise „freedom riders" in Bussen durch die Südstaaten geschickt, um die

---

[140] Salmond, „My Mind Set on Freedom". A History of the Civil Rights Movement, 1954-1968, S. 45.

Rassentrennungsgesetze und -praktiken auf dem Gebiet des zwischenstaatlichen Verkehrs erneut zu testen.

Im Süden war das entsprechende Urteil des Obersten Gerichtshofes zur Desegregation überregionaler Reisebusse aus dem Jahr 1946 genauso wie jenes von 1960 konsequent ignoriert worden und so war es von vornherein klar, dass die Teilnehmer sich rassistischer Gewalt stellen werden müssen. Aus diesem Grund hatte Martin Luther King, Jr. die Teilnehmer vor ihrer Abreise auch mit den Prinzipien des gewaltlosen Widerstandes vertraut gemacht.

Am 4. Mai 1961 starteten die ersten Fahrgäste mit dem Ziel, die Sitzverteilung in den Bussen sowie die Situation in Restaurants, Wartezimmer und Toiletten der Busbahnhöfe hinsichtlich der Rassentrennung zu untersuchen. Zu einem ersten Ausbruch an Gewalt kam es in South Carolina. Die Reise wurde aber durch Alabama fortgesetzt, wo in der Stadt Anniston ein zorniger Mob den Bus mit Wurfgeschossen attackierte und dadurch mehrere Fenster zerstörte. Die geschockten und verletzten Insassen wurden vom herangeeilten Reverend Fred Shuttlesworth[141] nach Birmingham geleitet, wo sie sich aber mit den bislang größten Gewalttätigkeiten konfrontiert sahen. Mit Mühe entkamen sie der aufgebrachten Menge und konnten, wenn auch widerwillig, nach New Orleans ausgeflogen werden. Damit war der von CORE gesponserte „freedom ride" zu Ende ohne sein Ziel in Jackson, Mississippi erreicht zu haben.

Die Führung der SNCC bestand aber darauf, dass die Reise fortgesetzt werden müsse, um den Rassisten ihren Sieg zu nehmen. 21 Aktivisten reisten daraufhin nach Birmingham, wurden aber vor Erreichen des Busbahnhofes aufgehalten. Nach einem Moment trügerischer Ruhe strömten unzählige Menschen aus dem Busterminal. Laut Berichten der zum Schutz der Aktivisten abgestellten Beamten des Justizministeriums unter Robert Kennedy, war die Szene die sich bot, unglaublich. Ohne dass irgendwelche Polizei zu sehen war, konnten tausende aufgebrachte Weiße ihrem Ärger freien Lauf lassen und misshandelten die Aktivisten, die bis zum Erscheinen der Polizei allesamt in einem derart schlechten Zustand waren, dass sie im Krankenhaus behandelt werden mussten. So wurde ein Beobachter des

---

[141] Reverend Fred Shuttlesworth setzt sich vom Beginn der Bürgerrechtsbewegung bis heute aktiv für die Rechte der Afroamerikaner ein und erlangte besonders im Kampf gegen die verbissenen Befürworter der Rassentrennung in Birmingham, Alabama, der angeblich am stärksten segregierten Stadt der USA, Bekanntheit. Er war dort als Priester tätig und trat den widrigen Umständen zum Trotz mit Nachdruck für die Gleichbehandlung aller Rassen auf.

Justizministeriums niedergeknüppelt, einem weißen Studenten die Zähne ausgeschlagen und auch ein anwesender *Time-Life* Reporter schwer misshandelt.[142] Dieses Blutbad in Montgomery ging durch die Schlagzeilen der weltweiten Presse. Auch King selbst sah sich unversehens direkt im Zentrum der Auseinandersetzungen nachdem er von Reverend Ralph Abernathy gebeten wurde, in dessen Kirche in Jackson, Mississippi zu einer Ansammlung von Menschen zu sprechen. Während seiner Rede sammelte sich vor der Kirche eine große Menge wütender Weißer an, die damit begannen, Brandbomben gegen die Kirche zu werfen. Erst nachdem von Kennedy „federal marshals", also im Dienste der Bundesregierung stehende Bezirkspolizeichefs, an den Schauplatz beordert wurden und Gouverneur Patterson die Nationalgarde zur Rettung der Kirchenbesucher einsetzte, zerstreute sich der Mob.

Martin Luther King, Jr., Farmer und auch die Sprecher der Studenten gaben bekannt, dass die „Freiheitsfahrten" fortgesetzt würden. Mehr und mehr Freiwillige strömten mit zu ihrem Schutz abgestellten Soldaten nach Jackson. Es kam zu keinen weiteren Gewaltausbrüchen, aber nach ihrer Ankunft in der Stadt wurden die Aktivisten sofort inhaftiert. Erwartungsgemäß sahen sich die gemischtrassigen Teams wütenden Attacken von Segregationisten ausgesetzt, wurden angegriffen, misshandelt, zum Teil schwer verletzt und von Polizeikräften festgenommen, die sich entweder passiv verhielten oder gleich auf Seiten der Rassisten standen.[143]

Scharfe Kritik an diesen „freedom rides" kam nicht nur von konservativer Seite, sondern auch vom Hauptprotagonisten der militanten schwarzen Nationalisten, Malcolm X. In einer Radioansprache bezeichnete er diese Aktionen als eine unsinnige und bedauernswerte Verschwendung schwarzen Mutes. Wenn schon Blut fließen müsse, dann sollte es weißes sein.[144] Die Regierung war ebenfalls nicht erfreut über die Freiheitsfahrten, vor allem als die Lage eskalierte und zur Ausrufung des Ausnahmezustandes in einigen Staaten führte. King weigerte sich jedoch, entgegen den „Empfehlungen" der Kennedys, die Aktion zu stoppen. Eher widerwillig sahen sich die Kennedys durch den Schaden, den diese Ereignisse am internationalen Image Amerikas anrichteten, dazu gezwungen, diese andauernde

---

[142] Zitelmann, „Keiner dreht mich um". Die Lebensgeschichte des Martin Luther King, S. 80.

[143] Waldschmidt-Nelson, GegenSpieler. Martin Luther King-Malcolm X, S. 86.

[144] Vgl. ebd., S. 86.

Missachtung von nationalem Gesetz nicht länger zu tolerieren und einzuschreiten.[145] Deshalb schickte die Regierung, wie bereits erwähnt, Bundestruppen zum Schutz der Bürgerrechtler nach Alabama und Mississippi. Parallel sandten auch andere Gruppierungen, wie die SNCC, die SCLC und das „Nashville Student Movement"[146] weitere Freiwillige für zusätzliche Freiheitsfahrten aus. Dadurch verstärkt unter Druck geraten, beschloss die Bundesbehörde „Interstate Commerce Commission" am 22. September 1962, dass Rassentrennung auf Fahrten zwischen den einzelnen Bundesstaaten unzulässig und das Gesetz von 1946 anzuwenden sei. Ein sofortiges Segregationsverbot in überregionalen Bussen und auf Busbahnhöfen wurde erlassen, welches vom Justizminister polizeilich durchgesetzt wurde. King bezeichnete die „freedom rides" als einen entscheidenden „psychologischen Wendepunkt". Malcolm X hingegen hatte nur ein mitleidiges Lächeln dafür übrig.[147] Nichtsdestotrotz hatte die Kampagne auch neben dem Beschluss der „Interstate Commerce Commission" diverse bedeutende Auswirkungen. So stieg die Bedeutung des CORE rasant an und machte die Organisation zu einer der treibenden Kräfte innerhalb der Bürgerrechtsbewegung. Sie zeigte zudem, dass auch im tiefsten Süden der USA Siege gegen den Rassismus errungen werden konnten, sofern es gelang, die Bundesregierung zum Eingreifen zu bringen. Derartige Aktionen setzten also auf die Provokation gewalttätiger Rassisten, um die öffentliche Meinung zu deren Ungunsten zu kippen und am Ende die Regierung zum Eingreifen zu zwingen. Das brutale Antlitz des südstaatlichen Rassismus wurde aller Welt vor Augen geführt und die Passivität der Einsatzkräfte, genauso wie die Brutalität des tobenden Mobs auf den Strassen, erregten den Abscheu von Millionen von Menschen. King wollte seine „Gandhistische Waffe" von nun an gezielt zur Desegregation der Städte im Süden einsetzen.

Rückschlag in Albany

Die Demonstrationen gingen also weiter, aber nicht immer mit dem gewünschten Erfolg. Im Jahr 1962 wurde in Albany, Georgia unter der Leitung der SNCC ein friedlicher gewaltfreier Protest organisiert. Bald zeigte sich, dass die Organisatoren

---

[145] Salmond, „My Mind Set on Freedom". A History of the Civil Rights Movement, 1954-1968, S. 90f.

[146] Franklin/Moss, From Slavery to Freedom. A History of African Americans, S. 500.

[147] Waldschmidt-Nelson, GegenSpieler. Martin Luther King-Malcolm X, S. 87.

naiv genug waren, anzunehmen, dass die Bundesregierung sich entschieden für ihr Anliegen einsetzen würde.[148] Sie rechneten auch nicht damit, dass die Demonstrationen von Seiten der Sicherheitskräfte mit ebenfalls friedlichem und nicht gewaltsamem Widerstand beantwortet wurden. Der örtliche Polizeichef, Laurie Pritchett, agierte äußerst intelligent und führte passive Verhaftungen durch. So wurden die Demonstranten zwar abgeführt und inhaftiert, aber es kam nicht zu Misshandlungen, wie dies in anderen Städten der Fall war. Dadurch blieben die von anderen derartigen Protesten bekannten Gewaltszenen und der damit steigende mediale Druck aus. Als die Stadtverwaltung keinerlei Bereitschaft zu Verhandlungen erkennen ließ, wandten sich einige aus der afroamerikanischen Gemeinde an die SCLC und baten um deren Unterstützung. Dadurch trat offen zutage, dass schon von Anfang an unter den Bürgerrechtlern Uneinigkeit über Ausmaß und Vorgangsweise des Protests vorherrschend war. Die eine Seite lud Martin Luther King, Jr. zur Teilnahme und Unterstützung ein, während die anderen sein „Auftauchen als Messias King" kritisierten.[149] In gewisser Weise zeichneten sich hier auch Auffassungsunterschiede zwischen den Generationen ab, da die älteren Gemeindemitglieder in Richtung SCLC und für eine Unterstützung durch Martin Luther King, Jr. tendierten, während die Jüngeren SNCC-Aktivisten für ein von King unabhängiges Vorgehen plädierten.

Letztlich traf King gemeinsam mit anderen Repräsentanten der SCLC in Albany ein. Er hatte sich lediglich bereit erklärt, zu zwei Massenprotesten zu sprechen. Am Ende nahm er dann aber doch persönlich an den folgenden Demonstrationen teil ohne die Details der örtlichen Probleme und Auseinandersetzungen, wie eben die innerhalb der Organisatoren vorhandenen Rivalitäten, wirklich zu kennen. Da er jedoch schlecht abreisen konnte ohne seine Unterstützung zu zeigen, blieb King im Endeffekt keine andere Wahl.[150] Bezeichnend für die Friedfertigkeit der Polizeikräfte war, dass King von Pritchett sogar eine Eskorte zu dessen Schutz an die Seite gestellt wurde. Der beständige Pazifismus der Einsatzkräfte ließ die Aktionen der Bürgerrechtler wirkungslos verpuffen und die Demonstrationen begannen, sich totzulaufen. Am 24. Juli kam es aber zu einer Straßenschlacht zwischen von den nicht erkennbaren Fortschritten frustrierten jungen Afroamerikanern und weißen Segregationisten. King

---

[148] Salmond, „My Mind Set on Freedom". A History of the Civil Rights Movement, 1954-1968, S. 68.
[149] Waldschmidt-Nelson, GegenSpieler. Martin Luther King-Malcolm X, S. 87.
[150] Hampton/Fayer, Voices of Freedom. An Oral History of the Civil Rights Movement from the 1950s through the 1980s, S. 104.

war über diesen Gewaltausbruch und das Abgehen vom Prinzip der Gewaltlosigkeit entsetzt und verordnete eine „Tag der Buße".[151] Als schließlich auch King inhaftiert wurde, sah sich die SCLC plötzlich und unerwartet tief in den Konflikt mit hineingezogen. Die Inhaftierungen machten auch die Spannungen zwischen jenen innerhalb der schwarzen Gemeinschaft, die dafür waren die Aktionen auf lokaler Ebene zu belassen und jenen, die aus Albany ein weiteres nationales Symbol machen wollten, deutlich. King gab indes das Versprechen ab, wenn nötig bis Weihnachten im Gefängnis zu bleiben. In der Zwischenzeit gingen örtliche Bürgerrechtler mit der Meldung nach außen, dass eine Vereinbarung mit der Stadtverwaltung erzielt worden sei. Tatsächlich handelte es sich dabei um nicht mehr als vage Versprechungen für Reformen. King und Abernathy unterzeichneten aber nach nur zwei Tagen in Haft ihre Kautionen. Ein „unbekannter" Afroamerikaner habe angeblich die Geldbußen bezahlt. Wahrscheinlicher ist jedoch, dass dies von der Stadtverwaltung gemacht wurde, um durch deren Freilassung ein Wiederaufflammen der Demonstrationen zu verhindern. King verließ Albany in der Folge frustriert und brach damit sein zuvor gegebenes Versprechen, was ihm viel an Ansehen und Glaubwürdigkeit kostete. Im kommenden Jahr musste er aber in die Stadt zurückkehren, um sich einem Gerichtsverfahren zu stellen.

William G. Anderson, ein Arzt aus Albany und Sprecher der gemäßigten Gruppe innerhalb der dortigen afroamerikanischen Gemeinde, erklärte die Massenproteste für beendet und verlagerte die Energien der Bewegung auf die Registrierung neuer afroamerikanischer Wähler. Das Eingreifen der SCLC war also ein Fehlschlag und zudem ein schwerer persönlicher Rückschlag für King, der eher widerwillig in die Sache mit hinein gezogen worden war und am Ende viel an Prestige verloren hatte, speziell unter jungen SNCC-Aktivisten. Malcolm X sparte indes nicht mit beißender Kritik und benutzte das Albany-Desaster als Beispiel für die Ineffizenz des gewaltlosen Widerstandes. Er zeigte zahlreiche Unterschiede zur Situation Gandhis in Indien auf, wie beispielsweise, dass die Inder gegenüber den Briten zahlenmäßig vielfach überlegen waren und für die Befreiung ihres eigenen Landes kämpften. Um es noch deutlicher auszudrücken, griff er zu folgendem Vergleich:

---

[151] Waldschmidt-Nelson, GegenSpieler. Martin Luther King-Malcolm X, S. 88.

„Gandhi war ein großer dunkler Elefant, der auf einer kleinen weißen Maus saß. King ist eine kleine schwarze Maus, die ganz oben auf einem großen weißen Elefanten sitzt."[152]

King machte sich wochenlang Vorwürfe über sein Versagen in Albany, erkannte jedoch die organisatorischen Fehler und begann, neue Strategien zu entwickeln. Besonders wichtig erschien ihm, von Anfang an auf Einheit und Disziplin unter den Demonstranten zu achten. Seine religiösen Motive für das Festhalten an Gewaltlosigkeit und Feindesliebe blieben unangetastet. Für Martin Luther King, Jr. zählten das Kreuz Christi, das Gebot der Nächstenliebe und die spirituelle Dimension im Zentrum seines Vorgehens. Er sah im Leiden die Chance zur Erlösung der „Seele Amerikas", was er durch Aussagen wie „undeserved suffering is redemptive"[153], das heißt „unverdientes Leiden ist erlösend", zum Ausdruck brachte.

Eine weitere wichtige Lehre aus den in Albany gemachten Erfahrungen war, dass die einzusetzende Strategie maßgeblich vom Auftreten des Gegners abhängt. Das ländlich geprägte Albany ohne eine gemäßigte weiße Geschäftswelt, die auch aus Furcht vor negativen Schlagzeilen zu ernsthaften Verhandlungen und Zugeständnissen bereit war, erwies sich offensichtlich als die falsche Wahl. Als Schlüssel zum Erfolg einer Kampagne stellten sich eine genaue Planung und ein Verständnis für die örtlichen Gegebenheiten heraus. Ohne diese beiden Faktoren war ein Scheitern fast schon vorprogrammiert. Auch der Wille der Regierung, Truppen einzusetzen und eine entsprechende juristische Handhabe gegen die Vertreter der Rassentrennung waren unumgänglich. Beides war aber nur dann vorhanden, wenn die von den Bürgerrechtlern initiierten Aktionen zunächst breite Unterstützung im ganzen Land erhielten. Die Regierung intervenierte im Fall von Albany nicht und wie ein Stratege in Kings Team, Andrew Young, später bestätigte, war man unter den Organisatoren der Meinung, dass die Kennedys in dieser Krise nicht für, sondern gegen sie arbeiteten.[154]

Für einen Erfolg gegen die Rassisten war also ein wesentlich größeres Konfliktpotential als jenes in Albany notwendig. Eines wo ein Ausbruch massiver

---

[152] Bruce Perry, Malcolm X. Ein Mann verändert Amerika, Hamburg 1993, S. 332.

[153] Waldschmidt-Nelson, GegenSpieler. Martin Luther King-Malcolm X, S. 91.

[154] Salmond, „My Mind Set on Freedom". A History of the Civil Rights Movement, 1954-1968, S. 112f.

weißer Gewalt die Regierung zu einer Intervention mit Bundestruppen geradezu zwang. King begab sich daher nun in logischer Konsequenz auf die Suche nach einem Gegenspieler, der zu einem derartigen offenen Kampf bereit wäre.

Triumph in Birmingham

Ende des Jahres 1962 entschloss sich die SCLC dazu, Birmingham, Alabama als Schauplatz für den totalen Kampf für die Bürgerrechte zu wählen, wo unter den Augen der medialen Öffentlichkeit ein Einsatz nationaler Einsatzkräfte provoziert werden sollte. Die Organisation brauchte aufgrund wachsender Zweifel an ihrer Führungsriege und an der Effizienz des Prinzips der Gewaltlosigkeit zudem dringend einen Erfolg.[155]

Als die Stadt des Südens mit der stärksten Rassentrennung erschien Birmingham als idealer Schauplatz für eine neue Kampagne. Immerhin brüstete sich die unter anderem als „Bombingham" bezeichnete Stadt sogar damit, der „am meisten segregierte Ort Amerikas" zu sein und man zeigte sich bisher absolut unnachgiebig gegenüber afroamerikanischen Forderungen nach Reformen. Der örtliche Polizeichef, Eugene „Bull" Connor, war ein bekannter Rassist und Freund des Ku Klux Klans und damit ein in Kings Augen idealer Herausforderer.[156]

Als die in Birmingham tätigen Bürgerrechtler des „Alabama Movement on Human Rights" unter der Führung von Reverend Fred Shuttlesworth ein Hilfeansuchen in Form einer offenen Einladung an die SCLC stellten, war damit auch ein legitimer Grund gegeben, um in Birmingham aktiv zu werden und so erklärte sich King rasch zur Durchführung des „Project C" bereit. Der Buchstabe C stand dabei für das Wort „confrontation". Einige moderatere Afroamerikaner meinten, King sollte nicht kommen und sich heraushalten. King aber entschloss sich zu einem direkten Vorgehen, um die Rassentrennung zu Fall zu bringen und so liefen monatelange Vorbereitungen hinter den Kulissen an. Man setzte den Beginn der selbstverständlich gewaltfreien Kampagne mit April 1963 an. Dadurch war genügend Zeit für eine sorgfältige Planung sichergestellt. Ab 1963 profitierte außerdem das Fernsehen erstmals vom neuen TelStar-Kommunikationssatelliten, der durch Live-Übertragungen nun unmittelbarere Berichterstattung ermöglichte, was natürlich ganz im Sinne Kings und der SCLC lag, die ja darauf zählten eine Konfrontation

---

[155] Vgl. ebd., S. 72.
[156] Cooper/Terrill, The American South. A History, S. 727.

provozieren zu können. Der Plan war, durch Massendemonstrationen ein größtmögliches Ausmaß an Medienaufmerksamkeit zu erlangen und nötigenfalls die Gefängnisse zu „überfluten". Als Forderungen an die Stadtverwaltung wurden eine Aufhebung der Rassentrennung in Restaurants, Toiletten und den Trinkbrunnen der lokalen Geschäfte gestellt, sowie die Einstellung eines gewissen Anteils an afroamerikanischen Verkäufern, die Bildung eines Planungsausschusses für eine Fortführung der Desegregation und die Aufhebung von gegen King und andere Aktivisten erlassenen Anklagen. Erwartungsgemäß weigerte sich die Stadt diesen Ansprüchen nachzukommen.

Auch in besonders heiklen Situation, wie dieser in Birmingham hielten King und seine Verbündeten sich an den für eine Kampagne des gewaltlosen Widerstands typischen Ablauf. Durch die von den örtlichen Geschäftsleuten gebrochenen Versprechen kam es letztlich zu breiter Ernüchterung, weshalb am Ende „direct action" das einzig probate Mittel darstellte. Von der SCLC wurden entsprechende Workshops zur Schulung der Demonstranten abgehalten. Die Kampagne von Birmingham war laut King auch gezielt auf die Ostersaison gelegt worden, um als Nebenprodukt das Ausbleiben wirtschaftlicher Impulse für die Stadt zu erzielen.[157] Im April 1963 wurde daher mit Protestmärschen und Sitzstreiks begonnen. Am 3. April veröffentlichte Shuttlesworth ein Manifest, das unter Androhung wirtschaftlicher Boykotte gegen Händler zügige Fortschritte einforderte. Am selben Tag zog eine erste von Martin Luther King, Jr. und der SCLC organisierte Demonstration durch das Zentrum von Montgomery. Hunderte wurden bereits bei diesem ersten Protest verhaftet. Diese Verhaftungen regten das Interesse der landesweiten Medien und am 10. April wurde von der Stadtverwaltung eine einstweilige Verfügung erlassen, die weitere Proteste untersagte. King beachtete diese allerdings nicht und führte am 12. April einen Marsch auf das Rathaus der Stadt an. Connor verlor endgültig seine Geduld und hetzte Hunde auf die protestierenden Menschen während diese verhaftet wurden. Diese Vorgänge wurden zur Hauptschlagzeile des Tages.

Auch King wurde an diesem Tag verhaftet und während der ihm auferlegten Einzelhaft verfasste er einen offenen Brief, in dem er acht weiße Geistliche aus Birmingham, deren zögerliche Haltung und die Einstellung kritisierte, dass die Zeit

---

[157] King, Why We Can't Wait, S. 79.

für Integration noch nicht reif wäre. In diesem berühmten neunzehnseitigen „Letter from a Birmingham Jail" legte King dar, dass es leicht sei zu sagen, „Warte!" während in Afrika und Asien mit Düsengeschwindigkeit in Richtung Unabhängigkeit von den ehemaligen Kolonialmächten gegangen werde, Afroamerikanern aber seit Jahrzehnten ihrer Rechte beraubt und gedemütigt werden. Es war eine scharfe Kritik an der Passivität moderater Weißer, welche für King die christliche Pflicht verletzten, sich der Rassentrennung und dem Rassismus zu widersetzen und die Bürgerrechtsbewegung aktiv zu unterstützen:

> „...the question is not whether we will be extremists, but what kind of extremists we will be. Will we be extremists for hate or for love? Will we be extremists for the preservation of injustice or for the extension of justice? ...Perhaps the South, the nation and the world are in dire need for creative extremists. I had hoped that the white moderate would see this need. Perhaps I was too optimistic;"[158]

King argumentierte weiter, dass die Rassentrennung eine Herabsetzung des menschlichen Potentials sei, die Seele und das Selbstwertgefühl angriff und dem Gesetz Gottes widersprach. Aus diesen Gründen sei sie ungerecht und der Widerstand gegen sie eine moralische Verpflichtung. Der Brief enthielt auch eine Warnung, dass die Geduld der schwarzen Bevölkerung Amerikas bald ein Ende haben könnte und es im Fall eines Scheiterns des friedlichen Widerstandes zu einer Spirale von Gewalt und Gegengewalt kommen würde, die einen Aufschwung radikaler Gruppen zur Folge hätte. Sollte die Gewaltlosigkeit versagen, würden Millionen von Afroamerikanern Trost und Sicherheit in den Ideologien schwarzen Nationalisten suchen, was zu einem „rassischen Alptraum" führen könnte. King suchte nach einem Ausweg zwischen liberaler Untätigkeit und nationalistischer Gewalt:

> „I have tried to stand between these two forces, saying that we need emulate neither the „do-nothingism" of the complacent nor the hatred and despair of the black nationalist."[159]

---

[158] Vgl. ebd., S. 88f.
[159] Vgl. ebd., S. 87.

Erstmals fixierte King alle seine zentralen Anliegen in einem Schriftstück. Der Brief wurde bald zu einer Art Bibel der Bewegung und rückte Birmingham noch stärker in den Mittelpunkt des öffentlichen Interesses. Er wurde auch auf den Titelseiten der meisten großen Tageszeitungen des Landes abgedruckt und erhielt mit seiner Legitimierung des aktiven Widerstandes größtenteils unterstützende Rückmeldungen.

Eine große Zahl an Teilnehmern fand sich zu den regelmäßigen Demonstrationszügen ein. Für „Bull" Connor machte währenddem der Brief erwartungsgemäß absolut keinen Unterschied und das brutale Vorgehen der Exekutive gegen die Protestierenden mit Hunden und Wasserwerfern wurde fortgeführt, auch wenn dies zu allgemeinem Entsetzen und einem Aufschrei und Protest der öffentlichen Meinung führte. Während die Spannungen im ganzen Land stiegen, kam es zu einer Welle der Solidarisierung in einem bislang unbekannten Ausmaß. In der Woche des 18. Mai fanden landesweit bereits über vierzig größere und kleinere Demonstrationen zur Unterstützung der Aktionen in Birmingham statt. Nach der Entlassung Kings aus dem Gefängnis weigerte sich die Stadtverwaltung weiterhin zu verhandeln. Immer mehr Demonstranten wurden verhaftet, was die ohnehin schon große wirtschaftliche Not mancher Familien noch verstärkte und die Zahl der erwachsenen Bürgerrechtler, die sich noch auf freiem Fuß befand, stark reduzierte. Als King nach einer weiteren Verhaftung in Birmingham wieder frei kam, beschloss er, auch jungen Kindern und Jugendlichen zu erlauben, an den Märschen im Rahmen des „Project C" teilzunehmen. Schulkinder im Alter ab etwa zehn Jahren wurden nun eingesetzt, was die bereits zum äußersten angespannte Situation weiter emotionalisierte. King fiel diese Entscheidung nicht leicht und er wurde auch massiv dafür kritisiert. Unter anderem von Malcolm X. Malcolm meinte, dass „echte Männer" keine Babys in die vorderste Front des Konflikts schicken würden.[160] Obwohl Martin Luther King, Jr. die Bedenken gegen den Einsatz Minderjähriger teilte, hielt er diesen Argumenten entgegen, dass auch diese Kinder durch die Rassentrennung verletzt würden und damit ein Recht auf Widerstand hätten. So kam es dazu, dass am 2. Mai 1963 über tausend afroamerikanische Kinder singend durch die Straßen von Birmingham zogen und der so genannte „Kreuzzug der Kinder" oder „children's crusade" begann. Die amerikanische Öffentlichkeit verfolgte wie betäubt auf den Fernsehschirmen, wie tausende singende und im Gebet kniende Kinder von

---

[160] Salmond, „My Mind Set on Freedom". A History of the Civil Rights Movement, 1954-1968, S. 75.

der Polizei zusammen getrieben und inhaftiert wurden, während sie völlig ohne Furcht zu sein schienen.

Trotz der erneut groß angelegten Verhaftungen gingen die Proteste weiter und wuchsen sogar noch an. Diese Vorgänge veränderten die öffentliche Wahrnehmung des Konflikts entscheidend. Am 3. Mai platzte Polizeichef Connor schließlich endgültig der Kragen und die Sicherheitskräfte gaben auch das letzte Maß an Zurückhaltung auf. Die Szenen, die nun folgen sollten, gingen um die Welt: friedliche Demonstranten wurden brutal zusammengeschlagen, Jugendlichen wurde von Hunden die Kleidung vom Leib gebissen und Wasserwerfer wurden mit einer derartigen Gewalt eingesetzt, dass Menschen dadurch lebensgefährlich verletzt wurden. Von Hunden gejagt, flüchteten die Jugendlichen in die Kirchen und wurden von den Einsatzkräften dort festgesetzt, bedroht und geschlagen. Die Öffentlichkeit zeigte sich aufgerüttelt und entsetzt und Präsident Kennedy bezeichnete die Vorgänge als „nationale Schande". Zu diesem Zeitpunkt war die für einen Einsatz von Bundestruppen benötigte breite Übereinstimmung im Land vorhanden, dennoch zeigten sich die Kennedys noch zögerlich, da sie die politischen Konsequenzen eines Eingreifens fürchteten.[161] Schließlich waren es die führenden weißen Geschäftstreibenden von Birmingham, die sich zu einem Einlenken bereit zeigten und direkt mit der SCLC verhandelten. Die Stadtverwaltung wurde dabei umgangen und es kam zu schwierigen Gesprächen. Auf den Straßen eskalierte die Gewalt indes und einige mit Flaschen und Ziegeln bewaffnete Afroamerikaner stellten sich der Polizei entgegen. Ein Blutbad schien nur mehr eine Frage der Zeit. Am 10. Mai jedoch wurde eine Vereinbarung veröffentlicht, die eine schrittweise Integration von Geschäften, Restaurants und anderen Bereichen vorsah. King bezeichnete diese Vereinbarung als „größten Sieg für die Gerechtigkeit im Süden".[162]

Nach Veröffentlichung dieses Plans zeigten sich die Rassisten aber weiterhin nicht bereit, dies zu akzeptieren. Für sie war es ein Verrat und sie schworen Rache.[163] Das SCLC-Hauptquartier und das Haus von Kings Bruder wurden durch Brandbomben zerstört. Daraufhin setzen Demonstranten weiße Geschäfte in Brand und es kam zu Straßenschlachten mit der Polizei. King und die SCLC konnten durch ihre Präsenz die Menge nur mit Mühe wieder beruhigen und Kennedy schickte 250 Soldaten zur

---

[161] Vgl. ebd., S. 76.
[162] Waldschmidt-Nelson, GegenSpieler. Martin Luther King-Malcolm X, S. 96.
[163] Salmond, „My Mind Set on Freedom". A History of the Civil Rights Movement, 1954-1968, S. 77.

Sicherung des Abkommens vom 10. Mai, woraufhin sich die Situation entspannte und sich die Stadtverwaltung kooperativer zeigte. Am 23. Mai wurde schließlich Connor seines Amtes enthoben und die Rassentrennungsverordnung von Birmingham aufgehoben. Das war der bislang größte Sieg für Martin Luther King, Jr.

Viele Weiße äußerten nun öffentliche Unterstützung für die Bürgerrechtsbewegung. Der Leiter der staatlichen Bürgerrechtskommission, Burke Marshall, sagte, „Project C weckte das Gewissen der Nation". Auch der Präsident gab seine bisherige Zurückhaltung auf und brachte ab nun das ganze Gewicht der Regierung für die Gleichberechtigung der afroamerikanischen Bevölkerung der USA ein.

V. Präsidiale Unterstützung und Höhepunkt

Wählerregistrierungen im Sommer 1962

Durch die Eskalation während der „freedom rides" war klar geworden, dass die Veränderungen nicht mehr aufzuhalten waren, aber nach Möglichkeit in andere, weniger offensive und herausfordernde Wege geleitet werden sollten. Aus diesem Grund sprach Robert Kennedy am 16. Juni 1961 zu den Anführern der Studenten und legte ihnen nahe, sich doch anstelle spektakulärer Aktionen auf die Registrierung neuer afroamerikanischer Wähler zu konzentrieren. James Forman, der ausführende Direktor des SNCC überzeugte seine Mitstreiter davon, dass es keinen wirklichen Gegensatz zwischen einem Programm zur Wählerregistrierung und direktem und unmittelbarem Kampf gegen den Rassismus gibt. Die Reaktion der Weißen würde so oder so extrem ausfallen, also sei in jedem Fall genügend Gewaltpotential vorhanden, um landesweite Beachtung zu erlangen.[164] Bis im Oktober 1961 entschloss sich die SNCC also zur Mitarbeit an einem von der NAACP, der SCLC und CORE initiierten Projekt zur Registrierung von Wählern.

Als Einsatzgebiet wurde dem SNCC Alabama und Mississippi zugewiesen. Am 7. August 1962 öffnete in Mississippis Pike County das erste von der SNCC geführte Büro zur Registrierung von Wählern seine Pforten. Dieser erste Versuch der Afroamerikaner in Mississippi, ihre von der Verfassung garantierten politischen Rechte einzufordern, hatte ein schockierendes Ausmaß an Gewalt von Seiten der weißen Bevölkerung zur Folge. Es war dies eine augenscheinliche Verhöhnung von Robert Kennedys Überzeugung, dass eine Aktion wie die Registrierung von Wählern zu weniger gewalttätigen Gegenreaktionen führen würde. In Louisiana sahen sich Mitarbeiter von CORE ähnlichen Situationen ausgesetzt. Gewalt und Einschüchterung standen auf der Tagesordnung. Dennoch war es in Mississippi, wo die Gefahr eindeutig am größten und die Gewalt am wenigsten unter Kontrolle war. Tagtäglich hatten die Aktivisten in einer feindlichen Umgebung zu arbeiten und weder die örtliche Polizei, noch das Justizministerium in Washington ließ ihnen Unterstützung und Schutz zuteil werden. Diese ständige Furcht um die eigene Sicherheit musste über kurz oder lang zu einem Niedergang der mentalen und physischen Gesundheit der Bürgerrechtler führen. Mittlerweile zeigten sich Studenten, die aktiv für die Bürgerrechte kämpften, vermehrt enttäuscht von Kings

---

[164] Salmond, „My Mind Set on Freedom". A History of the Civil Rights Movement, 1954-1968, S. 94.

Optimismus. Vor allem durch die Erfahrungen, die sie in ihrer direkten Basisarbeit tagtäglich machten. Sie fanden sich oft in Situationen ständiger Gefahr wieder und so nahm der Einsatz für Kings Bewegung deutlich ab. Die Studenten hatten zuviel an Gewalt und Erniedrigungen durch weiße Rassisten über sich ergehen lassen müssen, was ihnen das Ziel einer offenen Gesellschaft gemeinsam mit weißen Amerikanern mehr und mehr utopisch erscheinen ließ. Die Philosophie des gewaltfreien Widerstandes war in ihren Augen unrealistisch geworden. Die Selbstzweifel führten sogar soweit, dass einige an der demokratischen Gesellschaftsordnung der USA als solches zu rütteln begannen.[165]

Innerhalb der weiterhin mehr als zögerlich handelnden Regierung von John F. Kennedy war es insbesondere die Bürgerrechtskommission, die sich über den Mangel an Schutz und Unterstützung für die SNCC-Mitarbeiter in Mississippi erzürnt zeigte. Dennoch blieben die Aktivisten vorerst auf sich alleine gestellt und erhielten auch keinen Beistand durch Justizministerium oder FBI. Stattdessen erließ der Justizminister persönlich sogar strikte Beschränkungen, was den Einsatz bundesstaatlicher Intervention anging und sah im Schutz von Bürgerrechtsaktivisten eine Aufgabe, die primär in den Händen lokaler Behörden lag.[166] Lediglich die Stärke, der Einsatz und die Überzeugung der vor Ort ansässigen Afroamerikaner hielten währenddessen die jungen Aktivisten davon ab, alle Ideale über Bord zu werfen. Jene, die bereits ihr gesamtes Leben lang in dieser feindseligen Umgebung zubrachten, unterstützten die Bürgerrechtler verzweifelt. Immerhin zeichnete sich für sie endlich ein Licht am Ende des Tunnels ab.

Eines von vielen Beispielen hierfür stellt Fanny Lou Hamer dar. Sie war 1918 als Tochter von Farmpächtern, so genannten „sharecroppers", geboren worden und wuchs in äußerst ärmlichen Verhältnissen auf. Ihr „Aufbegehren" gegen die ständige Unterdrückung drückte sich im Versuch aus, am 31. August 1962 von ihrem Wahlrecht Gebrauch zu machen. Das Resultat war, dass sowohl sie als auch ihre Familie Beschäftigung sowie Unterkunft verloren und von den örtlichen Rassisten terrorisiert wurden. Sie engagierte sich in Folge im Rahmen eines „Voter Registration Project" der SCLC, einem „Wählererziehungprojekt" im Süden der USA. Hier wurden potentielle afroamerikanische Wähler über ihre Rechte aufgeklärt und in das Prozedere der Eintragung in ein Wählerverzeichnis sowie von Wahlen an sich eingeschult. Mit ihrem Engagement stellte Fannie Lou Hamer wohl eine derartige

---

[165] Vgl. ebd., S. 97.
[166] Vgl. ebd., S. 111.

Bedrohung des Kastensystems der Südstaaten dar, dass sie durch schwere Misshandlungen nach einer Verhaftung im Sommer 1963 dauerhaft körperlich behindert blieb:

> „And let me tell you, before they stopped beatin' me, I wish they would have hit me one lick that could have ended the misery that they had me in
> ...
> So they had me lay down on my face, and they beat me with a thick leather thing that was wide. And it had sumpin' in it *heavy*. I don't know what that was, rocks or lead. But everytime they hit me, I got just as hard, and I put my hands behind my back, and they beat me in my hands 'til my hands ... my hands was as navy blue as anything you ever seen ... that blood, I guess, and then beatin' it 'til it just turned black."[167]

In diesem von Furcht bestimmten Klima war es notwendig, den Aktivitäten der SNCC Auftrieb und Medienpräsenz zu verschaffen. Man beschloss daher ab dem Herbst 1963 dazu, auch eine Gruppe weißer Studenten bei der Registrierung neuer Wähler im Süden mithelfen zu lassen. Es gab aber von Anbeginn an Spannungen zwischen ihnen und den bereits seit längerem aktiven schwarzen Bürgerrechtlern. Alles in allem erwies sich die Zusammenarbeit dennoch als positiv und nun stellte auch das FBI den Mitarbeitern am Projekt Schutz zur Verfügung.

Zögerliche Fortschritte bei der Integration der Schulen

Nicht nur im Bereich der Wählerregistrierung, sondern auch im schulischen Bereich war weiterhin viel Handlungsbedarf gegeben, da sich die erhofften Fortschritte nur langsam einstellten. Nach den für die Bürgerrechtsbewegung positiven Entscheidungen des Obersten Gerichtshofes im Rahmen der von der NAACP angestrebten Verfahren, kam es wiederholt zu spektakulären Ereignissen, wie beispielsweise die Versuche von James H. Meredith an der University of Mississippi zu inskribieren oder auch die Schulkrise in Little Rock, Arkansas. Eine weitere potentielle Krisensituation begann sich nun in Alabama anzubahnen.

---

[167] Jones, Labor of Love, Labor of Sorrow. Black Women, Work and the Family, from Slavery to the Present, S. 283f.

Dort war der als „fighting judge", also „kämpfender Richter", bekannte George Corley Wallace zum Gouverneur gewählt worden. Trat er in den demokratischen Vorwahlen des Jahres 1958 noch mit relativ fortschrittlichen Ansichten an, was ihm allerdings keinen Erfolg eingebracht hatte, verwandelte er sich in der Folge in die Personifizierung der Rassentrennung schlechthin, der absolut keine Kompromisse mit den Bürgerrechtlern einzugehen bereit war und die Kennedy-Regierung unter anderem als Kings Chauffeur beschimpfte, die zur Unterwanderung der Gesetze des von ihm verwalteten Bundesstaates anstiftete.[168] Zu einer anderen Gelegenheit schwor er, wenn nötig persönlich die Eingangstore zur University of Alabama in Tuscaloosa zu blockieren, sollten schwarze Studenten sich dort zum Studium einschreiben wollen. Das Weiße Haus machte, anders als in früheren Fällen, rasch deutlich, dass es dieses Mal kein Zögern beim Einsatz von Truppen geben würde und auch die nationalen Gerichte bezogen in der Frage eine klare Position. Nichtsdestotrotz versammelten sich Mitglieder des Ku Klux Klans auf dem Campus, wurden aber von 750 Nationalgardisten schnell neutralisiert. Wie zuvor angekündigt, bezog Wallace in seiner damaligen Funktion als Gouverneur von Alabama nun tatsächlich Position in den Toren der Universität. Er gab aber auf, nachdem die Nationalgarde Alabamas nach einer Weisung aus Washington unter bundesstaatliches Kommando gestellt wurde.

Die Bundesregierung zeigte nun also ein wesentlich größeres Maß an Entschlossenheit und Wallace wurde das Unausweichliche schnell bewusst. Trotzdem war einmal mehr der für die Südstaaten symptomatische Realitätsverlust und in Folge jede Verweigerung der Modernisierung allen sichtbar gemacht worden, was in diesem Fall aber glücklicherweise gewaltfrei über die Bühne ging.

Etwa im Jahr 1963 gingen den Schulverwaltungen im Süden langsam aber sicher die juristischen Finten aus, um das Unabwendbare noch weiter vermeiden und hinauszögern zu können. Lediglich in Mississippi blieb das gesamte Schulsystem weiterhin komplett segregiert. Davon abgesehen nahmen aber in der ganzen Region der afroamerikanische Aktivismus und die Geschwindigkeit der ethnischen Integration zu. Zudem wurden den südstaatlichen Wirtschaftsverbänden die Folgekosten von Ausschreitungen und Unruhen schmerzlich bewusst und so wurde die Brown-Entscheidung letztendlich nun doch, wenn auch langsam, umgesetzt.

---

[168] Taylor Branch, Pillar of Fire. America in the King Years 1963-65, New York (NY) 1998, S. 155.

Dennoch lag im Herbst 1963, also beinahe zehn Jahre nach der Entscheidung des Obersten Gerichtshofes, der Anteil afroamerikanischer Kinder, die im Süden gemeinsam mit ihren weißen Altersgenossen die Schule besuchten, bei lediglich 1,17 Prozent an der Gesamtzahl der Schulbesucher.[169] Das macht mehr als deutlich, dass von Seiten der Gerichte, der Gemeinwesen und lokalen Parlamente neue und maßgebliche Aktionen notwendig geworden waren.

Der Marsch auf Washington im August 1963

Der erfolgreiche Kampf um Gleichberechtigung in Birmingham inspirierte während des Sommers von 1963 viele Afroamerikaner in ganz Amerika. Die Art ihrer Proteste hatte sich gewandelt und Alibipolitik wurde nicht mehr länger akzeptiert. Vielmehr galt nun der Leitspruch „Freedom Now". Birmingham hatte also zu einer Art „spiritueller Emanzipation" geführt, was als folgenschwerste Auswirkung letztlich auch die Einsicht Präsident Kennedys haben sollte, dass sich die Regierung nicht mehr länger zurückhalten kann.

Da sich im Jahre 1963 die „Emancipation Declaration" Abraham Lincolns zum einhundertsten Mal jährte, hatte die NAACP bereits über längere Zeit den Slogan „Free by '63" in Verwendung. Nun war dieser Moment zwar gekommen, aber Lincolns Vision einer Nation, die jene in der amerikanischen Verfassung an sich festgeschriebenen Menschenrechte auch lebte, blieb weiterhin unerreicht. Die Kommission zur Untersuchung der Bürgerrechtssituation legte Präsident Kennedy einen Bericht zur Geschichte der Bürgerrechte vor. Die mit „Freedom to the Free" betitelte Darlegung machte klar deutlich, dass zwischen Vorhaben und Umsetzung bezüglich der Gleichberechtigung von Afroamerikanern noch immer ein großer Unterschied bestand. Dieser Punkt wurde in der Folge auch von Kennedy, seinem Vizepräsidenten Johnson und anderen Regierungsmitgliedern immer wieder bei öffentlichen Anlässen betont. Mittlerweile hatte die afroamerikanische Bevölkerung die Effizienz von Demonstrationen bereits des Öfteren erlebt und war daher dazu entschlossen, dieses Mittel während des gesamten Jubiläumsjahres dafür einzusetzen, um Fortschritte in Richtung einer Gleichbehandlung zu machen. Dabei gab es im Norden und Westen der Vereinigten Staaten ebenso viele Proteste, wie dies im Süden

---

[169] Salmond, „My Mind Set on Freedom". A History of the Civil Rights Movement, 1954-1968, S. 49f.

der Fall. In diesen stärker verstädterten und damit industrialisierten Gebieten lag der Schwerpunkt der Forderungen allerdings in einem Ausbau der Möglichkeiten auf dem Beschäftigungsmarkt sowie auf einem Ende der weit verbreiteten De-facto-Rassentrennung im Wohnungs- und Erziehungssektor. So wiesen beispielsweise Sit-ins in New York City, Chicago und Boston auf die bestehenden ethnisch bedingten Ungerechtigkeiten hin. Daneben kam es weiterhin zu Ausschreitungen, wie beispielsweise in Cambridge, Maryland, wo eine aufgebrachte Menge Geschäfte plünderte. Die außer Kontrolle geratene Situation beruhigte sich erst nach Zugeständnissen der Stadtverwaltung wie einer Aufhebung der Rassentrennung an Schulen und in öffentlichen Gebäuden wieder. Weder der Präsident noch der Kongress konnten es sich leisten, diese Massenproteste und Gewaltausbrüche längerfristig zu ignorieren. Sie mussten darauf reagieren, ebenso wie auf den weiterhin erbitterten Widerstand weißer Rassisten. Aus diesen Gründen empfahl John F. Kennedy dem Kongress, die Verabschiedung eines Gesetzes zur Stärkung der Wählerrechte. In einer Fernsehansprache an das amerikanische Volk sprach Präsident Kennedy am 11. Juni 1963 deutlich wie nie zuvor von einer „moralischen Krise, die das Land und das Volk" erfasst habe:

„We face ... a moral crisis as a country and as a people. It cannot be met by repressive police action. It cannot be left to increased demonstrations in the streets. It cannot be quieted by token moves or talk. It is a time to act in the Congress, in your state and local legislative body and, above all, in all of our daily lives."[170]

Die Ansprache stellte klar, dass die Zeit der Verzögerung nun vorüber sei und war die wohl wichtigste in Kennedys gesamter Laufbahn. Er kündigte darin auch an, das bislang umfassendste Gesetzespaket zu den Bürgerrechten in der amerikanischen Geschichte den Gesetzgebern vorzulegen, was er am 19. Juni, also gut eine Woche nach seiner Rede auch tat.

Dieses neue, revolutionäre Bürgerrechtsgesetz, sollte die Rassendiskriminierung in den gesamten Vereinigten Staaten abschaffen. Zu seinen Zielen zählte die Aufhebung der Rassentrennung in öffentlichen Räumlichkeiten und eine Garantie für gleichberechtigten Zugang zu öffentlichen Einrichtungen, sowie eine Erhöhung der

---

[170] Franklin/Moss, From Slavery to Freedom. A History of African Americans, S. 505.

Geschwindigkeit bei der Integration des Schulsystems. Weiters die Registrierung afroamerikanischer Wähler durch Bundesbeamte, eine Verbesserung des wirtschaftlichen Status der Schwarzen und eine Ausweitung der Befugnisse der Regierung. Diese umfasste auch die Möglichkeit, Förderungen für alle jene von ihr subventionierten Programme und Einrichtungen zu streichen, die weiterhin Diskriminierung praktizierten. Das alles rief bei Martin Luther King, Jr. verständlicherweise große Freude hervor, was auch nicht weiter verwunderlich war, rückten doch seine Ziele nun in greifbare Nähe. Malcolm X hingegen sah keinen Anlass zur Freude. Für ihn war schon der Erfolg in Birmingham ein typisches Scheinzugeständnis und Kennedy der Inbegriff eines liberalen Heuchlers. In diesem Zusammenhang äußerte er auch den Spruch, „Eine Tasse Kaffee ist keine Entschädigung für 400 Jahre Sklavenarbeit.‟[171]

Politisch gesehen hatte die Rede des Präsidenten die unmittelbare Konsequenz, dass er sämtliche Bande mit dem Süden zerschnitt und auf keinerlei Unterstützung durch jene südstaatlichen Abgeordneten mehr rechnen konnte, die der Aufhebung der Rassentrennung kritisch gegenüber standen. Warnungen, dass dieser Weg hin zu mehr Bürgerrechten andere bedeutsame Anträge durch den Verlust der Unterstützung des Südens gefährden würde, schlug Kennedy in den Wind. Aufgrund der Gewalt und Unruhen in den Straßen hatte er seinen bislang von Vorsicht geprägten Weg beendet und eine eigene moralische Verpflichtung entwickelt.[172]
Robert Kennedy, der Bruder des Präsidenten und amtierende Justizminister, hatte bereits im Mai 1963 eine ähnliche Erfahrung durchgemacht als er sich zur Besprechung der vorhandenen Probleme mit dreizehn afroamerikanischen Führungspersönlichkeiten traf. Er war schockiert über deren Wut und scharfe Kritik an der bisherigen Position der Regierung und wurde dadurch regelrecht aufgerüttelt. Durch seinen Versuch, sich in die Situation der Afroamerikaner hineinzuversetzen entwickelte sich Robert Kennedy zu einem Politiker, der ständig für die Bürgerrechte eintrat und auch seinen Bruder dahingehend beeinflusste.[173]

---

[171] Waldschmidt-Nelson, GegenSpieler. Martin Luther King-Malcolm X, S. 97.
[172] Salmond, „My Mind Set on Freedom". A History of the Civil Rights Movement, 1954-1968, S. 116.
[173] Vgl. ebd., S. 116f.

Kurz nach der Fernsehansprache John F. Kennedys erschoss in Jackson, Mississippi ein Segregationist den bekannten geschäftsführenden Sekretär der NAACP, Medgar Evers, aus dem Hinterhalt. Für Malcolm X war dieser Mord an Evers nur ein Beweis für die Bösartigkeit der „weißen Teufel".[174] Dieser Mord löste eine Reihe von Demonstrationen aus. So gingen zum Beispiel in den beiden größten Städten Kaliforniens, Los Angeles und San Francisco, jeweils über 20.000 Menschen auf die Straße, um ihrer Wut über derartige Anschläge Ausdruck zu verleihen.

Während des nun folgenden Sommers war der Kongress hauptsächlich mit der Ausarbeitung eines Gesetzesentwurfs nach den Empfehlungen des Präsidenten beschäftigt. Parallel versuchte King, die bestehenden Fronten aufzuweichen, um eine Verabschiedung des angekündigten Gesetzes durch den Kongress unbedingt sicherzustellen. Zur Unterstützung griff er gemeinsam mit anderen Führern der Bürgerrechtsbewegung wie James Farmer (CORE), John Lewis (SNCC), Roy Wilkins (NAACP) und Whitney Young (NUL) auf einen Plan von A. Philip Randolph von der „Brotherhood of Sleeping Car Porters" aus den vierziger Jahren zurück, der bereits damals einen „Marsch auf Washington" vorsah.[175] Eine große Zahl an Afroamerikanern sollte also dazu animiert werden, für ein Bürgerrechtsgesetz zu demonstrieren, welches nicht eine stückchenweise, sondern eine gesamtheitliche Lösung darstellt. Die Kennedys waren nicht allzu begeistert von diesem Plan, da sie mögliche gewaltsame Ausschreitungen während des Marsches fürchteten, der auch weltweit über die Medien übertragen werden sollte.

Der „March on Washington for Jobs and Freedom" erhielt aber breite Unterstützung aus zahlreichen Bereichen des amerikanischen Alltags und wurde zur unvergessenen Krönung der Bürgerrechtsbewegung. Er sollte sowohl das Leben von Martin Luther King, Jr. als auch jenes seines Gegenspielers Malcolm X nachhaltig beeinflussen.

Alle maßgeblichen Bürgerrechtsgruppierungen schlossen sich an, unterstützt durch viele religiöse, gewerkschaftliche und bürgerliche Gruppen. Die Kirchen hielten sich am Rand zurück, aber die Organisatoren des Marsches stammten durchwegs aus kirchlichen Strukturen. Am 28. August 1963 versammelten sich schließlich über 200.000 Demonstranten aus dem gesamten Staatsgebiet der USA und bildeten so die größte derartige Veranstaltung, die Washington D.C. je erlebt hatte. Entgegen den

---

[174] Waldschmidt-Nelson, GegenSpieler. Martin Luther King-Malcolm X, S. 97.
[175] Marilyn Miller/Marian Faux (Hrsg.), American History. Desk Reference (The New York Public Library), New York (NY) 1997, S. 112.

Befürchtungen von Kritikern verlief alles problemlos, in geordneten Bahnen und ohne Zwischenfälle. Rund ein Drittel der Teilnehmer waren im übrigen Weiße.

Der Höhepunkt der Veranstaltung war mit Sicherheit die weltberühmte Ansprache „I Have A Dream" von Martin Luther King, Jr., die den Abschluss der Veranstaltung bildete. Diese mitreißende Rede hielt King unter dem Lincoln Memorial, was großen symbolischen Wert besaß, da sie über die Freiheit als Grundrecht aller Menschen handelte. Ein Grundrecht, das zwar bereits in der amerikanischen Unabhängigkeitserklärung verankert und später im Bürgerkrieg durch Lincolns Befreiung der Sklaven erneut unterstrichen worden war, aber in der Realität noch immer nicht auf die afroamerikanische Bevölkerung ausgedehnt wurde. Kings Rede war außerdem ein Aufruf zur Gewaltlosigkeit und ein Appell für eine Zusammenarbeit zwischen den Rassen. Es wäre, laut King, solange keine Zufriedenheit möglich, solange es Diskriminierungen gibt. Dennoch betonte er seinen Glauben an den Traum hin zur endgültigen Freiheit:

> „I have a dream that one day this nation will rise up and live out the true meaning of its creed: "We hold these truths to be self-evident: that all men are created equal." I have a dream that one day on the red hills of Georgia the sons of former slaves and the sons of former slave owners will be able to sit down together at a table of brotherhood. ... I have a dream that one day the state of Alabama, whose governor's lips are presently dripping with the words of interposition and nullification, will be transformed into a situation where little black boys and black girls will be able to join hands with little white boys and white girls and walk together as sisters and brothers. I have a dream today."[176]

Diese Rede stellte den absoluten Höhepunkt des Tages dar und war es wohl auch, was den Marsch zu einem historischen Ereignis werden ließ. King vermittelte das Gefühl, dass ein neuer Tag angebrochen sei und die Erfüllung seines Traums in greifbarer Nähe liegt. Die Veranstaltung wurde zu einem ergreifenden Triumph für King und zu einem der denkwürdigsten Momente in der Geschichte Amerikas. Die Herzen von Millionen von Zusehern wurden erobert und damit auch die Verabschiedung des Bürgerrechtsgesetzes wahrscheinlicher gemacht. Mit seinem

---

[176] Martin Luther King, Jr./James M. Washington (Hrsg.), I Have A Dream. Writings and Speeches That Changed the World, San Francisco (CA) 1992, S. 104f.

integrativen Ideal bestätigte King spätestens zu diesem Zeitpunkt seinen Status als Anführer der schwarzen Bürger Amerikas. Es schien als hätte sich die Philosophie der Gewaltlosigkeit durchgesetzt und dass ein Ende der Rassentrennung schon greifbar wäre. Die wütenden Untertöne der Gewalt schienen durch Kings prophetische Vision übertönt zu sein. Er hatte an diesem Tag tatsächlich eine Nation bewegt.

Zwei bedeutende Bürgerrechtler waren an diesem denkwürdigen Moment nicht anwesend. Einerseits James Farmer, der zu diesem Zeitpunkt eine Haftstrafe in Louisiana verbüßte, aber zumindest eine Nachricht an die Teilnehmer senden konnte. Andererseits W.E.B. Du Bois, der kurz zuvor in seinem selbst gewählten Exil in Ghana gestorben war.

Die gesamte Veranstaltung stärkte das schwarze Selbstbewusstsein und brachte zudem die Solidarisierung vieler Weißer mit sich. Sie vermittelte große Hoffnung und beeindruckte durch das gemeinsame Auftreten zahlreicher unterschiedlicher Menschen und Organisationen. Kings Traum wurde zum Symbol für eine gerechtere Welt. Dagegen behaupteten Kongressabgeordnete, die gegen mehr Bürgerrechte waren, dass dieser Protest sie nicht besonders beeindruckt hätte.[177] Andere Kongressmitglieder hatten den Marsch allerdings schon im Vorfeld offen unterstützt und empfingen auch die Veranstalter. Das hatte auch Kennedy getan, der sich entgegen seiner anfänglich wohl vorhandenen Furcht vor Ausschreitungen weigerte, die Protestveranstaltung zu kritisieren und stattdessen seine Unterstützung zusicherte.[178] Ab diesem Zeitpunkt wurde die Bürgerrechtsbewegung offiziell durch die größeren Glaubensgemeinschaften und auch durch viele junge weiße Amerikaner unterstützt. Deren Eltern wurden ebenfalls mit eingebunden. Sie beteiligten sich wohl nicht zuletzt aus Sorge um die Sicherheit ihrer Kinder. Die Kraft der Bewegung und deren Druck auf die Verantwortlichen stiegen somit. Aufgrund der noch immer traditionell verankerten Unterordnung, waren nicht viele Frauen aktiv an der Organisation des Marsches beteiligt. Erst später trat die Bürgerrechtsbewegung schließlich auch die Frauenbewegung los.

Neben der Kritik weißer Segregationisten, betrachteten schließlich auch einige junge militante Bürgerrechtler die Rede Kings als zu versöhnlich. Die schwarzen

---

[177] Franklin/Moss, From Slavery to Freedom. A History of African Americans, S. 506.
[178] Vgl. ebd., S. 507.

Nationalisten ohnehin. Malcolm X bezeichnete den Marsch gar als „Farce on Washington". Er sah keinen Traum, sondern vielmehr einen Alptraum. Der schwarze Kampfgeist sei eingeschläfert worden und das entstandene Stimmungshoch sei nicht mehr als eine trügerische Verblendung. Wie als Bestätigung explodierte am 15. September 1963 in einer schwarzen Kirche in Birmingham eine Bombe und tötete vier junge Mädchen.[179] Im Zuge des nachfolgenden Schocks wurde nicht selten auch der Ruf nach Vergeltung für derartige abscheuliche Angriffe laut. King hielt aber unbeirrt an seinem Prinzip der Gewaltlosigkeit fest. Dieses Ausmaß an christlichem Edelmut und frommer Leidensbereitschaft fand Malcolm X geradezu unerträglich und griff den gewaltlosen Widerstand nun noch schärfer als zuvor an.[180]

So trafen sich bei der „Northern Grassroots Leadership Conference" am 10. November 1963 in Detroit meist nationalistische radikale schwarze Führungspersönlichkeiten, aber auch einige jüngere, nach Alternativen Ausschau haltende Bürgerrechtler. Als Hauptredner trat Malcolm X auf und rechnete in seiner „Message to the Grassroots" mit Kings Methoden und Zielen ab. Es war dies quasi eine direkte Antwort auf Kings „I Have a Dream"-Ansprache, aber auch ein Werben um Einigkeit im schwarzen Kampf gegen Rassismus und Unterdrückung abseits von unterschiedlichen politischen und religiösen Ansichten. Malcolm rief dazu auf, die Weißen auch global gesehen als gemeinsamen Feind zu erkennen, der gegen die Interessen von Afrikanern und Asiaten arbeite. Jegliche Zusammenarbeit mit dem weißen Mann sei daher völlig kontraproduktiv. Die so genannte „Negro Revolution" von Martin Luther King, Jr. sei im Vergleich zur weltweiten „Black Revolution" keine Revolution, da gewaltlose Revolutionen ein Ding der Unmöglichkeit seien.[181] Es sei weiters skandalös, dass gegenüber den weißen Rassisten gewaltlos vorgegangen, gleichzeitig aber gemeinsam mit ihnen im Auftrag der amerikanischen Regierung Kriege in Korea, Deutschland, Japan und anderswo geführt würden. In seinem Vergleich von Revolutionären und Bürgerrechtlern und deren Einstellung zur weißen Mehrheit zog er Parallelen zu Feld- und Haussklaven in der Zeit vor dem Bürgerkrieg. Der Bürgerrechtsbewegung warf er eine traditionelle völlige Unterordnung unter die herrschende Obrigkeit sowie eine unbewusste Kollaboration mit den Machthabern vor und dem schwarzen Mittelstand, dass dieser lediglich ein

---

[179] Zinn, A People's History of the United States. 1492-Present, S. 448f.
[180] Waldschmidt-Nelson, GegenSpieler. Martin Luther King-Malcolm X, S. 105.
[181] Perry, Malcolm X. Ein Mann verändert Amerika, S. 284.

relativ angenehmes Lebens als Ziel habe.[182] Kings Lehre der Gewaltlosigkeit sei das reinste Betäubungsmittel für den Widerstandsgeist der unterdrückten Afroamerikaner und der Marsch auf Washington eine Farce, da er durch weiße Liberale finanziert wurde und damit keine schwarze Protestveranstaltung war. Die Weißen schrieben offenbar vor, wann, wie und wo Schwarze zu sein hätten.[183]

Die Kritik scheint auf den ersten Blick überzogen zu sein. Tatsächlich gab es beim Marsch aber sehr strenge Auflagen und der SNCC-Vorsitzende John Lewis musste seine „zu radikale" Rede umschreiben, um ans Mikrophon gelassen zu werden. Mit seinen in zynischen Humor gekleideten Attacken war Malcolm X wieder einmal in der Lage, die Verbitterung, den Kampfgeist und Stolz der Afroamerikaner zu artikulieren, wie kaum ein anderer und so erhielt seine Rede tosenden Applaus von der begeisterten Masse.

In der Zwischenzeit gingen die Debatten im Kongress über Kennedys Gesetzesvorschlag weiter und zogen sich schier endlos in die Länge, was bei vielen Befürwortern der Bürgerrechte zu Entmutigung und Pessimismus führte. Im November 1963 wurden außerdem einige Befürworter der Rassentrennung aus dem Süden in politische Ämter gewählt. Der Präsident widmete indes seine gesamte Energie darauf, eine gesetzgeberische Mehrheit zur Verabschiedung des Bürgerrechtsgesetzes zu erlangen. Mit dieser Hoffnung benötigte er die Unterstützung der moderaten Kräfte innerhalb der demokratischen Partei und gleichzeitig auch jene der Republikaner. Diese suchte er in strategischen Sitzungen mit den Abgeordneten Charles B. Halleck aus Indiana und William M. McCulloch aus Ohio zu erlangen. Anfänglich hatten die Kennedys wohl mehr Schwierigkeiten damit, die Liberalen im Kongress auf ihrem Kurs zu halten als republikanische Unterstützung zu erreichen, vor allem weil die Bürgerrechtsaktivisten unter den Demokraten nun den Zeitpunkt gekommen sahen, ihren gesamten Forderungskatalog durchzusetzen. Dabei ging es im Speziellen um Diskriminierungen auf dem Beschäftigungssektor und um eine Ausweitung der Befugnisse des Justizministers, der künftig im Namen von Privatpersonen Gerichtsverfahren gegen staatliche und lokale Behörden einleiten können sollte.

Die Strategie der demokratischen Abgeordneten aus den Südstaaten war es nun, den umfassendsten Vorschlag zu unterstützen und dann bei der entscheidenden

---

[182] Zips/Kämpfer, Nation X. Schwarzer Nationalismus, Black Exodus & Hip-Hop, S. 225.
[183] Waldschmidt-Nelson, GegenSpieler. Martin Luther King-Malcolm X, S. 109.

Abstimmung gemeinsam mit den konservativen Abgeordneten unter den Republikanern das Gesetz zu Fall zu bringen. Dieser Plan wäre auch beinahe geglückt, hätte Kennedy nicht interveniert und die Liberalen in seiner Partei dazu gebracht, die umstrittensten Forderungen aus dem Gesetz zu streichen. Das ging soweit, dass davon lediglich die Passagen enthalten blieben, die sich mit Diskriminierungen im Beschäftigungssektor beschäftigten und auch diese wurden abgeändert, um die Republikaner zufrieden zu stellen.[184] So passierte der Gesetzesentwurf schlussendlich das judikative Komitee des Repräsentantenhauses, besser bekannt als das „House Judiciary Committee". Es stand allerdings noch viel an Arbeit an, da er nun durch das regulative Komitee oder „Rules Committee" gebracht werden musste, während gleichzeitig die Vertreter des Südens im Senat sich darauf vorbereiteten, das Gesetz durch einen so genannten „Filibuster" zu Tode zu reden beziehungsweise zu verschleppen. Das bedeutete schlicht und einfach, dass sie einen Abschluss der Debatte zu verhindern suchten, da nach den Statuten des amerikanischen Senates ein Gesetz nur dann verabschiedet werden kann, wenn ein Zustand der „no motion" erreicht ist.

Das Jahr 1963 neigte sich langsam aber sicher seinem Ende zu und von kleineren Siegen abgesehen, waren die Afroamerikaner noch immer nicht gleichberechtigte Bürger der USA. Zu den kleinen Fortschritten zählten beispielsweise die Aufrechterhaltung des Demonstrationsrechts durch den Obersten Gerichtshof im Verfahren „Edwards v. South Carolina", sowie der Freispruch eines schwarzen Amerikaners in „Johnson v. Virginia", der aufgrund seiner Weigerung, sich in der „farbigen Sektion" eines Gerichtssaals zu setzen, zu einer Haftstrafe verurteilt worden war. Weiterhin gab es aber noch keine nationalen Gesetze zum Schutz von Beamten. Die Bundesregierung hatte keine juristischen Vollmachten, da die alleinige Kontrolle seit 1883 im Bereich der Einzelstaaten lag. Es gab auch keine national gültigen Gesetze gegen Lynchjustiz. Erst im Rahmen der Wahlrechtsgesetze von 1963 wurde auch ein derartiges Gesetz zum Schutz von Beamten verabschiedet.

Gleichzeitig unterstützte nun ein größerer Anteil der Bevölkerung als je zuvor die Bürgerrechtsbewegung. Allerdings traten auch deren Gegner noch immer offen feindlich auf. Am 22. November 1963 wurde dann schließlich Präsident Kennedy in

---

[184] Salmond, „My Mind Set on Freedom". A History of the Civil Rights Movement, 1954-1968, S. 118.

Dallas ermordet. Die Führung der Bürgerrechtsbewegung war zutiefst erschüttert durch diesen Verlust und zeigte sich besorgt über die Zukunft des vom Senat noch nicht verabschiedeten Gesetzes und auch über das Engagement des neuen Präsidenten, Lyndon B. Johnson.[185] Diese Zweifel erwiesen sich aber bald als unbegründet, da Johnsons Willen zur Umsetzung des Bürgerrechtsprogramms seines Vorgängers aufrichtig war. Genauso wie seine Unterstützung für das Bürgerrechtsgesetz.

Im Jänner 1964 wurde dann als erste wirksame Maßnahme auch tatsächlich der 24. Verfassungszusatz verabschiedet, der die Kopfsteuer oder „poll tax" als Grundvoraussetzung zur Zulassung zur Wahl für ungesetzlich erklärte. Dadurch wurde eines der größten Hindernisse für afroamerikanische Wähler in bundesstaatlichen Wahlen aus dem Weg geräumt.[186] Nach der Ermordung von Präsident Kennedy erwies sich die Verabschiedung seines Gesetzesentwurfes durch das regulative Komitee des Repräsentantenhauses nur mehr als reine Formalität und der Entwurf wurde im Februar 1964 dem Repräsentantenhaus zur offenen Debatte vorgelegt. Der Segregationist Howard Smith aus Virginia hegte noch immer die Hoffnung, es dort dadurch zu Fall zu bringen. So bestand er darauf, Klauseln mit hinein zu nehmen, die jegliche Diskriminierungen für Unrecht erklärten. Also nicht nur jene auf Basis der Hautfarbe, sondern auch solche aufgrund des Geschlechts einer Person. Nach einigen lebhaften Debatten wurde das tatsächlich veranlasst und so öffnete der Abgeordnete Smith recht unfreiwillig der amerikanischen Frauenbewegung eine Vielzahl an Möglichkeiten, die diese auch sehr schnell nutzen würde.[187] Am 10. Februar 1964 verabschiedete das Repräsentantenhaus schließlich mit einer überwältigenden Mehrheit von 290 gegen 130 Stimmen das Bürgerrechtsgesetz.

Nun sollte sich noch als schwierig erweisen, genügend Stimmen für eine Beendigung der Diskussionen im Senat zu erlangen und somit dem ansonsten unausweichlichen „Filibuster" der Südstaatler zu entgehen. Dazu war eine Zwei-Drittel-Mehrheit notwendig. Präsident Johnson und Robert Kennedy versuchten den Mehrheitsführer im Senat, Everett Dirksen, auf ihre Seite zu ziehen. Kennedy hatte eine gute Meinung von Dirksen und lobte ihn ausdrücklich als einen äußerst vernünftigen, rationalen und

---

[185] Vgl. ebd., S. 118f.
[186] Franklin/Moss, From Slavery to Freedom. A History of African Americans, S. 507.
[187] Salmond, „My Mind Set on Freedom". A History of the Civil Rights Movement, 1954-1968, S. 119.

verständnisvollen Partner, mit dem bereits sein Bruder John F. Kennedy gut zusammengearbeitet hatte.[188] So gelang es ihnen schlussendlich auch, Dirksen von ihren Argumenten zu überzeugen. Die Abgeordneten aus dem Süden hatten in der Zwischenzeit ihren Widerstand nicht einfach aufgegeben und die Verabschiedung des Gesetzes bereits um drei Monate verzögert. Als Dirksen nun aber öffentlich seine Unterstützung für das Gesetz erklärte, entschied sich der Senat am 10. Juni 1964 mit 71 zu 29 Stimmen für eine Beendigung der Verschleppungstaktik und machte am 2. Juli auch den Entwurf gesetzeswirksam.[189]

Das Resultat war das bislang wohl am weitesten reichende und umfassendste Gesetz zur Unterstützung der ethnischen Gleichbehandlung. Dem Justizminister wurde zusätzliche Handhabe zum Schutz von Bürgern gegen Diskriminierung und die Praktizierung der Rassentrennung bei Wahlen, im Bildungsbereich und der Benutzung öffentlicher Einrichtungen erteilt. Diskriminierungen in einem Großteil der öffentlichen Gebäude wurden verboten, eine nationale Kommission zu gleichen Beschäftigungsmöglichkeiten, die „Equal Employment Opportunity Commission" oder EEOC, ins Leben gerufen und die Tätigkeit der „Commission on Civil Rights" bis ins Jahr 1968 verlängert. Außerdem bedingte das Gesetzespaket die Streichung von Förderungen für all jene Programme mit bundesstaatlicher Unterstützung, in denen weiterhin Diskriminierungen bestanden. Dem „U.S. Office of Education", also dem amerikanischen Bildungsministerium, wurde zudem das Recht erteilt, bei der Integration von Schulen tätig zu werden.

Dieses Gesetz stellte den großen liberalen Fortschritt des Jahrzehnts dar und war eine Auswirkung des Marsches auf Washington sowie der Ermordung Kennedys, da Präsident Johnson den Kongress drängte, es im Gedenken an seinen ermordeten Amtsvorgänger möglichst zügig zu verabschieden. Sein Zweck war unmissverständlich der, juristische Gleichstellung in eine Region zu bringen, wo diese bislang nicht vorhanden war.

Der auf die Gesetzesverabschiedung folgende Zeitraum war durch massive Widerstände gegen dessen Umsetzung geprägt. Darunter beträchtliche Gewalt, was von einigen als „weißer Gegenschlag" oder „white backlash" bezeichnet wurde. Im

---

[188] Edwin O. Guthman/Jeffrey Shulman (Hrsg.), Robert Kennedy: In His Own Words. The Unpublished Recollections of the Kennedy Years, New York (NY) 1988, S. 212ff.
[189] Franklin/Moss, From Slavery to Freedom. A History of African Americans, S. 507.

Norden wurden sich nun nicht wenige ihrer eigenen Vorurteile bewusst, da sie sich gegen „direct action"-Programme in ihrer eigenen Nachbarschaft aussprachen. Das drückte sich auch in der äußerst großen Unterstützung aus, die dem Segregationist George Wallace 1964 in den Vorwahlen zur Präsidentenwahl in Staaten, wie Wisconsin, Indiana und Maryland zuteil wurde. Der alteingesessenen politischen Führerschaft des Südens war allerdings klar, dass Wallace am Ende keine Chance auf die Präsidentschaft haben würde und übte solange Druck auf ihn aus, bis er sich zu Gunsten von Senator Goldwater, der den Konservativen als ein Erfolg versprechenderer Garant ihrer Anliegen erschien, aus dem Rennen zurückzog.[190]

In den Südstaaten änderte sich an der bereits gewohnten Entschlossenheit, die alte Ordnung zu verteidigen weiterhin wenig bis gar nichts. Einige öffentliche Institutionen wandelten sich in Privatclubs um, was in ähnlicher Form bereits nach dem Bürgerrechtsgesetz von 1875 geschah, um auf diese Arte und Weise Afroamerikaner auszuschließen. Indes zeigte sich rasch, dass die große Schwäche des Bürgerrechtsgesetzes von 1964 im Abschnitt zum Wahlrecht lag. Dies wurde bei den Präsidentschaftswahlen von 1964 deutlich, als von 700.000 potentiellen afroamerikanischen Wählern in Mississippi nur 30.000 tatsächlich registriert wurden. Noch immer wurden Tests verwendet, um Schwarze vom Wahlrecht auszuschließen und die Zulassung zur Wahl war äußerst schwierig. In anderen Bereichen, wie dem öffentlichen Wohnungswesen, dem Zugang zu öffentlichen Plätzen, bei gleichberechtigter Beschäftigung und der Integration öffentlicher Schulen, welche nun, anders als noch nach der Brown-Entscheidung, unter der Verantwortung des Justizministeriums standen, erwies sich das Bürgerrechtsgesetz als wirksam.

Am 14. Dezember 1964 fügte der Oberste Gerichtshof den Anhängern der Rassentrennung einen weiteren Rückschlag zu, indem er die Passagen des Bürgerrechtsgesetzes von 1964, die sich mit der öffentlichen Unterbringung befassten, für verfassungskonform erklärte. Weder Gesetze, noch bundesstaatliches Eingreifen hatten allerdings den wiederholten Ausbruch von Gewalttätigkeiten im so genannten „langen, heißen Sommer von 1964" verhindern können. So kam es in New York City, Jersey City, Philadelphia und Chicago zu Ausschreitungen. Im Januar 1965, brachten King und andere Beschwerden in Bezug auf die Wahlrechtsmängel im Gesetz von 1964 bei Präsident Johnson ein. Zur selben Zeit kam es auf Märschen zu weiterem Blutvergießen. Diese Periode der „heißen Sommer" dauerte noch über vier

---

[190] Salmond, „My Mind Set on Freedom". A History of the Civil Rights Movement, 1954-1968, S. 121f.

Jahre bis 1968 an und fand erst mit den Osteraufständen nach der Ermordung von Martin Luther King, Jr. ein endgültiges Ende.[191]

---

[191] Imanuel Geiss, Historische Voraussetzungen zeitgenössischer Konflikte, in: Das Zwanzigste Jahrhundert III. Weltprobleme zwischen den Machtblöcken, hrsg. v. Wolfgang Benz/Hermann Graml (Fischer Weltgeschichte 36), Frankfurt am Main 1981: S. 29-100, S. 79.

VI. Wandel der Bewegung

Das „Freedom Summer"-Projekt

Im Zuge einer Radikalisierung als Antwort auf die Rückschläge der letzten Monate, hatte der Ku Klux Klan 1964 seine führende Position im Lager der Befürworter der Rassentrennung wieder erlangt und zog erneut gegen die Gleichstellung aller ethnischen Gruppen.[192] Nur die Tatsache, dass zwischen Juni und Oktober dieses Jahres alleine im Bundesstaat Mississippi vierundzwanzig afroamerikanische Kirchen entweder in Brand gesetzt oder Ziel eines Bombenanschlags waren, macht deutlich in welchem Ausmaß die rassistische Gewalt auch weiterhin vorhanden war.

Das bereits seit dem Sommer 1962 laufende „Voter Registration Project" wurde trotz allen Widrigkeiten unbeirrt fortgeführt und auch die darin eingebundenen Mitarbeiter der SNCC und SCLC, die an den Wählerregistrierungen im Süden mitarbeiteten, sahen sich Gewaltakten bis hin zu Morden ausgesetzt. Der Erfolg des Wahlprojekts im Süden war indes eher bescheiden. Innerhalb der vorangehenden beiden Jahre, war die Anzahl registrierter Wähler lediglich um 1,4 Prozent angestiegen und auch die Unterstützung anderer Organisationen, wie der NAACP, ließ zu wünschen übrig. Im Zuge dieser Kampagne wurden dreiundsechzig Afroamerikaner ermordet und nicht wenige begannen ihr Ohr neuen zornigen Stimmen, wie jener von Malcolm X mit seiner zu diesem Zeitpunkt noch von Hass und Stolz geprägten Botschaft zu schenken. Ursprünglich erfuhr Malcolm X wenig Zulauf von Afroamerikanern aus dem Süden, da diese durch die dort vorherrschende christliche Kultur stark geprägt waren und ihnen die Stimmen aus den Ghettos der nördlichen Städte bedrohlich und fremd erschienen. Zwei Jahre der weißen Brutalität ausgesetzt zu sein, hatte allerdings seine Spuren hinterlassen und vielen erschienen die Aussagen Malcolms nun doch glaubwürdig.

In dieser Stimmungslage wurde 1964 im Vorfeld der im selben Jahr stattfindenden Präsidentschaftswahlen das so genannte „Freedom Summer"-Projekt gestartet. Unter der Organisation von David Dennis sollten in Mississippi massiv afroamerikanische Wähler registriert werden. Dazu lud Dennis auch hunderte weißer Hochschulstudenten zur Mitarbeit ein, um das Interesse der Nation wieder auf die

---

[192] Franklin/Moss, From Slavery to Freedom. A History of African Americans, S. 509.

beinahe schon vergessenen Aktivitäten zu lenken.[193] Viele Freiwillige aus wohlhabenden Familien der weißen Mittelschicht erklärten sich zur Mitarbeit bereit. Auch sie blieben vom Hass der Rassisten nicht verschont. Einer der bekanntesten derartigen Fälle geschah im Juli 1964 in Neshoba County, Mississippi. Drei junge Bürgerrechtler, von denen einer schwarzer und zwei weißer Hautfarbe waren, inspizierten die Ruinen einer kurz zuvor zerstörten schwarzen Kirche und wurden auf dem Rückweg wegen angeblicher Geschwindigkeitsübertretung durch den stellvertretenden Sheriff der Kleinstadt Philadelphia verhaftet. Was danach geschah blieb weitgehend ungeklärt, es wird aber vermutet, dass sie von den Polizisten zu einem abgelegenen Straßenabschnitt gebracht und dort von Mitgliedern des Ku Klux Klans ermordet wurden. Präsident Johnson ordnete eine groß angelegte Suchaktion an, die später zur Auffindung der Leichen und zunächst auch zur Inhaftierung von sieben ihrer Mörder führte. So kam es im Zuge der Ermittlungen also zu einigen Verhaftungen, aber, wie im Rechtssystem der Südstaaten damals üblich, nicht zu Verurteilungen. Außerdem illustrierte dieser Fall, dass zwischen den schwarzen und weißen Aktivisten große Spannungen vorherrschten. Rita Schwerner, die Ehefrau eines der weißen Mordopfer, meinte:

„We all know that this search is because Andrew Goodman and my husband are white. If only Chaney was involved, nothing would've been done."[194]

Erst durch den gewaltsamen Tod zweier Weißer war es also zu einer ernsthaften Untersuchung durch die Regierung gekommen. Die im Nachfeld verstärkte Präsenz des FBI hatte keine große Auswirkung auf das Ausmaß an Gewalttätigkeiten in Mississippi. Für die SNCC markierte dafür die Beerdigung von James Chaney das Ende der Gewaltlosigkeit und alle seine vor Ort eingesetzten Mitarbeiter trugen fortan Waffen. Dies natürlich sehr zum Missfallen von Martin Luther King, Jr., wie man sich unschwer vorstellen kann.

Durch die näher rückende Präsidentenwahl wurde aber sowohl dieser Vorfall als auch das „Freedom Summer"-Projekt als Ganzes bald vergessen.

---

[193] Salmond, „My Mind Set on Freedom". A History of the Civil Rights Movement, 1954-1968, S. 102.
[194] Vgl. ebd., S. 104.

Die Präsidentschaftswahl von 1964

Das Unternehmen „Freedom Summer" brachte aber einen unbedingt als positiv zu bewertenden Fortschritt, nämlich die Gründung der „Mississippi Freedom Democratic Party" (MFDP). Diese Partei wurde aus dem Bestreben heraus begründet, aufzuzeigen, auf welche Art und Weise Afroamerikanern die Teilnahme am politischen Prozess verwehrt wurde.[195] Die MFDP entschloss sich auch dazu, eine Delegation zum demokratischen Parteitag in Atlantic City zu schicken, wo es im August 1964 zu einem dramatischen Zusammenstoß mit der gesamtstaatlichen Politik kommen sollte. Nun war es so, dass die insgesamt achtundsechzig Delegierten der MFDP fest dazu entschlossen waren, sich auch als offizielle Repräsentanten ihres Bundesstaates aufstellen zu lassen, was rasch zum Hauptthema des Parteitages wurde. Sie wurden vom Beglaubigungskomitee, dem so genannten „Credentials Committee", live im Fernsehen angehört. Dazu zählte auch ein bewegender Appell der bereits erwähnten Aktivistin Fannie Lou Hamer. Präsident Johnson zeigte sich aber wenig beeindruckt, sondern vielmehr verärgert darüber, dass die MFDP seine bis dato problemlose Nominierung zum offiziellen Präsidentschaftskandidaten der Demokraten derart störte. Er fürchtete außerdem, dass viele Delegierte aus dem Süden sich aus der Partei zurückziehen könnten, falls die Forderungen der MFDP umgesetzt werden sollten. Von Johnson beauftragt, begann Hubert Humphrey, der für den Posten des Vizepräsidenten vorgesehen war, massiven Druck auf die MFDP-Delegation auszuüben, was schon beinahe einer Erpressung nahe kam. Der Präsident setzte angeblich sogar das FBI ein, um die Räumlichkeiten der MFDP zu verwanzen und abhören zu lassen.[196] Unter der Leitung von Humphrey und dem damaligen Generalstaatsanwalt und späteren Nachfolger Humphreys im Senat, Walter F. Mondale, wurde ein Kompromissvorschlag ausgearbeitet, der vorsah, zwei Delegierte der MFDP zwar zur allgemeinen Versammlung zuzulassen, aber nicht als Repräsentanten des Staates Mississippi. Zögerlich akzeptierten sowohl die bisherigen Unterstützer der MFDP im Beglaubigungskomitee als auch die Führung der Bürgerrechtsbewegung diesen Kompromiss, da ihnen klar war, dass zukünftige Fortschritte nur dann möglich sein würden, wenn die Regierung auch weiterhin auf der Seite der Bürgerrechtler stand. Daher war die Beibehaltung guter Beziehungen

---

[195] Vgl. ebd., S. 104f.
[196] Vgl. ebd., S. 123f.

zum Präsidenten wichtiger, als auch das letzte Maß an Respekt von Seiten der SNCC zu verlieren.

Die Delegierten der MFDP bezeichneten den Kompromiss aber als Alibipolitik, lehnten den Vorschlag verärgert ab und verließen Atlantic City. Die Niederlage der MFDP, die Art und Weise wie der Präsident den Parteitag manipuliert hatte und vor allem die Tatsache, dass King, der frühere SCLC-Sprecher Bayard Rustin und sogar der leitende Direktor des CORE, James Farmer, dabei mitmachten, schockierte die Aktivisten der SNCC zutiefst. Sie sahen ihren bereits seit längerem vorhandenen Verdacht bestätigt, dass sie von den weißen Liberalen, der Führung der Bürgerrechtsbewegung, der demokratischen Partei und schlussendlich auch von der Regierung betrogen und verraten wurden. Ihre Schlussfolgerung war, nicht weiter darauf vertrauen zu können, dass die Liberalen ihre Versprechen einhalten würden und dass man als Afroamerikaner auf sich selbst gestellt bleibt, wenn es um die Erringung der Freiheit geht. Es war ihnen bewusst, dass ihre Bewegung sich nun grundlegend verändert hatte und der Kampf nicht länger um Bürgerrechte allein ging, sondern um Befreiung als solches.[197]

In diesem gespannten Klima wurden schließlich die Präsidentenwahlen abgehalten, wobei die Demokraten in der öffentlichen Meinung aufgrund ihres starken Eintretens für eine Ausweitung der Bürgerrechte auf alle Bürger der USA im gesamtstaatlichen Kontext eindeutig einen Vorteil hatten. Obwohl Johnson Bürgerrechtsangelegenheiten keine besondere Beachtung schenkte, war dies bei seinem republikanischem Herausforderer Goldwater noch viel weniger der Fall. Dieser zeichnete sich vielmehr durch düsteren Konservatismus und harten Anti-Kommunismus aus. So war es nicht weiter verwunderlich, dass Präsident Lyndon B. Johnson, der ja bereits nach der Ermordung John F. Kennedys provisorisch die Regierungsgeschäfte übernommen hatte, und sein Vize Hubert Humphrey mit überwältigender Mehrheit im Amt bestätigt wurden. Vor allem bei der politischen Mittelschicht konnte das demokratische Team punkten und die Demokraten konnten sich außerdem beide Häuser des Kongresses sichern, was an sich den Weg für weitere Reformen geebnet hätte. Von den sechs Millionen afroamerikanischen Wähler unterstützten vierundneunzig Prozent ebenfalls Johnson. Sie waren wie King

---

[197] Vgl. ebd., S. 124f.

und Rustin der Meinung, dass die Freiheit am besten durch liberale Politik zu erreichen sei.

Obwohl es an sich Gesetze zu ihrem Schutz gab, wurde es hunderttausenden Afroamerikanern im Süden erschwert, ihre Stimme abzugeben oder auch schon sich im Vorfeld der Wahl registrieren zu lassen. Das „Council of Federated Organizations" wurde in seinen Bestrebungen, die Wählerregistrierungen voranzutreiben stark behindert und sah sich auch nach den Wahlen erbittertem Widerstand ausgesetzt. Die Opposition gegen die Wählerregistrierung war im Allgemeinen stärker als jene gegen die Integration von öffentlichen Plätzen.[198]

Das einst gute Verhältnis zwischen Martin Luther King, Jr. und Lyndon B. Johnson kühlte indes weiter ab. Dies war auch auf eine vom FBI-Chef J. Edgar Hoover angeführte Diffamierungskampagne gegen King im November 1964 zurückzuführen, der den Anführer der Bürgerrechtsbewegung kurz vor der Verleihung des Friedensnobelpreises an ihn als „größten Lügner im ganzen Land" bezeichnet hatte und Kings SCLC als marxistische Organisation brandmarkte. Die Absicht, die hinter dieser Kampagne stand war, King zu diskreditieren und einen Keil zwischen den Anführer der SCLC und dessen Verbündete in der Regierung zu treiben.[199] Präsident Johnson hatte sich zum Ziel gesetzt, das Werk seines politischen Mentors Franklin D. Roosevelt zu vollenden. Er wollte ein neues Zeitalter des liberalen Fortschritts einläuten und so eine „Great Society" schaffen. Ein Gesetz nach dem anderen wurde dem Kongress vorgelegt, aber es befand sich keines die Wahlrechte betreffend darunter. Der Präsident hatte sich nämlich vorgenommen, im Jahr 1965 keine neuen Gesetze die Bürgerrechte betreffend einzubringen.[200] Johnsons Prioritäten lagen wie gesagt woanders und sein Ärger über die Herausforderung der MFDP war ebenfalls noch nicht verflogen. Zudem hatte er gegenüber Martin Luther King, Jr. eine gewisse Abneigung entwickelt. Speziell die Wahlrechte betreffend, war er der Meinung, dass dieses Problem durch den „Civil Rights Act" von 1964 in ausreichendem Maße gelöst worden sei, auch wenn eine Analyse des eben beendeten Wahlkampfes ganz

---

[198] Franklin/Moss, From Slavery to Freedom. A History of African Americans, S. 510.
[199] Hampton/Fayer, Voices of Freedom. An Oral History of the Civil Rights Movement from the 1950s through the 1980s, S. 209f.
[200] Salmond, „My Mind Set on Freedom". A History of the Civil Rights Movement, 1954-1968, S. 127.

andere Ergebnisse zutage gefördert hatte.[201] Der Präsident war sich sicher, dass das Land fürs Erste genug von Bürgerrechten hatte. Einmal mehr sollte es aber Martin Luther King, Jr. sein, der den Kurs bestimmte und eine Situation herbeiführte, welche die Möglichkeit für ein Wahlrechtsgesetz eröffnete. Als Schauplatz wählte er Selma in Alabama.

Von Selma nach Birmingham

Im Januar 1965 startete King in Selma, Alabama, übrigens die Stadt von der die Gründung der „White Citizens Councils" ihren Ausgang genommen hatte, eine neue Kampagne zur Stärkung des Wahlrechts. In dieser Stadt gab es eine afroamerikanische Bevölkerungsmehrheit und 15.000 schwarze Wahlberechtigte von denen aber bislang weniger als vierhundert auch als Wähler registriert waren. Die weiße Oberschicht von Dallas County war entschlossen, den Afroamerikanern auch weiterhin das Recht zu wählen vorzuenthalten und der örtliche Sheriff, Jim Clark, war für seine rassistische Einstellung und Gewalttätigkeit bekannt. King war sich sicher, dass Clark die Kontrolle über sich verlieren und so der SCLC das für eine Mobilisierung der öffentlichen Meinung in den ganzen USA notwendige Fernsehmaterial liefern würde.

Am 2. Jänner 1965 wurde die Wahlrechtskampagne von King offiziell angekündigt und am 18. Jänner fand der erste Protestmarsch statt. Während der folgenden Wochen stellten die Demonstranten die Geduld von Sheriff Clark auf die Probe. Gleichzeitig steigerte King ständig das Tempo. Bereits durch groß angelegte Verhaftungen wurde das nationale Interesse geweckt. Am 9. Februar traf King mit dem Präsidenten zusammen, der ihm in dieser privaten Unterredung eine Abänderung seiner Pläne mitteilte und einen neuen Wahlrechtsentwurf zur Vorlage im Kongress zusicherte.[202] Offensichtlich war dies bereits eine erste Auswirkung der Selma-Kampagne.

Schlussendlich ließ sich dann auch Polizeichef Jim Clark zum Gewalteinsatz provozieren. So wurde während einer Demonstration am 17. Februar der sechsundzwanzigjährige Jimmy Jackson getötet. Zusammen mit Kings späterer Inhaftierung und auch der Unterstützung durch den inzwischen aus der „Nation of Islam" ausgetretenen und in seinen Ansichten völlig veränderten Malcolm X, brachte

---

[201] Vgl. ebd., S. 127.
[202] Vgl. ebd., S. 129.

das den Bürgerrechtlern wieder die notwendige massive Medienpräsenz ein.[203] Am 3. März nutzte King das Begräbnis von Jimmy Jackson für die Ankündigung, dass die Demonstranten nun Selma verlassen würden, um entlang des Highways nach Montgomery zu marschieren. Der Gouverneur von Alabama, George Wallace, verbot diese Aktion sofort aufgrund von Bedenken hinsichtlich der öffentlichen Sicherheit. Dennoch machten sich etwa sechshundert Aktivisten auf den Weg.

Der von Martin Luther King, Jr. organisierte Marsch von Selma nach Montgomery umfasste neben hunderten Demonstranten vor Ort auch bis zu fünfzigtausend Anhänger im gesamten Staatsgebiet und wurde auf Anweisung von Präsident Johnson von Regierungstruppen begleitet. King wandte sich in Ansprachen an die an der Aktion Beteiligten. Weder er, noch Abernathy nahmen jedoch persönlich daran teil. Ihre Begründung war, dass sie sich um ihre jeweiligen Gemeinden zu kümmern hätten.[204] Nichtsdestotrotz verfolgten Massen von Fernsehkameras den Fortschritt der marschierenden Demonstranten.

Trotz internen Differenzen zwischen SCLC und SNCC wurde die Aktion zu einem Erfolg. Am 7. März 1965, dem so genannten „Bloody Sunday", kam es kurz nach den Stadtgrenzen von Selma unter der Leitung von Jim Clark und den Nationalgardisten unter Major John Cloud zu den grausamsten „Polizeiunruhen" der gesamten Bürgerrechtsperiode. Hunderte friedliche Demonstranten, darunter zahlreiche Frauen und Kinder, wurden von der Polizei mit Tränengas besprüht, von berittenen Einsatzkräften niedergetrampelt und mit Knüppeln geschlagen. Die amerikanische Öffentlichkeit reagierte mit Entsetzen und Wut auf diese Misshandlungen und eine Intervention des Präsidenten wurde lautstark gefordert. Viele kontaktierten ihre Kongressabgeordneten und drängten sie dazu, ein neues Wahlrecht zu unterstützen. Gleichzeitig solidarisierten sich Zehntausende im ganzen Land mit den Demonstranten von Selma und gingen als Zeichen dieser Solidarität selber auf die Straße. Jim Clark und John Cloud hatten somit den nationalen Zusammenhalt für die Durchsetzung eines neuen Wahlrechts geschaffen. Die amerikanische Öffentlichkeit zeigte sich also zusehends unwillig die Misshandlung friedlicher schwarzer Demonstranten in Selma weiterhin hinzunehmen.

---

[203] Waldschmidt-Nelson, GegenSpieler. Martin Luther King-Malcolm X, S. 128.
[204] Salmond, „My Mind Set on Freedom". A History of the Civil Rights Movement, 1954-1968, S. 130.

Vom Ausmaß der Gewalt tief erschüttert, garantierte King, dass er einem zweiten Protestmarsch am 9. März persönlich vorstehen würde und bat gleichzeitig zweihundert der religiösen Führer des Landes darum, sich ihm anzuschließen. Der Bundesbezirksrichter oder „Federal District Judge" Frank Johnson verbot alle öffentlichen Proteste, was King in die schwierige Lage brachte, erstmals die Anweisung eines bundesstaatlichen Gerichts missachten zu müssen. Er war sich bewusst, dass dieser offene Widerspruch dem Präsidenten gegenüber, das versprochene Wahlrechtsgesetz aufs Spiel setzen würde, das ja schließlich der Grund war, weshalb die gesamte Kampagne von Selma gestartet worden war. Auf der anderen Seite, wurde King von zunehmend militanten SNCC-Aktivisten bedrängt, den Marsch durchzuführen, was er schlussendlich auch tat. Allerdings erst nachdem er mit den Behörden von Alabama eine Vereinbarung traf, um Konfrontationen zu vermeiden. 1.500 Aktivisten mit unterschiedlichem ethnischem Hintergrund folgten Kings Aufruf, wussten aber nichts von den hintern den Kulissen getroffenen Abmachungen. So setzte sich der Protestmarsch in Gang. Nach einiger Zeit stoppte King die Demonstranten, kniete sich kurz zum Gebet nieder und machte dann zum Erstaunen seiner Mitstreiter kehrt, um wieder zurück in Richtung Selma zu ziehen. Die meisten der Mitmarschierenden waren insgeheim wohl froh über diesen Entschluss und darüber, dass dadurch am 9. März ein größerer Ausbruch von Gewalt vermieden werden konnte. Dennoch darf nicht außer Acht gelassen werden, dass am Abend desselben Tages eine weiße Aktivistin aus Detroit, die sich bei der Organisation des Friedensmarsches engagierte, beim Rücktransport von Demonstranten in ihrem Auto erschossen wurde. Auch James Reeb, ein weißer Priester, der aus Boston nach Selma angereist war, wurde in der Nacht nach dem Marsch, also zum 10. März von Rassisten ermordet. Sein Begräbnis am 15. März 1965 wurde zu einer Kundgebung gegen die fortdauernden Diskriminierungen.

Martin Luther King, Jr., der einige Monate zuvor in Oslo den Friedensnobelpreis verliehen bekommen hatte, stellte in Selma erneut unter Beweis, dass er der wahre Anführer der Proteste war. Gleichzeitig war es aber auch das letzte Mal, dass die SNCC sich ihm anschloss. Die jungen Aktivisten des SNCC waren außer sich vor Wut. Die Entscheidung Kings nach Selma zurückzukehren, schien all das zu bestätigen, was sie ihm bereits früher vorgeworfen hatten. Konkret, dass er ein Feigling sei, dem die Meinung der Weißen wichtiger ist, als die tatsächlichen

Bedürfnisse seiner eigenen Leute.[205] Im Moment ihres größten Triumphes war die bis dato geschlossene Bürgerrechtsbewegung also bereits dabei, Geschichte zu werden.

Präsident Johnson wurde für seine anhaltende Untätigkeit mit Vorwürfen überhäuft und die Rufe nach einem neuen Wahlrechtsgesetz wurden immer lauter. Dem Präsidenten wurde bewusst, dass zusätzliche Gesetze notwendig sein würden, um die Rechte der Wähler zu schützen.[206] Am 15. März 1965 hielt er eine Fernsehansprache, laut einigen Beobachtern die beste seiner Karriere, in der er sich für ein neues Wahlrechtsgesetz einsetzte. Er betonte, dass dies einen einfachen und allgemein gültigen Standard für die Zulassung von Wählern beinhalten müsse. In seiner Rede bezeichnete er den afroamerikanischen Kampf um Gerechtigkeit als heldenhaft und er schloss mit den Worten „We Shall Overcome", also dem Slogan der Bürgerrechtsbewegung:

„Their cause must be our cause too. It is not just Negroes, but all of us who must overcome the crippling legacy of bigotry and injustice. And we shall overcome."[207]

In Washington D.C. erhielt er von den Richtern des Obersten Gerichtshofes dafür Standing Ovations.

Der Richter Johnson ließ einen Protestmarsch von Selma nach Montgomery schließlich doch zu, allerdings weigerte sich Gouverneur Wallace weiterhin, die Demonstranten zu beschützen. Nach anfänglichem Widerstand, stimmte der Präsident schließlich zu, die Nationalgarde von Alabama unter die Kontrolle der Regierung zu stellen.[208] Dadurch stand einer Zu-Ende-Führung des zuvor begonnenen Marsches von offizieller Seite her nichts mehr im Wege. King und andere waren hocherfreut und so fand vom 21. bis zum 25. März ein letzter großer „Wahlrechtsmarsch" von Selma nach Montgomery statt. Die Demonstranten wurden dabei durch Bundestruppen geschützt und Reverend King hielt eine von Optimismus geprägte

---

[205] Vgl. ebd., S. 131f.
[206] Franklin/Moss, From Slavery to Freedom. A History of African Americans, S. 510.
[207] Salmond, „My Mind Set on Freedom". A History of the Civil Rights Movement, 1954-1968, S. 132.
[208] Robert S. McNamara/ Brian VanDeMark, In Retrospect. The Tragedy and Lessons of Vietnam, New York (NY) 1995, S. 177f.

Rede vor 25.000 Zuhörern. Er war der Erfüllung seines Traums ein gutes Stück näher gekommen. Die Veranstaltung wurde zu einem Triumph für King und endete mit einer Rede am Kapitol des Bundesstaates Alabama.

Stärkung der Wählerrechte

In der Folge brachte Präsident Johnson wie angekündigt einen Entwurf für ein Wahlrechtsgesetz im Kongress ein, das dort ungewohnt rasch verabschiedet wurde. Unter anderem enthielt Johnsons Vorschlag die Klausel, den Justizminister dazu zu ermächtigen, lokale Wahlhelfer beim Verdacht auf Ungereimtheiten bei der Durchführung einer Wahl durch von der Regierung eingesetzte Prüfer zu ersetzen. Weiters schlug der Präsident vor, die bislang unfair gegen Afroamerikaner eingesetzten Wahltests, also die Überprüfung der Lese- und Schreibfähigkeit, für fünf Jahre auszusetzen. Sollten sich lokale Registrierungsbeamte weigern dies umzusetzen, so würden sie durch nationale ersetzt. Diese Maßnahmen sollten nicht wie ursprünglich vorgesehen auf landesweite Wahlen beschränkt bleiben, sondern wurden auch auf innerstaatliche und lokale Wahlen ausgeweitet. Von den demokratischen Mehrheiten in beiden Häusern des Kongresses unterstützt, kam es trotz heftiger Debatten zu einer raschen Verabschiedung von Johnsons Wahlrechtsgesetz. Am 6. August 1965 unterzeichnete Präsident Johnson den „Voting Rights Act", der den Einsatz von Inspektoren, ein Verbot von Wahlsteuern, sowie von Registrierungstests und anderen Sonderregelungen vorsah.

Quasi über Nacht kam es dadurch zu massiven Änderungen. So explodierte die Eintragung schwarzer Wähler förmlich und schwarze Repräsentanten wurden in Folge verstärkt in politische Ämter gewählt. Es gab natürlich Widerstand und Kritik an dem neuen Wahlgesetz, aber unter dem Strich brachte es bis zum Ende des Jahres 1965 die Registrierung von fast einer Viertelmillion afroamerikanischer Wähler.[209] Gerade in jenen Bundesstaaten, die bisher die gröbsten Verstöße gegen die Gleichbehandlung bei der Registrierung von Wählern begingen, schien das neue Gesetz am wirksamsten zu sein. So stieg der Prozentsatz jener wahlberechtigten Afroamerikaner, die sich auch erfolgreich registrieren lassen konnten in Alabama auf 53 Prozent und in Louisiana auf 60 Prozent. Allein in Selma, stieg die Zahl an

---

[209] Franklin/Moss, From Slavery to Freedom. A History of African Americans, S. 511.

registrierten schwarzen Wählern von 320 auf 6.289 innerhalb von nur zwei Monaten. Im Jahr darauf wurde Sheriff Jim Clark übrigens abgesetzt. Auch im notorisch rassistischen Bundesstaat Mississippi zeigte der VRA massive Auswirkungen. Waren bislang aufgrund komplizierter Tests und anderer Hürden von den 36% der Gesamtbevölkerung ausmachenden Schwarzen lediglich 6% als Wähler registriert, so stieg die Zahl innerhalb von nur dreißig Tagen um 120%. Gegen Ende des Jahres 1970 erreichte die Rate an registrierten afroamerikanischen Wählern schließlich das Niveau ihrer weißen Mitbürger.[210] Das Wahlrechtsgesetz von 1965 reinigte somit die vergiftete Atmosphäre der politischen Landschaft in den Südstaaten. Kings Behauptung, dass sich lediglich mit der Unterstützung durch die Regierung auch grundlegende Änderungen durchsetzen lassen, hatte sich einmal mehr bestätigt. Schwarze Politiker wurden in die gesetzgebenden Organe von Georgia und auch in mehrere Stadträte des Südens gewählt. Es war aber unbestritten, dass der Weg zu vollständiger Gleichbehandlung mehr als nur die Erlangung des Wahlrechts voraussetzte, was sich bis heute an der mehr als unbefriedigenden Situation in überfüllten innerstädtischen Ghettos zeigt.

Auf die abgeschlossenen Schulsysteme des Südens hatten das Bürgerrechtsgesetz von 1964 und der „Education Act" von 1965 hingegen sehr wohl starke Auswirkungen. Blieben diese mit einem Anteil von weniger als 2 Prozent gemischtrassigen Klassen zunächst weiter abgeschottet, so änderte sich diese Situation durch die erweiterten Befugnisse des Justizministeriums nun zügig. Dieses konnte nun Verfahren zur Integration von Schulen einleiten und die Schuldistrikte im Süden zur Vorlage von Plänen zur Integration zwingen. Taten sie dies nicht, wurden ihnen die Förderungen der Regierung gestrichen. Da aber gerade die Schulen im Süden auf Fördergelder aus dem „Education Act" angewiesen waren, versuchten sie es zunächst wieder mit intelligent angewandter Alibipolitik. Das stellte sich aber rasch als nicht länger ausreichend heraus und 1967 besuchten bereits zehn Prozent der afroamerikanischen Schüler gemeinsam mit ihren weißen Altersgenossen gemischte Klassen. Als das fünfte Berufungsgericht, der „Fifth Circuit Court of Appeals", die Legalität der zur Integration getroffenen Maßnahmen des Bildungsministeriums bestätigte, markierte dies das endgültige Ende der Rassentrennung an Schulen im Süden der USA. Die bundesstaatlichen Gerichte stellten sich damit voll und ganz hinter eine Durchsetzung

---

[210] Paul Johnson, Modern Times. The World from the Twenties to the Eighties, New York (NY) 1985, S. 645.

der bestehenden Gesetzgebung. Dagegen verstoßende Distrikte wurden entweder desegregiert, um wieder an die Fördergelder zu gelangen oder aber sie verloren diese und wurden in der Folge durch die Gerichte trotz allem zur Aufhebung der Rassentrennung gezwungen. Bis 1968 waren 32 Prozent der Schulen gemischtrassig und 1972 war dies bei 46 Prozent der Fall.[211]

Auf längere Sicht sollte die Rassentrennung nach und nach verschwinden und der amerikanische Süden sich den neuen Gegebenheiten anpassen. Nachdem sie ihren Kampf verloren hatten, ging für eine Mehrheit der Südstaatler das Leben trotzdem weiter.[212] Natürlich mit einigen hervorstechenden Ausnahmen, wie Lester Maddox, der sich durch seinen Widerstand in Konflikt mit der Justiz brachte, später aber dennoch zum Gouverneur von Georgia werden sollte.

1965 stellte den Höhepunkt der Bürgerrechtsbewegung dar. Danach gab es nie wieder soviel Zulauf und Unterstützung. Vielleicht auch weil es schien, als ob sozialer, politischer, sowie wirtschaftlicher Aufschwung nun erreicht wären. Der Schwerpunkt verlagerte sich auf Johnsons Programm zur Ausrottung der Armut, das darauf ausgerichtet war, die Wurzeln der vorhandenen sozialen Probleme durch Erziehung, so genannte „Headstart / Homestart"-Programme sowie durch verstärkte Unterstützungen für Lehrer unter Beschuss zu nehmen. „Model City Programs", also Musterstadtprogramme, zur Verbesserung der Lebensqualität in Wohngebieten wurden gestartet, waren aber nicht allzu gut durchdacht. Bald darauf begann der amerikanische Einsatz in Vietnam zu eskalieren, was zu einer Kürzung der Mittel für Maßnahmen innerhalb der USA führte. King sprach sich gegen den Krieg aus und widersprach damit den meisten Anführern der Bürgerrechtsbewegung. Am 4. April 1967, genau ein Jahr vor seiner Ermordung, sagte er, es sei „Zeit das Schweigen zu beenden." Viele wollten Präsident Johnson aber auch weiterhin nicht kritisieren.

Noch immer kein „brüderlicher Friede"

Das Wahlrechtsgesetz von 1965 brachte den schwarzen Amerikanern zwar eine Öffnung des politischen Systems, aber weiterhin nicht den von King erhofften

---

[211] Salmond, „My Mind Set on Freedom". A History of the Civil Rights Movement, 1954-1968, S. 134f.
[212] Vgl. ebd., S. 120.

„brüderlichen Frieden", was besonders bei den am 11. August 1965 in Watts, dem afroamerikanischen Ghetto von Los Angeles, ausgebrochenen und bis dahin schlimmsten Rassenunruhen deutlich wurde. Dies war ein Gewaltausbruch, in dem sich der jahrelang angestaute Frust und Zorn über den weißen Rassismus auf einen Schlag entlud. Als unmittelbarer Auslöser fungierte die Verhaftung eines jungen Afroamerikaners aufgrund rücksichtslosen Autofahrens. Kurz nachdem der Fall bekannt wurde, begann sich eine aufgebrachte Menge Straßenschlachten mit den Einsatzkräften der Polizei zu liefern. Die Situation geriet bis zum nächsten Tag völlig außer Kontrolle und es kam in einer Explosion von Anspannung, Hass und Verbitterung zu Plünderungen und Brandstiftungen. Erst am 16. August konnten Bundestruppen den Aufstand niederschlagen. Das erschreckende Resultat waren 34 Tote, 1.032 Verletzte, 3.952 Verhaftungen und ein Schaden, der mit etwa 40 Millionen Dollar beziffert wurde.[213] Der Grund hinter diesen blutigen Ereignissen war die Demoralisation der schwarzen Bevölkerung von Los Angeles, wo katastrophale Wohnsituationen und Arbeitslosigkeit beziehungsweise Benachteiligungen am Arbeitsplatz zum täglichen Leben zählten. Gruppen wie die „Black Muslims" waren durch Betonung und Fixierung auf die Ungerechtigkeiten der weißen Bevölkerung bereits psychologisch auf Plünderungen und Brandstiftungen vorbereitet. All das war ein weiteres Indiz für die Tragödie, die sich hinter der Illusion der Gleichberechtigung verbarg.[214]

---

[213] Franklin/Moss, From Slavery to Freedom. A History of African Americans, S. 514.
[214] Vgl. ebd., S. 514.

Portrait - Malcolm X

Kindheit und Jugend

Malcolm X wurde 1925 in Nebraska als eines von acht Geschwistern und drei Halbgeschwistern geboren. Wie schon Martin Luther King, Jr. war auch er der Sohn eines schwarzen Baptistenpredigers aus dem amerikanischen Süden. Der aus Georgia stammende Vater war als wandernder Aushilfspriester tätig. Die Familie sah sich oft mit finanziellen Schwierigkeiten und häufigem Wechseln des Wohnortes konfrontiert. Bereits sehr früh kam Malcolm in Kontakt mit Gewalt, Diskriminierung und Segregation. Und das nicht nur von außen, sondern auch innerhalb der Familie. Er war das hellhäutigste aller Kinder und wurde oft von seiner Mutter geschlagen. Diese wurde durch Malcolm wohl daran erinnert, dass ihre eigene Mutter von einem rothaarigen Schotten vergewaltigt worden war.[215]

Sein Vater war ein Anhänger von Marcus Garvey und dessen separatistischen Grundsätzen. Er hatte sogar die Präsidentschaft einer Ortsgruppe der „United Negro Improvement Association" inne und trat mit Überzeugung gegen Integration und für eine Rückkehr nach Afrika ein. Damit zog Earl Little sowohl das Unverständnis schwarzer Integrationisten als auch den Zorn weißer Rassisten auf sich. Ein nächtlicher Überfall zwang die Familie zu einem Umzug nach Wisconsin und später nach Lansing, Michigan, wo im Jahr 1929 das Haus der Familie Little von Rassisten niedergebrannt wurde. Nur zwei Jahre später kam Earl Little schließlich unter mysteriösen Umständen ums Leben, was Malcolm stark beeinflusste. Er schenkte der offiziellen Theorie eines Unfalltodes keinen Glauben, sondern war der Überzeugung, dass sein Vater von den so genannten „Black Legions" ermordet worden war. Das bereits zuvor vorhandene Gefühl des Misstrauens, der Furcht und des Hasses den rassistischen weißen Nachbarn gegenüber, wuchs weiter an, während sich die wirtschaftliche Situation zusehends verschlechterte und die Familie sozial verelendete. Während der Weltwirtschaftskrise Anfang der Dreißiger mussten die Kinder die Schule abbrechen und stattdessen arbeiten. Die Mutter, Louise Little, sah sich dazu gezwungen, Sozialhilfe und Essensspenden anzunehmen. Malcolm wurde nach Diebstählen bei Nachbarn untergebracht und die Mutter erlitt schließlich einen Nervenzusammenbruch. Sie wurde in eine Nervenheilanstalt eingeliefert, wo sie die nächsten 26 Jahre verbringen sollte. Die Kinder wurden auf verschiedene

---

[215] Waldschmidt-Nelson, GegenSpieler. Martin Luther King-Malcolm X, S. 40.

Pflegefamilien aufgeteilt und Malcolm kam in ein Heim für Schwererziehbare. Somit hatte er im Alter von 12 Jahren seine gesamte Familie verloren. Im Heim in Manson benahm er sich ausgesprochen gut, war fleißig und wurde sogar zum Klassensprecher gewählt. Er spielte im Basketballteam und hatte ausgezeichnete schulische Leistungen. Mit 15 besuchte er seine Halbschwester Ella in Boston. Die Großstadt beeindruckte ihn, noch mehr aber die schwarze Gemeinde und der Stolz seiner Schwester. Dadurch wurden die Ideale seines Vaters wieder belebt.[216] In der Folge fühlte er sich in Manson immer unwohler und als „schwarzes Maskottchen", das man „Nigger" nannte. Das war zwar auch vorher der Fall, nur hatte er es damals nicht als Beleidigung registriert. Malcolm war dennoch ein „angepasstes" und „beliebtes" Kind im Pflegeheim bis zu jenem entscheidenden Vorfall, als sein Lieblingslehrer Ostrowski ihn bei der Berufswahl demotivierte und ihm nahe legte, dass nicht eine Karriere als Anwalt, sondern als Schreiner realistisch sei. Damit wurde Malcolm schlagartig deutlich gemacht, dass er aufgrund seiner Hautfarbe niemals dieselben Chancen, wie seine weißen Mitschüler haben würde. Nun sollte er sich vom angepassten Musterschüler zu einem verdächtigen Unruhestifter wandeln.[217]

Im Herbst 1940 zog Malcolm zu Ella nach Boston und wollte dort sein Leben ohne Bevormundung genießen. Ella gelang es nicht, ihn an die Werte der schwarzen Mittelklasse heranzuführen. Stattdessen war er Stammgast in Bars, Tanzlokalen, Spielhöllen und Freudenhäusern. Zunächst als Schuhputzer tätig, wurde er später zu einem Zuhälter für die Unterwelt, nahm Drogen und trat in auffälligen Anzügen auf. Er hatte eine weiße Freundin und ließ sich sein Haar glätten, was er später als ersten Schritt zur Selbsterniedrigung bezeichnete:

> „How ridiculous I was! Stupid enough to stand there simply lost in admiration of my hair now looking 'white' ... This was my first really big step toward self-degradation ... I had joined that multitude of Negro men and women in America who are brainwashed into believing that the black people are 'inferior' – and in white people 'superior'..."[218]

---

[216] Vgl. ebd., S. 43.

[217] Zips/Kämpfer, Nation X. Schwarzer Nationalismus, Black Exodus & Hip-Hop, S. 214.

[218] Malcolm X/Alex Haley, The Autobiography of Malcolm X, London-New York (NY) 1965, S. 138.

1942 kam er erstmals nach New York City und war begeistert von Harlem, wo er ab dem folgenden Jahr als Kellner arbeitete. Nebenbei ging er weiterhin der Zuhälterei und dem Dealen von Drogen nach. Als er später seine Beschäftigung verlor, glitt er völlig in die Kriminalität ab und war fortan wegen seiner rötlichen Haare und vorgegebenen Detroiter Herkunft nur mehr als „Detroit Red" bekannt. Zur Finanzierung seiner Drogensucht ging er immer riskantere Unternehmen ein und musste sich 1945 wegen Problemen mit anderen Gangstern nach Boston absetzen, wo er sofort einen neuen Einbrecherring organisierte. Im Jänner 1946 wurde er dann aber wegen Einbruchs und Diebstahls verhaftet. Malcolms Meinung war hingegen, dass er wegen seines Verhältnisses zu einer Weißen inhaftiert wurde.[219]

In gewisser Weise symbolisierte Malcolm Little zu dieser Zeit eine subversive Dimension der Untergrabung weißer Herrschaft. In seiner Gewaltbereitschaft war ein Moment potenziellen antirassistischen Widerstands enthalten, welcher alte Urängste vor widerständigen Sklaven reaktivierte.[220] Er war zu dieser Zeit ein hasserfüllter junger Mann, der Gott und die Welt verfluchte. Das trug ihm im Gefängnis, wo er als Folge des Drogenentzuges einen physischen Schock erlitt, sehr rasch den Spitznamen „Satan" ein, der die anderen Insassen verängstigte.

Grundsätze der „Nation of Islam"

Im Gefängnis sollte er dann auch erstmals mit der „Nation of Islam" in Berührung kommen. Er erhielt eines Tages einen Brief seines Mitgefangenen Philbert, in dem dieser über einen Weg hinaus aus dem Gefängnis schrieb. Der Brief stellte sich nicht als das heraus, was Malcolm vermutete. Es wurde kein Fluchtweg im eigentlichen Sinne des Wortes beschrieben, sondern vielmehr eine Möglichkeit zur Befreiung aus seinem inneren Gefängnis mit Hilfe von Allah und dessen Propheten Elijah Muhammad von der NoI. Zunächst reagierte Malcolm mit Ablehnung und Spott. Erst in Gesprächen mit seinem jüngeren Bruder Reginald wurde in ihm das Interesse geweckt, ebenso wie der Glaube an einen Weg aus dem Gefängnis durch Askese. Auf Ellas Gesuch hin wurde Malcolm von Charlestown nach Norfolk verlegt, wo die Möglichkeit von Ausbildungsprogrammen und Weiterbildung bestand. Er begann langsam seine Lebensgrundsätze radikal zu wandeln und beschäftigte sich nun verstärkt mit afrikanischen Kulturen. Nicht zuletzt aufgrund seiner Freundschaft zum

---

[219] Waldschmidt-Nelson, GegenSpieler. Martin Luther King-Malcolm X, S. 45.
[220] Zips/Kämpfer, Nation X. Schwarzer Nationalismus, Black Exodus & Hip-Hop, S. 217.

Mitgefangenen Bimbi, der ein geradezu enzyklopädisches Wissen besaß und Malcolm Wissen als Mittel zur Befreiung des Geistes vermittelte, wenn schon nicht zur physischen Befreiung aus dem Gefängnis. Dieser begann damit, sich autodidaktisch fortzubilden und verschlang Unmengen von Büchern. Unter anderem die Werke schwarzer Bürgerrechtler, wie W.E.B. Du Bois, afroamerikanischer Historiker, wie Carter G. Woodson und von Philosophen, wie Schopenhauer, Kant oder Nietzsche. Zu Malcolms Lieblingsthema wurde afroamerikanische Geschichte von der Zeit der Versklavung und Ausbeutung bis hin zu den diversen Formen des Widerstandes.

Sein Bruder Reginald schickte ihm außerdem Informationen zu den Lehren der NoI und überzeugte ihn bei einem Besuch schließlich vollends. Erstmals wurde auch von Weißen als Teufeln gesprochen, was eine völlige Umdrehung der christlichen Farbensymbolik von „Gut" und „Böse" darstellt.[221] Weiters wurde der Logik Folge geleistet, dass wenn Christentum und Sklaverei einander nicht widersprachen, Freiheit und Christentum offenbar Gegensätze sein mussten. Der Islam war ein perfektes Gegenmodell einer von der weißen Herrschaft unabhängigen religiösen Ausrichtung. Das Christentum wurde als eine seit Jahrhunderten ausbeuterische und menschenverachtende Pseudoreligion geschildert, welche die afroamerikanische Gemeinschaft bewusst vom Wissen über ihre Herkunft und ihren Ursprung abschnitt. Als Beispiel dafür greift die NoI auf die Tatsache zurück, dass die ursprünglichen afrikanischen Namen durch englische Sklavennamen ersetzt wurden. Dieses Argument wurde bereits von Garveys separatistischer Bewegung vertreten, die gemeinsam mit dem „Moorish Science Temple" in Newark, New Jersey den Ursprung der NoI darstellte. Beim „Science Temple" handelte es sich um eine kleine muslimische Gemeinschaft unter der Leitung eines gewissen Timothy Drew, besser bekannt als Noble Drew Ali. Dieser sah in sich selber einen Propheten Allahs. Für ihn waren alle Afroamerikaner marokkanischen Ursprungs und daher in Wahrheit Moslems. Nach dem mysteriösen Tod Drews im Jahr 1929 spaltete sich die Gemeinschaft in zwei Zweige auf. Der in Chicago angesiedelte blieb relativ unbedeutend, aus jenem in Detroit sollte, geführt durch Wallace D. Fard, aber die NoI hervorgehen.

Ein eifriger Gefolgsmann Fards war Elijah Muhammad, der nach dem bis heute ungeklärten Verschwinden Fards auch die Führung der NoI übernahm. Muhammad

---

[221] Vgl. ebd., S. 220.

ließ verlautbaren, dass Fard Allah in Menschengestalt gewesen sei, was sein plötzliches Verschwinden erkläre und er, Elijah, sei sein Prophet auf Erden.[222] Sehr schnell formte er die NoI nach seinen Vorstellungen um. Ein zweiter Tempel wurde in Chicago eröffnet und eine strenge Arbeitsethik, strikte Gebets- und Kleidungsvorschriften sowie andere Regeln für das tägliche Leben aufgestellt. Dazu zählten das Verbot bestimmter Speisen, ein Unzuchts- und Mischehenverbot, ein Gebot zur Selbsthilfe, der Unterstützung anderer Afroamerikaner und der NoI, wie auch ein Aufruf zur Aneignung der eigenen Kultur und Geschichte. Als ein Zeichen der Mitgliedschaft wurde der „Sklavenname", also der Nachname gewöhnlich englischen Ursprungs, durch ein X ersetzt bis der ursprüngliche afrikanisch-arabische Name ausfindig gemacht werden konnte.

Ideologisch weicht die theologische Heilsgeschichte der NoI zum Teil stark vom klassischen Islam ab: es wird von dem vor 66 Millionen Jahren im Nildelta lebenden Volk der „Shabazz" berichtet, deren Dr. Yakub vor 6.600 Jahren die bösartigen „bläuäugigen Teufel" erschuf, die schließlich durch den zu schwachen Glauben der Shabazz die Macht an sich rissen. Außerdem wird Allah als Schwarzer angesehen, Weiße von Natur aus als bösartig betrachtet, schwarze Menschen hingegen als von Natur aus göttlich. Für die Zukunft wird ein endgültiger Sieg über das Böse in der finalen Schlacht des „Armageddon" prophezeit, was die Lehre gerade für in weißen Gefängnissen inhaftierte Afroamerikaner sehr attraktiv machte. Dies war auch bei Malcolm der Fall, der 1948 schließlich zum NoI-Islam konvertierte.

Malcolm X's Tätigkeit für die „Nation of Islam"

Malcolm X konnte sich aufgrund seiner eigenen Biografie stark mit den Aussagen der NoI identifizieren und sah in dieser Herausforderung der Herrschaft den einzig möglichen Weg aus der Diskriminierung. Überdies zog ihn die gebotene, alternative historische, kulturelle und natürlich religiöse Identität an.[223] Ironischerweise wurde parallel im selben Jahr Martin Luther King, Jr. zum Baptistenpriester geweiht. Durch Elijah Muhammad über einen regen Schriftverkehr ermutigt, vertiefte Malcolm X seine Studien wie auch sein rhetorisches Training weiter und organisierte Debatten im Gefängnis, in denen meist die weißen Verbrechen an anderen Völkern thematisiert wurden.

---

[222] Waldschmidt-Nelson, GegenSpieler. Martin Luther King-Malcolm X, S. 55
[223] Zips/Kämpfer, Nation X. Schwarzer Nationalismus, Black Exodus & Hip-Hop, S. 221.

Im Jahr 1952 wurde Malcolm nach siebeneinhalb Jahren wegen guter Führung begnadigt und zog zu seinem Bruder nach Detroit. Erstmals traf er auch persönlich auf Elijah Muhammad. Er verbrachte von nun an jede freie Minute mit Arbeiten für den Tempel[224] wie dem Anwerben neuer Mitglieder. Im Juni 1953 wurde Malcolm zum Assistant Minister des Tempels Nr. 1 ernannt. Später gab er seine Arbeitsstelle auf und widmete sich vollends der Tempelarbeit. Seine Predigten waren durch seine Dynamik und das mit beißender Ironie und brillantem Witz gespickte natürliche Redetalent sehr erfolgreich. Elijah erkannte das vorhandene Potential und nannte Malcolm X seinen „Sohn". Wohl erstmals in seinem Leben war Malcolm rundum glücklich und erhielt zunehmend größere Aufgaben. Im Juni 1954 wird er zum Leiter des Tempels Nr. 7 in Harlem, New York City bestellt. Dieser Tempel war bisher ein Sorgenkind, spielte durch seine Lage aber eine Schlüsselrolle für die Verbreitung der NoI. Dadurch dass es in New York aber unzählig viele Glaubensgemeinschaften gab, war die NoI nur eine unter vielen, noch dazu eine relativ unbekannte. Malcolms Strategie durch provokante, mit Logik und Sarkasmus durchsetzte Reden viele Zuhörer zum Nachdenken anzuregen ging jedoch auf. Der Harlemer Tempel expandierte, in anderen Städten wurden weitere Zweigstellen der NoI gegründet und die Mitgliederzahlen bestehender Gebetshäuser schnellten in die Höhe.

Elijah Muhammad zeigte sich hocherfreut und ernannte den geradezu asketisch lebenden Malcolm X zum „Nationalen Repräsentanten" der NoI. Ähnlich wie Martin Luther King, Jr. stellte auch Malcolm sein eigenes Familienleben hinter die von ihm vertretene Sache und so war er trotz der am 14. Jänner 1958 vollzogenen Heirat mit der für die NoI tätigen Krankenschwester Betty Sanders nur selten daheim.[225] Es zeigte sich deutlich, dass Malcolm wohl der einzige war, der aufgrund seiner rednerischen Fähigkeiten zumindest das Potential hatte, mit Martin Luther King, Jr. gleichzuziehen. Spätestens seit diesem Zeitpunkt behielt das FBI Malcolm X unter Beobachtung. Im Übrigen ein weiterer Punkt, den er mit King gemeinsam hatte.

Wie dieser, entwickelte sich Malcolm X in den fünfziger und sechziger Jahren zu einem populären aber auch umstrittenen Anführer der schwarzen Befreiungsbewegung in den USA. Was sie gänzlich unterschied war die Wahl der Mittel. Während King sich für gewaltlosen Widerstand in der Tradition von Mahatma Gandhi entschieden hatte, trat Malcolm X als Agitator in Erscheinung, der eine

---

[224] Vgl. ebd., S. 222.
[225] Waldschmidt-Nelson, GegenSpieler. Martin Luther King-Malcolm X, S. 75.

blutige Revolution einforderte.[226] Er schätzte zwar Kings Mut, griff ihn aber öffentlich zunehmend scharf an und bezeichnete ihn beispielsweise als „die beste Waffe des weißen Mannes".[227]

Ein weiteres Zitat aus der Autobiographie von Malcolm X lautet: „The greatest miracle Christianity has achieved in America is that the black man in white Christian hands has not grown violent."[228] Hier spielt natürlich auch seine separatistische Grundeinstellung eine Rolle. Er sah in der Trennung von schwarz und weiß, auch auf staatlicher Ebene, eine Notwendigkeit zur Sicherung des Überlebens und verglich diesen Prozess mit jenem bei der Geburt, wo Mutter und Kind voneinander getrennt werden müssen.[229]

Malcolm schockierte regelmäßig sein Publikum, schwarz wie weiß, mit ungeahnter Schärfe und er kritisierte nicht nur das weiße Establishment, sondern auch die afroamerikanische Bürgerrechtsbewegung. Für ihn war klar, dass die Unterstützung Kings durch die Bundesregierung ein Trick sei. Weiße wollten eben immer nur ausbeuten und täten dies nunmehr nur mit subtileren Mitteln. Die Haltung der Liberalen sei nur ein Schachzug zur Festigung der weißen Herrschaft. Er sprach davon, dass „... bis zum vollständigen Zusammenbruch des Mutes, Ketten an die Füße des schwarzen Mannes gelegt worden seien und dann auch Ketten an sein Hirn".[230] Das Recht auf Selbstverteidigung war für Malcolm gottgegeben. Er wandte sich somit gegen den Ausschluss von Gewalt als Mittel zu dieser Selbstverteidigung und prägte den Leitspruch „Freedom by any means necessary."[231] Darin lag auch ein beabsichtigter Schutz vor staatlichen Übergriffen, da eine explosive Situation eine gewisse Besonnenheit nahe legt. Durch die Drohung mit Gegengewalt sollten Gewaltausbrüche gegen Afroamerikaner präventiv abgewendet werden. Indirekt spielte wohl auch die Erkenntnis eine Rolle, dass ein bewaffneter Massenaufstand nur mit dessen blutiger Niederschlagung enden würde, wie das auch bei früheren Sklavenaufständen der Fall gewesen war. Von daher ist es nur logisch und konsequent, dass von ihm stets nur verbale Attacken ausgingen und er auch nie einen tatsächlichen Angriff, beispielsweise in Form eines bewaffneten Aufstandes forderte.

---

[226] Salmond, „My Mind Set on Freedom". A History of the Civil Rights Movement, 1954-1968, S. 101.
[227] Waldschmidt-Nelson, GegenSpieler. Martin Luther King-Malcolm X, S. 76.
[228] Malcolm X/Haley, The Autobiography of Malcolm X, S. 349.
[229] Zips/Kämpfer, Nation X. Schwarzer Nationalismus, Black Exodus & Hip-Hop, S. 237.
[230] Waldschmidt-Nelson, GegenSpieler. Martin Luther King-Malcolm X, S. 89.
[231] Zips/Kämpfer, Nation X. Schwarzer Nationalismus, Black Exodus & Hip-Hop, S. 229.

Er war auch gegen die Gründung von Bürgermilizen, wie dies später zum Beispiel von den „Black Panthers" vertreten wurde. Als Grund hinter dieser Haltung kann angenommen werden, dass die Black Muslims daran glaubten, dass Allah alleine in der „Schlacht von Armageddon" die Rache an den „weißen Teufeln" vorbehalten sei und bis dahin Geduld und strikte Einhaltung der Gebote Elijah Muhammads gefordert sind. Für Malcolm betrieben die USA schon immer eine „by any means necessary"-Politik. Als Beispiele führte er die Eroberung Amerikas und die aktuelle Politik von Vietnam bis Afrika an. Lediglich für die schwarze Bevölkerung der USA hätte bisher immer gegolten, „all of the means become limited."[232]

Auch wenn sich die Strategien der beiden Persönlichkeiten auf den ersten Blick kaum mehr unterscheiden könnten, so war es in Wahrheit doch so, dass sich ihre Ideen oftmals ergänzten und erst durch diese Unterschiede eine Verbesserung des Lebensalltags von Afroamerikanern ermöglicht wurde. Malcolm X's radikale Aussagen in Fernseh- und Radiointerviews, seine ambivalente Haltung zu Gewalt und die Verdammung der „weißen Teufel" relativierten die Forderungen der Bürgerrechtler unter King, die „nur" Gleichberechtigung wollten, wodurch sich zu Beginn der Sechziger auch immer mehr Weiße zur aktiven und finanziellen Unterstützung Martin Luther Kings bereit zeigten. Wenige Wochen vor seinem Tod, bestätigte Malcolm X selbst diese Annahme gegenüber Andrew Young, einem Mitstreiter Kings.[233] Mainstream-Amerika stand somit vor der Alternative, dem gewaltlosen Engagement der Bürgerrechtsbewegung unter Martin Luther King, Jr. wichtige Zugeständnisse zu machen oder aber den radikaleren Gruppen schwarzer Nationalisten zu einem ungeheuren Zulauf enttäuschter Aktivisten zu verhelfen. Die Strategien der beiden „ideologischen Kontrahenten" erwiesen sich quasi als komplementär.

King enthielt sich zumeist Kommentaren über Malcolm und schlug Konfrontationen sowie Einladungen zu gemeinsamen Gesprächen stets aus, um zu vermeiden, dass diesem „radikalen Hitzkopf" noch mehr an Aufmerksamkeit zuteil wurde. Er war gegen jede Art des Rassismus und damit auch gegen den schwarzen. Es wird aber berichtet, dass King Freunden gegenüber Malcolm als „gefährlichen Demagogen mit

---

[232] Vgl. ebd., S. 230.
[233] Andrew Young, An Easy Burden. The Civil Rights Movement and the Transformation of America, New York (NY) 1996, S. 350f.

emotionaler Überzeugungskraft" bezeichnete.[234] Dieses Spannungsverhältnis sollte wohl oder übel das Leben beider Männer zunehmend bestimmen, da sie sich durch ihre unterschiedlichen Ansätze im Kampf um die Rechte der Afroamerikaner kaum dauerhaft aus dem Weg gehen konnten. Von den amerikanischen Medien wurden die beiden als unvereinbarer Gegensatz zwischen dem „guten Christentum" und dem „bösen Islam" dargestellt. Malcolm wurde als Gewaltapostel und damit als Gegenpol zum friedvollen Martin Luther King, Jr. konstruiert.

Distanzierung und Bruch mit Elijah Muhammad

Elijah Muhammad stellte stets klar, dass die NoI keine politischen, sondern rein religiöse Ziele zu verfolgen habe und verbot den Mitgliedern der Organisation ausdrücklich jedweden Aktionismus, was Malcolm X zunehmend als Belastung und Einschränkung empfand. So sah er beispielsweise im von Polizisten im April 1962 verursachten Tod des NoI-Sekretärs Ronald Stokes im Tempel Nr. 27 in Los Angeles einen „brutalen, kaltblütigen Mord". Elijah blieb dennoch weiter bei seiner Haltung und forderte eine Beruhigung der NoI in Los Angeles. Malcolm gehorchte, aber zunehmend widerwillig.[235] Der ungesühnte Mord ließ Malcolm frustriert zurück und er prangerte entgegen der ausdrücklichen Weisung Muhammads in Vorträgen die rassistische Polizei an und erklärte, dass Stokes erschossen worden sei, weil er ein Schwarzer und nicht weil er ein Muslim war. Es zeigten sich nun also erste deutliche Risse im Verhältnis der beiden Führungspersönlichkeiten der NoI.

Bis zum Herbst 1963 stieg Malcolm X's Popularität weiter an. Er war einer der begehrtesten Redner und Interviewpartner in den Vereinigten Staaten und erhielt nun schon mehr Einladungen von Universitäten als King. Von Elijah wurde er noch zu seinem Stellvertreter und „First National Minister" ernannt, doch kam es nur wenige Wochen später zum offenen Bruch. Als offizieller Grund wurde Malcolms Ungehorsam genannt, da er am 1. Dezember 1963 Reportern gegenüber seine Meinung über die Ermordung John F. Kennedys kundgetan hatte. Seine Äußerung „the chickens coming home to roost" also von „Hühnern, die zum Brüten in den Stall kommen", drückte aus, dass der Mord am Präsidenten eine natürliche Konsequenz des seiner Ansicht nach von der Kennedy-Regierung zuvor erzeugten Klimas des Hasses sei. Die Hühner seien all jene ausländischen Führer, wie Lumumba im Kongo

---

[234] Waldschmidt-Nelson, GegenSpieler. Martin Luther King-Malcolm X, S. 83.
[235] Vgl. ebd., S. 90.

oder Diem in Vietnam, die durch das offizielle Amerika kontrolliert und missbraucht würden. Diese seien nun nach Hause zurückgekehrt, um die Gattin des amerikanischen Präsidenten zur Witwe zu machen.[236] Das war eine deutliche politische Aussage und damit hatte er sich klar über das ausdrückliche Kommentierungsverbot Elijahs hinweggesetzt. Es hagelte Kritik und Malcolm X wurde ein 90-tägiges Redeverbot auferlegt. Dieser war zwar geschockt über die harte Maßregelung und den plötzlichen Vertrauensentzug, fügte sich aber in Erwartung einer späteren Normalisierung. Zurück in New York kamen ihm dann jedoch Gerüchte über eine gegen ihn gerichtete Verschwörung in der Chicagoer Zentrale zu Ohren. Dies wäre nicht verwunderlich, da er sich eine Reihe neiderfüllter Gegner innerhalb der NoI gemacht hatte, die auch den zu erwartenden spartanischen Lebensstil und damit ein Ende ihrer bestehenden Annehmlichkeiten fürchteten, sollte Malcolm X der Nachfolger Elijahs werden. Angeblich wurde schon seit 1962 an seiner Demontage gearbeitet. Es soll zu Verleumdungen bei Elijah gekommen sein, der sich durch die Machtfülle Malcolms nun auch persönlich bedroht fühlte. Die Äußerung zum Mord an Kennedy lieferte nun, auch weil die öffentliche Meinung dadurch gegen die NoI schäumte[237], einen guten Vorwand zur Entmachtung Malcolm X's. In weiterer Folge erließ Elijah auch ein Redeverbot im New Yorker Tempel, wodurch Malcolm in einen „Zustand emotionalen Schocks" geworfen wurde.[238] Es war nun aber nicht so, dass alleine von Seiten der NoI ein Bruch betrieben wurde. Auch Malcolm selber war wie gesagt zunehmend unglücklich mit der apolitischen Haltung Elijahs und dem Warten auf die „Rache Allahs". Für ihn war schwarzer Nationalismus ein kulturelles, wirtschaftliches und auch politisches Programm und er setzte sich für die Zusammenarbeit mit Freiheitskämpfern auf dem afrikanischen Kontinent ein. Diese fundamentalen Unterschiede im Denken beider Männer mussten über kurz oder lang völlig zum Zerwürfnis führen. Dazu kam, dass bereits seit 1955 Gerüchte über Affären Elijahs und damit über begangenen Ehebruch kursierten, was sogar durch Elijahs Sohn Wallace bestätigt worden war. Malcolm verdrängte dies anfangs noch, dann stellten von ihm angestrebte Nachforschungen ab dem Herbst 1962 jedoch heraus, dass Elijah viele uneheliche Kinder bei verschiedenen Frauen, meist seinen Sekretärinnen, hatte. Malcolm konfrontierte Elijah damit, dieser stritt es nicht ab, sondern bezeichnete dies als „spirituelle Erfahrung". Malcolm gab sich

---

[236] Branch, Pillar of Fire. America in the King Years 1963-65, S. 184.

[237] Zips/Kämpfer, Nation X. Schwarzer Nationalismus, Black Exodus & Hip-Hop, S. 251.

[238] Waldschmidt-Nelson, GegenSpieler. Martin Luther King-Malcolm X, S. 113.

damit noch zufrieden und akzeptierte es als „zeitweilige menschliche Schwächen".[239] Die Grundfesten seines Glaubens an die Lehren der NoI waren jedoch erschüttert und Elijah sah sich durch dieses „Mitwissen" sicher noch stärker bedroht als ohnehin schon. Malcolm erschien immer mehr als eine Gefahr für die innere Machtstruktur der Organisation. Erste Austritte nach den Enthüllungen um Elijahs uneheliche Kinder enttäuschter Mitglieder wurden prompt auch nicht Elijah, sondern Malcolm X zur Last gelegt. Dies bestätigte sich indirekt auch dadurch, dass die NoI einen Anschlag auf Malcolms Leben in Form einer Autobombe geplant hatte.[240] Malcolm begann spätestens jetzt an eine Fortsetzung seiner Arbeit außerhalb des Einflussbereiches von Elijah Muhammad zu arbeiten und trat am 8. März 1964 nach einer Verlängerung seiner Suspendierung auf unbestimmte Zeit aus der NoI aus.

Der eigenständige Weg des letzten Jahres

Unmittelbar danach gründete er die schwarz-nationalistische Organisation „Muslim Mosque Inc." (MMI), deren Ziele er in einer Pressekonferenz mit dem Titel „Declaration of Independence" am 12. März 1964 in New York erläuterte. Zunächst stellte er deutlich dar, dass er jeden weiteren Konflikt mit der NoI vermeiden wollte und fand sogar lobende Worte für Elijahs Analysen.[241] Im Unterschied zur NoI war die MMI jedoch keine religiöse Organisation und stand auch Nicht-Muslimen offen, die sich für die wirtschaftliche, politische und soziale Unabhängigkeit der Afroamerikaner einsetzen wollten. Malcolm wollte weg von der reinen Rhetorik und hin zum aktiven politischen Kampf kommen.

Unmittelbar wurde die Entwicklung einer Strategie zur Bekämpfung von Rassismus und eine aktive Beteiligung an den Kämpfen der Bürgerrechtsbewegung ins Auge gefasst, also eine Verbesserung der Lebensbedingungen innerhalb der USA. Bessere Bildung, Arbeitsplätze, Ernährung und Kleidung wurden einfordert und die Gemeinsamkeiten mit der Bürgerrechtsbewegung betont. Eine „Rückkehr" nach Afrika galt nur noch als „langfristiges Programm". Die MMI suchte nach Wegen zur Überwindung des Dualismus zwischen Integrationismus und Separatismus, da die Ziele dieselben seien, nämlich der Kampf um die Anerkennung als Menschen und das Recht auf Freiheit. In Ansätzen war bereits erkennbar, dass sich Malcolm X vom

---

[239] Vgl. ebd., S. 114.
[240] Vgl. ebd., S. 115.
[241] Zips/Kämpfer, Nation X. Schwarzer Nationalismus, Black Exodus & Hip-Hop, S. 252.

religiös-fundamentalistischen Weg ab- und dem politisch-revolutionären, wie auch kulturellen Nationalismus zuwandte. Er wollte nicht in Konkurrenz zur NoI treten und brachte den Bürgerrechtlern gleichsam ein Friedensangebot entgegen.[242] Die meisten schwarzen Führungspersönlichkeiten reagierten allerdings eher verhalten auf das Angebot zur Kooperation. Auch wegen der „The Ballot or the Bullet"-Rede von Malcolm X vor einer CORE-Ortsgruppe in Cleveland in der er für das Recht auf Selbstverteidigung eintrat, zur Bewaffnung aufrief und Präsident Johnson direkt zum Handeln aufforderte:

"The black nationalists aren't going to wait. Lyndon B. Johnson is the head of the Democratic Party. If he's for civil rights, let him go into the Senate next week and declare himself. Let him go in there right now and declare himself. Let him go in there and denounce the Southern branch of his party. Let him go in there right now and take a moral stand -- right now, not later. Tell him, don't wait until election time. If he waits too long, brothers and sisters, he will be responsible for letting a condition develop in this country which will create a climate that will bring seeds up out of the ground with vegetation on the end of them looking like something these people never dreamed of. In 1964, it's the ballot or the bullet."[243]

King verurteilte diesen „Ruf zu den Waffen" scharf. Am 26. März 1964 kam es zwar bei einem zufälligen Treffen nach einer Pressekonferenz zu einem kurzen Händeschütteln zwischen den beiden, was aber das einzige persönliche Zusammentreffen bleiben sollte.

Aufgrund mangelnder Erfolge der MMI entschloss sich Malcolm X zu einer Pilgerfahrt nach Mekka, also zu einer Hajj, und einer anschließenden Reise durch Afrika. Diese Aktionen sollten zu Schlüsselerlebnissen für ihn werden. Er lernte die Gastfreundschaft weißer Muslime kennen und ein Gefühl der Brüderlichkeit zwischen Menschen unterschiedlichster Hautfarben. Diese Erfahrung einer „interkulturellen Harmonie"[244] bewog ihn dazu, alte Überzeugungen aufzugeben und

---

[242] Vgl. ebd., S. 254.
[243] Malcolm X, The Ballot or the Bullet, bei URL: http://www.indiana.edu/~rterrill/Text-BorB.html, Stand: 26.06.2003.
[244] Zips/Kämpfer, Nation X. Schwarzer Nationalismus, Black Exodus & Hip-Hop, S. 255.

keine Pauschalisierungen mehr über Weiße im Allgemeinen vorzunehmen. Mekka war für ihn quasi eine „spirituelle Wiedergeburt", was sich symbolisch auch in einem zusätzlichen neuen Namen ausdrückte: El-Hajj Malik El Shabazz. Während seiner dreiwöchigen Reise durch Afrika, auf der er mit verschiedenen Staatsoberhäuptern zusammentraf und Parlamente und Universitäten besuchte, zeigte er sich tief beeindruckt vom Freiheitswillen und der panafrikanischen Idee. Seit 1963 bestand ja auch die „Organization for African Unity", die für Malcolm X Vorbildwirkung für die Situation der Afroamerikaner in den USA hatte.[245] Die immer noch enge Verknüpfung zwischen Religion und Politik in der MMI erwies sich als Nachteil, weshalb Malcolm X nach seiner Rückkehr in die Staaten am 28. Juni 1964 die „Organization of Afro-American Unity" (OAAU) ins Leben rief. Dieser Aufbau einer säkularen Organisation, die sich den internationalen Beziehungen zu den afrikanischen und islamischen Staaten widmen sollte, war die Formierung einer eigenständigen Politik des „Black Nationalism" im Lichte der Ideen des „humanistischen Panafrikanismus" und eines „afrozentrischen Internationalismus".[246] Die MMI wurde in eine rein religiöse Verbindung umgewandelt, die nun auch Weißen offen stand. Die OAAU kritisierte Segregation im Süden genauso wie die Folgen des im Norden systeminhärenten Rassismus, der sich durch mangelnde Ausbildungsmöglichkeiten, Wohnungsnot, Arbeitslosigkeit und in Folge Armut ausdrückte. Weiters widmete sich die OAAU der Unterstützung von Interessen der „Organization of African Unity" in den USA, wie der Schaffung eines politisch und wirtschaftlich unabhängigen Afrika. In diesem Zusammenhang interpretierte er das Konzept der „afroamerikanischen Revolution" als Teil des internationalen Aufstands der „Verdammten dieser Erde". Das schwarze Amerika sei somit eine kolonisierte und unterdrückte Nation innerhalb der USA.[247] Dadurch, dass er den bislang innerstaatlichen Konflikt klar in den Kontext der internationalen antikolonialen Bewegung platzierte, wurde er erstmals zu einer ernst zu nehmenden Gefahr für die US-amerikanischen Machtstrukturen und konnte so außenpolitischen Druck ausüben. Er verglich die Situation mit der Apartheid in Südafrika und plante eine Anklage der USA vor der UNO. Afrikanische Spitzenpolitiker sahen in ihm, anders als zuvor in Garvey, der ja eine Politik der Repatriierung vertrat, keinen Konkurrenten, sondern

---

[245] Waldschmidt-Nelson, GegenSpieler. Martin Luther King-Malcolm X, S. 119.
[246] Zips/Kämpfer, Nation X. Schwarzer Nationalismus, Black Exodus & Hip-Hop, S. 256.
[247] Vgl. ebd., S. 260.

einen Mitstreiter in der internationalen Arena zur Entmarginalisierung Afrikas und unterstützten ihn folglich.[248]

Malcolms Bestreben waren nun nicht nur die Bürgerrechte, sondern Menschenrechte im Allgemeinen und im Kampf dafür strebte er eine Zusammenarbeit mit allen Gleichgesinnten an. Die Forderung nach „peace, freedom, justice and equality - by any means necessary" blieb weiterhin aufrecht, aber mit dem bedeutenden Unterschied, dass dies nun unter Einschluss aller gesellschaftskritischen Kräfte der Vereinigten Staaten geschehen sollte. Die frühere kollektive Verteufelung fand damit ein Ende und Malcolm X setzte sich für eine Kooperationsstruktur ein, die jedoch nicht auf organisatorischer Integration beruhte. Er drückte dies folgendermaßen aus:

„Working separately, the sincere white people and sincere black people actually will be working together."[249]

Er erkannte zudem im „reverse racism", also im „umgedrehten Rassismus", die schwerwiegendste intellektuelle Fehleinschätzung des auf Separatismus reduzierten schwarzen Nationalismus.
Seine Ideen hatten somit kurz vor seinem Tod eine radikale Änderung erfahren. King war sehr erfreut über diesen Sinneswandel und beabsichtigte ein Treffen. Ihm schwebte die Idee eines gemeinsamen Antrags für eine UN-Resolution zur Anprangerung der Verletzung der Menschenrechte schwarzer Amerikaner durch weiße Rassisten vor.[250] Dazu sollte es aber nie kommen, auch weil Kings konservative Freunde Druck auf ihn ausübten, sich nicht mit dem „immer noch radikalen und unberechenbaren" Malcolm X zu treffen. So war Malcolm beispielsweise ein erklärter Gegner der Johnson-Regierung und damit potentiell gefährlich für die Bürgerrechtsbewegung, die ja auf die Unterstützung des Präsidenten angewiesen war. Lobten King und die Bürgerrechtler zum Beispiel den vor allem durch das Eintreten Johnsons beschlossene „Civil Rights Act" von 1964, klagte Malcolm weitreichendere Reformen zur Verbesserung der Situation in den Ghettos ein und attestierte der Regierung mangelnden Willen bei der zur Verfügungstellung der notwendigen Mittel. Vielmehr sei sie daran interessiert, das

---

[248] Vgl. ebd., S. 261.
[249] Vgl. ebd., S. 259.
[250] Waldschmidt-Nelson, GegenSpieler. Martin Luther King-Malcolm X, S. 120.

Geld für Kriege gegen nicht-weiße Menschen in Afrika und Asien einzusetzen.[251] Später sollte dann auch King den Vietnamkrieg verurteilen. Im Sommer 1964 hingegen verband ihn noch Freundschaft und Dankbarkeit mit der Regierung, wodurch Malcolm X mit seiner Kritik einmal mehr alleine und isoliert dastand. Ein weiteres Problem für Malcolm war die andauernde Feindseeligkeit von Seiten der NoI. Durch deren Nachwuchsorganisation „Fruit of Islam" wurden immer häufiger Morddrohungen gegen ihn und seine Mitarbeiter ausgesprochen. Dadurch dass Malcolm X durch seine Aktivitäten längst zu einem Feind der Johnson-Administration geworden war, wurden er und seine Familie durch FBI und CIA zwar überwacht, jedoch nicht geschützt. Zwei Attentatsversuchen im Jänner und Februar 1965 entkamen sie nur knapp. Malcolm rechnete zu diesem Zeitpunkt auch schon mit seiner Ermordung durch die NoI und war daher nicht bereit, sein Engagement aufzugeben.[252] Gemeinsam mit Alex Haley arbeitete er an der Fertigstellung seiner Autobiographie und hielt Reden zur Darlegung seines neuen, global orientierten Konzeptes des afroamerikanischen Freiheitskampfes.

Durch all diese Entwicklungen war Malcolm X in seiner Funktion als potenzielle Integrationsfigur zwischen Bürgerrechtlern und antikolonialer Autonomie-Bewegung eine ernsthafte Gefahr für die bestehenden Machtstrukturen geworden. Und auch zu einer Existenzbedrohung für die NoI, da er und seine OAAU durch den weniger fundamentalistischen aber dennoch kantigen Kurs, vielen Afroamerikanern attraktiver erschien.[253] Am 21. Februar 1965 wurde Malcolm X schlussendlich bei einer OAAU-Versammlung im Audubon-Saal in New York City vor den Augen seiner Familie ermordet. Drei Mitglieder der NoI wurden für diesen Mord verhaftet und zu lebenslanger Haft verurteilt. Zwei davon bestritten einen Mordauftrag gehabt zu haben und Elijah Muhammad wies diesen Vorwurf ohnehin von sich. Aufgrund der mageren Beweislage kann über den genauen Tathintergrund aber nur spekuliert werden und auch eine kolportierte Beteiligung des amerikanischen Geheimdienstes wird wohl ungeklärt bleiben.

Die Reaktionen auf Malcolms Tod waren äußerst gemischt. Viele, auch außerhalb der USA, sahen es als Verlust an. Zahlreiche weiße Amerikaner und konservative

---

[251] Vgl. ebd., S. 121.
[252] Vgl. ebd., S. 124.
[253] Zips/Kämpfer, Nation X. Schwarzer Nationalismus, Black Exodus & Hip-Hop, S. 263.

Schwarze waren jedoch der Meinung, er hätte bekommen, was er verdient.[254] Auf jeden Fall hatte er die ursprüngliche Politik des schwarzen Nationalismus einer globalen Sichtweise von Unterdrückung und Ausbeutung gegenüber geöffnet.

Genauso wie Malcolm X sollte gut drei Jahre später auch King jener Gewalt zum Opfer fallen, gegen die beide Männer zeitlebens kämpften. Sie stellten in ihrem Kampf kein absolutes Gegensatzpaar dar, genauso wie dies zur Zeit der Sklaverei auch der aktive und passive Widerstand nicht gewesen waren. Malcolm X konnte in den sechziger Jahren King trotz allem an Popularität nie das Wasser reichen und so ebbte das Medieninteresse bald ab und auch die „Organization of Afro-American Unity" und die „Muslim Mosque, Inc." verloren schnell an Einfluss. Das Gedankengut lebte aber im „Black Power Movement" fort, dessen spirituelle Kraft nicht vom Vorsitzenden der SNCC, Stokely Carmichael, ausging, sondern von Malcolm X. Immerhin hatte die Bewegung ihre Wurzeln in der Philosophie des kulturellen Nationalismus.[255] Besonders in den achtziger und neunziger Jahren kam es dann zu einer Renaissance durch die Rezeption von Malcolm X in der populären Musik, insbesondere im durch die Situation in den Großstadt-Ghettos geprägten Rap. So wurde Malcolm zum Idol der Generation X und zu einem Symbol des schwarzen Widerstandes gegen weißen Rassismus und Unterdrückung, zu einem Zeichen der kompromisslosen Rebellion gegen Machthaber, „Spießer" oder „das System" im Allgemeinen. In ihm kristallisierten sich deutlicher als in jeder anderen Person die afroamerikanische Selbstbejahung, die Sehnsucht nach Freiheit, schwarze Wut gegen die amerikanische Gesellschaft sowie die Wahrscheinlichkeit eines frühen Todes.[256] Malcolms religiöse Überzeugungen blieben dabei aber weitgehend unberücksichtigt.

---

[254] Waldschmidt-Nelson, GegenSpieler. Martin Luther King-Malcolm X, S. 149.
[255] Asante/Mattson, Historical and Cultural Atlas of African Americans, S. 119.
[256] Cornel West, Race Matters, Boston (MA)-New York (NY) 1993, S. 137.

VII. Abflachen und Niedergang

Die sechziger Jahre waren für Afroamerikaner eine revolutionäre Zeitspanne. Die Dekade begann mit großen Hoffnungen auf die Integration der Schulen, mit dem Erfolg der Sit-in-Bewegung, den „freedom riders" und zahlreichen Protestmärschen und Demonstrationen. Daneben wurden Kampagnen zur Wählerregistrierung durchgeführt und nicht nur von schwarzer, sondern auch von weißer Seite wuchs das Wohlwollen und die Unterstützung gegenüber dem Kampf um mehr Bürgerrechte an. Trotz aller erzielten Erfolge der vergangenen Jahre, sahen sich Afroamerikaner noch immer in vielen Bereichen benachteiligt. So zahlten sie beispielsweise oftmals überhöhte Mieten für Substandardwohnungen. Diese und andere Diskriminierungen auf dem Wohnungssektor gehörten weiterhin zur üblichen Praxis, was klar ersichtlich wird, wenn man sich zum Beispiel folgende Bestimmungen aus dem damaligen offiziellen Handbuch der „Federal Housing Administration" ansieht:

„If a neighborhood is to retain stability, it is necessary that properties shall be continued to be occupied by the same social and racial classes."[257]

Banken, Versicherungsgesellschaften und Immobilienmakler waren die Nutznießer dieser Situation und konnten mit einem Minimum an Ausgaben ein Maximum an Gewinn erzielen. Die Stadtverwaltungen waren indes nicht gewillt, die von ihnen selbst aufgestellten Gesetze zum Wohnungsmarkt umzusetzen. Wie angespannt die Situation war, illustrieren Ereignisse wie die Streiks gegen die „Slumlords" von New York im Jahr 1963 und natürlich auch die spätere Kampagne von Martin Luther King, Jr. gegen Benachteiligungen am Chicagoer Wohnungsmarkt. Was der schwarzen Bevölkerung der Großstädte aber wohl noch größere Probleme bereitete, war dass auch auf dem Jobmarkt keine Gleichbehandlung praktiziert wurde und sie gegenüber weißen Mitbewerbern im Hintertreffen waren. Das Bestreben Präsident Johnsons, Afroamerikaner verstärkt in höhere Positionen innerhalb seiner Regierung zu hieven, nutzte dem so genannten „einfachen Mann von der Straße" reichlich wenig.

---

[257] Franklin/Moss, From Slavery to Freedom. A History of African Americans, S. 512.

Der Präsident war sich dieser Probleme wohl bewusst und setzte im Jahr 1965 das „Council on Equal Opportunity" ein, um die vorhandenen Probleme zu analysieren und Vorschläge zur Entschärfung der Situation vorzubringen. Bereits im September desselben Jahres verlagerte sich der Schwerpunkt der Arbeit allerdings von der Erschließung wirtschaftlicher Möglichkeiten hin zu Problemen bei der Umsetzung des „Civil Rights Acts" von 1964. Die Annahme, dass der wirtschaftliche Graben zwischen der schwarzen und weißen Bevölkerung der Vereinigten Staaten sich verkleinert habe, war falsch. Vielmehr wurden die Probleme durch massive Alibipolitik überdeckt während die tatsächlichen Statistiken wieder spiegelten, dass es erneut zu einem Anstieg der Diskriminierungen und einer deutlichen Abnahme des afroamerikanischen Anteils am gesamten wirtschaftlichen Tagesgeschäft kam. 1964 war die Arbeitslosenquote unter den schwarzen Amerikanern 114% höher als jene der weißen U.S.-Bürger. Dazu kommt noch, dass der Großteil der beschäftigten Afroamerikaner in Berufen am unteren Ende der Skala tätig war. Die Chancen für einen beruflichen Aufstieg waren durch ein für Minderheiten traditionell schlechtes Ausbildungssystem sowie durch die nicht gerade minderheiten-freundliche Position der Gewerkschaften von vornherein ungünstig. Nach einer Schätzung im Rahmen des 1962 vom „Council of Economic Advisors" erstellten Berichtes, lagen die Folgekosten ethnisch bedingter Diskriminierungen und deren Auswirkungen bei 3,2% des Bruttonationalprodukts der USA.[258]

Aufgrund all dieser Entwicklungen verwandelte sich der Anfang der Sechziger noch vorhandene Optimismus in eine pessimistische, wenn nicht gar zynische Grundhaltung. Das darf nicht verwundern, angesichts des Widerstandes der „White Citizens Councils" gegenüber der Gleichberechtigung, des Widerstandes weißer Mütter gegenüber der Integration an Schulen oder auch des Widerstandes der weißen Bauarbeiter gegenüber schwarzen Kollegen, um nur einige Beispiele zu nennen. All das verstärkte natürlich das Gefühl, dass Gerechtigkeit und Gleichberechtigung unter keinen Umständen ohne weiteres auf die afroamerikanische Bevölkerung ausgedehnt werden würden und trug maßgeblich zur düsteren Atmosphäre der „Black Revolution" bei. Gewalt war ein stetiger Begleiter und bekanntermaßen wurden 1963 Präsident John F. Kennedy und 1965 Malcolm X ermordet. Die Ausforschung der Täter beziehungsweise der dahinter stehenden Drahtzieher wurde mehr schlecht als recht vorgenommen. Mitte der sechziger Jahre kam es zu zahlreichen Morden an

---

[258] Vgl. ebd., S. 513.

Mitarbeitern der Bürgerrechtsbewegung, ebenso wie an unschuldigen Kindern und kaum jemand wurde für diese Verbrechen verurteilt oder auch nur ernsthaft verfolgt.[259]

Besonders in den urbanen Regionen des Nordens und Westens erntete King mit seiner Idee der Gewaltlosigkeit oft nur Spott und Verachtung.[260] Auch seine Bemühungen bei Stadtverwaltungen und Polizei Verständnis für die deprimierten, perspektivlosen und schließlich, wie im Beispiel Watts, aufständischen Massen zu wecken, scheiterten. Gründe warum es gerade in Watts zu jenem massiven Gewaltausbruch kam, war einerseits, dass der Stadtteil eine viermal so dichte Bevölkerung aufwies, wie der Rest der Stadt. Zudem gab es eine Arbeitslosenrate von 30%, völlig überhöhte Mieten für baufällige Wohnungen und eine ständige generelle Kriminalisierung der Afroamerikaner durch die Polizei. Die Einstellung der Sicherheitskräfte wurde durch Aussagen wie jener, dass die Ursache der Unruhen „keine sozialen Hintergründe" habe, „einzig das Werk krimineller Elemente" sei und man gegenüber solchen „Affen" keine Zugeständnisse machen könne[261], ziemlich deutlich dargelegt. Da seine Botschaft dort auf wenig Widerhall stieß, wurde Watts, das er deprimiert verließ[262], für Martin Luther King, Jr. zu einer Art Schlüsselerlebnis und bewirkte eine Wende in seinem Denken. Es wurde ihm schmerzhaft bewusst, dass die Abschaffung diskriminierender Gesetze alleine die Situation der schwarzen Unterschicht nicht wirklich wird ändern können, da dadurch keine finanzielle Gleichstellung erfolgt. Solange weiterhin massive soziale und auch wirtschaftliche Ungerechtigkeiten den amerikanischen Alltag bestimmen, würde wahre Gleichberechtigung nicht mehr als ein leerer Begriff bleiben.[263] Der nächste logische Schritt war für ihn daher ein Angriff auf städtische Armut und soziales Elend. Dazu war es notwendig, seine Mission auf den Norden der Vereinigten Staaten auszuweiten. King hoffte, dass die Strategie des gewaltlosen Widerstands im Kampf gegen den Teufelskreis zwischen Rassismus, Arbeitslosigkeit, Armut, Drogensucht und Verbrechen genauso wirksam sein könne, wie sie es gegen die Rassentrennung im Süden der USA gewesen war. Mit dieser Hoffnung stieß er allerdings auch bei vielen seiner Mitarbeiter auf Widerstand. Diese waren dagegen, die

---

[259] Vgl. ebd., S. 518.
[260] Waldschmidt-Nelson, GegenSpieler. Martin Luther King-Malcolm X, S. 131.
[261] Vgl. ebd., S. 131.
[262] Salmond, „My Mind Set on Freedom". A History of the Civil Rights Movement, 1954-1968, S. 139.
[263] Waldschmidt-Nelson, GegenSpieler. Martin Luther King-Malcolm X, S. 131.

Bürgerrechtsbewegung auch in den Norden des Landes zu tragen und meinten, die SCLC sollte ihre Aktivitäten besser auf weitere Wählerregistrierungen im Süden konzentrieren.

Am Ende setzte sich King mit seiner Meinung jedoch durch und wählte die Stadt Chicago im Bundesstaat Illinois zu seinem Testgebiet. Im Januar 1966 wurden dort das „Chicago Freedom Movement" und die „Campaign to End Slums" ins Leben gerufen. Martin Luther King selbst zog in eine Wohnung in einem als „Slumdale" bekannten Stadtteiles, um die dort herrschenden Lebensbedingungen hautnah kennen zu lernen. Er zeigt sich schon bald entsetzt über die Zustände und klagte empört den Rassismus weißer Behörden und Institutionen an. Aufgrund der zwar nicht nach dem Gesetz aber sehr wohl nach der tagtäglichen Praxis bestehenden Segregation der Wohngebiete herrschte auch in Chicago de-facto eine Rassentrennung im Bildungssystem. Somit blieb die Chance auf eine gute Ausbildung auch begabten schwarzen Kindern weitgehend verwehrt. Die ortsansässigen Afroamerikaner zeigten sich zwar interessiert, aber brachten sich im Gegensatz zur Situation im Süden kaum ein. Das Wahlrecht hatten sie ja schon längst, es hatte aber auf ihr tägliches Leben nur wenig Auswirkung. So hörten sie King zwar zu, blieben aber nach seinen Ansprachen nicht vor Ort, um mitzumarschieren. Trotz Kings Betonung der Wichtigkeit von Gewaltfreiheit kam es wiederholt zu Ausschreitungen. Die Menschen schienen ihm nicht länger zu folgen. Im Laufe dieser Aktion wurden Kings Äußerungen immer radikaler und näherten sich denen des 1965 ermordeten Nationalisten Malcolm X an. So sprach er im Rahmen des „Chicago Freedom Festival" am 12. März 1966 von den Ghettos als einem „System des internen Kolonialismus". Der Bürgermeister von Chicago, Richard Daley, vermied indes geschickt jede direkte Konfrontation und brachte auch einige von seiner Gunst abhängige afroamerikanische Politiker dazu, sich öffentlich von Kings Forderungen zu distanzieren.[264]

Daley hatte nie die ehrliche Absicht ernsthaft mit King zu verhandeln, war ihm gegenüber aber stets betont höflich, was mit dazu beitrug, größere Gewaltausbrüche von der Stadt fernzuhalten und damit auch einen landesweiten Aufschrei nach negativen Medienberichten zu vermeiden. Lediglich wenn King gemeinsam mit Afroamerikanern Protestmärsche durch weiße Stadtviertel abhielt, um gegen deren Abdrängung in Ghettos zu protestieren, brachen die existierenden ethnischen

---

[264] Vgl. ebd., S. 133.

Konflikte auf, was die Fernsehkameras nach Chicago brachte. Das war Bürgermeister Daley insofern ein Dorn im Auge, da er sich bewusst war, dass sein Schutz für die Protestierenden seinen politischen Rückhalt in der weißen Arbeiterklasse gefährdete. Schließlich kam es im Sommer 1966 in Chicago zu mehreren Rassenunruhen. King scheiterte weiterhin an der sturen Haltung des Bürgermeisters, der brutalen weißen Polizei und der Wut der militanten Ghettobewohner. Im August 1966 kam es während eines Marsches durch weiße Wohnviertel zur Unterstützung für das neue „Open Housing Law" zu tätlichen Angriffen, auch gegen King. Die Medienberichterstattung zwang die Öffentlichkeit zu erkennen, dass es auch im Norden ein Rassismusproblem gab. Diskriminierungen waren auch dort seit jeher weit verbreitet. Nicht ohne Grund gab es vor 1950 keinen afroamerikanischen Basketballspieler in der nationalen Liga und erst ab etwa 1962 hatten die nationalen Fernsehnetzwerke damit begonnen, schwarze Reporter einzustellen. Noch Mitte der sechziger Jahre wurde die afroamerikanische Gemeinde der Vereinigten Staaten von weniger als 100 gewählten Repräsentanten in den Institutionen des Staates vertreten.[265]

Kings Taktik schwächte seine Position bei weißen Liberalen auf fatale Art und Weise. Er wurde als ein sich einmischender Unruhestifter beschimpft, der die bereits erzielten Fortschritte in den gemischtrassigen Vierteln Chicagos um viele Jahre zurückgeworfen habe. Es war also in der Tat so, dass die liberalen Kräfte in Chicago mit Freude den Kampf um Bürgerrechte im Süden der USA unterstützten, aber offensichtlich weniger davon begeistert waren, sobald sich die Auseinandersetzungen vor ihrer Haustüre abspielten. Verzweifelt versuchte King einen Ausweg aus dem bestehenden Dilemma zu finden. Dabei half ihm, dass Bürgermeister Daley ebenfalls seine Schwierigkeiten mit der gegenwärtigen Situation hatte und um den Ruf Chicagos besorgt war. Er kam daher nach außen langsam den gestellten Forderungen nach und handelte mit King ein Abkommen aus, zu dem es aber keinen Zeitplan gab. Am 26. August 1966 unterzeichneten Martin Luther King, Jr. und andere Führungspersönlichkeiten der Bürgerrechtsbewegung eine Vereinbarung mit Repräsentanten der Stadtverwaltung, die Chicago dazu verpflichtete, eine faire Behandlung auf dem Wohnungsmarkt zu garantieren und die Ansiedelung afroamerikanischer Bürger im gesamten Stadtgebiet zu fördern. Nachdem Martin

---

[265] Robert J.Samuelson, The Good Life and its Discontents. The American Dream in the Age of Entitlement 1945-1995, New York (NY) 1995, S. 8.

Luther King, Jr. aber Chicago verlassen hatte, ging es nicht lange bis die Stadt diese Vereinbarung „vergaß". Daley erfüllte viele Versprechungen nicht, hatte aber sein Ziel erreicht, die Augen der Öffentlichkeit von Chicago abzulenken. [266] Im darauf folgenden Jahr kehrte King noch einmal in die Stadt zurück, dieses Mal für ein Programm zur Wählerregistrierung, dem aber ebenfalls kein großer Erfolg beschieden war. Gerechte Behandlung bei der Vergabe von Wohnungen, genauso wie alles andere, setzte voraus, dass die Regierung zum Eingreifen bewogen werden kann. Tatsächlich hatte Präsident Johnson 1966 einen Gesetzesentwurf zur Aufhebung der bestehenden Diskriminierungen im Wohnsektor eingebracht, der Kongress war aber zu beschäftigt mit dem eskalierenden Konflikt in Vietnam. King verließ Chicago also mit leeren Händen und fand sich immer stärker isoliert in der zunehmend zerrütteten Struktur der Bürgerrechtsbewegung.

Im Sommer des Jahres 1966 startete die SCLC in Chicago die so genannte „Operation Breadbasket". Dabei handelte es sich um eine systematische Boykottaktion gegen Fabriken, Unternehmen und Geschäfte, die schwarze Kunden hatten, aber keine afroamerikanischen Mitarbeiter. Die Operation lief unter der Leitung des Pfarrers Jesse Jackson gut an und brachte in den folgenden Jahren tatsächlich eine spürbare Verbesserung der Arbeitsmarktsituation für Schwarze in Chicago. Davon abgesehen war die Chicagoer Kampagne aber in vielen Punkten ein Fehlschlag und Kings Positionen radikalisierten sich weiter. Mittlerweile hatte sich nämlich parallel die Kluft zwischen den verschiedenen Bürgerrechtsorganisationen stark vergrößert. So war King der konservativen NUL und auch der NAACP inzwischen zu aggressiv und radikal während er für die radikaleren CORE und SNCC zu bedächtig und gemäßigt war. Das alles war mit verantwortlich dafür, dass sich Kings Einstellung zu einigen der grundlegendsten Voraussetzungen der amerikanischen Gesellschaft änderten. Sein Vertrauen in die amerikanische Demokratie als solches wurde durch das in Chicago erlangte Bewusstsein, dass der Rassismus kein grundsätzlich auf den Süden begrenztes, sondern ein tief in den wirtschaftlichen und sozialen Strukturen des Landes verwurzeltes Problem war, stark erschüttert. King zog daraus die Schlussfolgerung, dass wirtschaftliche Ungerechtigkeiten nur durch radikale Änderungen, die einen wesentlich über den amerikanischen Liberalismus hinausgehenden politischen Einsatz erforderten,

---

[266] Salmond, „My Mind Set on Freedom". A History of the Civil Rights Movement, 1954-1968, S. 142.

beseitigt werden können. Es stellte dies eine Bewegung hin zu einer Art Sozialismus dar, was für den Großteil der USA etwas Fremdes, wenn nicht gar Feindliches war.[267] King wollte nun, dass die Weißen mehr als nur ein wenig Stolz einbüssten. Es ging ihm um das Ende der wirtschaftlichen Ausbeutung und des systeminhärenten Rassismus in ganz Amerika, was er im Jänner 1967 in seiner Rede „Where Do We Go From Here" verdeutlichte:

> „I want to say to you…as we talk about „Where do we go from here," that we honestly face the fact that the movement must address itself to the question of restructuring the whole of American society. There are forty million poor people here. And one day we must ask the question, "Why are there forty million poor people in America?" … I'm not talking about communism. What I'm saying to you this morning is that communism forgot that life is individual. Capitalism forgets that life is social, and the kingdom of brotherhood is found neither in the thesis of communism nor the antithesis of capitalism but in a higher synthesis."[268]

Geburtsstunde des „Black Power Movement"

War die SNCC früher mit federführend im Kampf zur Erlangung der Bürgerrechte, so waren in ihren Reihen nun vornehmlich Desillusionierung und Pessimismus im Vormarsch, die sich beispielsweise in einem Vertrauensverlust gegenüber Repräsentanten der öffentlichen Verwaltung ausdrückten.

Der bereits während der Wählerregistrierungsprogramme im Süden bestehende Konflikt zwischen weißen und schwarzen Mitgliedern der SNCC hatte sich zusehends verstärkt. Eine logische Entwicklung, wenn man sieht, dass der 1966 zum neuen Vorsitzenden gewählte Stokely Carmichael die anti-weiße, schwarz-separatistische Tendenz geradezu personifizierte. Er hatte schon längst jede Vorstellung von einem grundsätzlich guten Wesen der meisten weißen Menschen aufgegeben und auch den Glauben an eine moralische Überlegenheit der Gewaltlosigkeit. Eines seiner ersten Ziele war es daher, die Verbindungen zu weißen Unterstützern abzubrechen. So war er der Meinung, dass die Bürgerrechtsbewegung

---

[267] Vgl. ebd., S. 143f.
[268] King/Washington (Hrsg.), I Have A Dream. Writings and Speeches That Changed the World, S. 176f.

zur Erreichung ihrer Ziele von nun an ausschließlich von Afroamerikanern geleitet, kontrolliert und finanziert werden solle, also „black-staffed, black-controlled, and black-financed".[269] Er bestand auf „black power" als Gegenpol zur etablierten „white power" und er war auch der Meinung, dass zur Erreichung afroamerikanischer Ziele eine afroamerikanische Führerschaft vorzuziehen sei. Diese Ideen sollten sich in den folgenden Jahren auf breiter Ebene durchsetzen und so war es um 1970 nicht selten der Fall, dass afroamerikanische Gruppierungen die Unterstützung durch Weiße ablehnten. Insbesondere unter Carmichael verabschiedete sich die SNCC endgültig vom Ideal der Gewaltlosigkeit und von einer Zusammenarbeit mit weißen Bürgerrechtlern. King brachte im Juni 1966 nur mit viel Mühe einen gemischtrassigen „Marsch gegen die Angst" zustande.[270] Nachdem Carmichael im Zuge des Marsches verhaftet wurde, eskalierte die Stimmung vollends. Nach seiner Freilassung ließ er verlautbaren, dass er nicht nochmals in Gefängnis gehen würde. Sechs Jahre lang habe man es friedlich versucht und nichts damit erreicht. Carmichael rief nun zur „Black Power" auf. Die NAACP, sowie die NUL und andere dem Radikalismus kritisch gegenüberstehende schwarze Organisationen veröffentlichten sofort eine scharfe Verurteilung des Slogans „Black Power" als Aufruf zu Rassenhass und Gewalt, was einer endgültigen Distanzierung von der SNCC gleichkam.

Als eigentliche geistige Kraft hinter dem „Black Power Movement" muss allerdings Malcolm X angesehen werden und nicht der SNCC-Vorsitzende Carmichael. Die Bewegung hatte ihre Wurzeln in der Philosophie des kulturellen Nationalismus, deren wichtigster beziehungsweise charismatischster Vertreter sicherlich Malcolm X war.[271]

Der Aufruf zu „Black Power" während der sechziger Jahre war nach der Philosophie der Nationalisten eine logische Konsequenz des Strebens nach Selbsthilfe, nach einer auf das Eigeninteresse bezogenen und ernsthaften Politik, sowie nach starken kulturellen Werten. All das drückte das Vertrauen darin aus, dass die Afroamerikaner in der Lage wären, ihr Schicksal selbst zu lenken.[272] Gerade in den schwarzen Großstadtghettos waren diese Forderungen weit verbreitet, also im selben Gebiet, wo Malcolm X als Vorbild für jeden angehenden Nationalisten galt. Die Ausschreitungen

---

[269] Land, America Since 1941: Emergence as a World Power, S. 47.

[270] Waldschmidt-Nelson, GegenSpieler. Martin Luther King-Malcolm X, S. 133.

[271] Asante/Mattson, Historical and Cultural Atlas of African Americans, S. 119.

[272] Vgl. ebd., S. 120.

in den Ghettos, die Mitte der sechziger Jahre die Vereinigten Staaten erschütterten, trugen nur noch weiter zum generellen Gefühl des Schocks und der Angst bei. Diese Entwicklungen und der Ausdruck afroamerikanischer Wut und Verzweiflung verhöhnten geradezu Kings ursprüngliche Meinung, die Rassenprobleme des Landes durch die Aufhebung der Segregation im Süden lösen zu können.[273]

Carmichael hatte bereits nach dem gescheiterten Kampf der MFDP darauf gepocht, dass die Afroamerikaner eigene politische Strukturen benötigten und gründete daher in Alabama eine lokale, rein schwarze Partei, die als Symbol einen schwarzen Panther hatte. Dies war quasi ein Vorläufer der später in Kalifornien gegründeten „Black Panthers". Außerdem schickte er während eines 1966 von James H. Meredith begonnenen Marsches von Memphis nach Jackson die weißen Teilnehmer unter dem Leitspruch „We want black power!" nach Hause. Das erzürnte King, was Carmichael aber nicht weiter irritierte.[274] Noch im Jahr seines Amtsantritts ließ Carmichael alle weißen Mitarbeiter aus dem Koordinationskomitee des SNCC ausschließen. King war darüber sehr enttäuscht und hielt den militanten Separatisten vor, dass dies ein selbst zerstörerischer Weg in eine Sackgasse sei. Gleichzeitig verurteilte King aber „Black Power" nicht generell. Damit machte er sich bei konservativeren Bürgerrechtlern unbeliebt, die sich weiterhin nicht um soziale und wirtschaftliche Fragestellungen kümmern wollten.[275] Die Bürgerrechtskoalition begann endgültig auseinander zu brechen und King schien auf den Status eines örtlichen Anführers reduziert zu werden. Bereits vor seiner Ermordung wurde King von militanten und aktionistischen Afroamerikanern kritisiert. So beispielsweise im Rahmen der 1967 in Newark, New Jersey abgehaltenen „Black Power"-Konferenz. Dort wurde eine Spaltung der Vereinigten Staaten in zwei unabhängige Staaten gefordert.[276] Viele Amerikaner sahen darin einen Aufruf zum Separatismus, was weiße Unterstützer der Bürgerrechtsbewegung dazu veranlasste, ihre Unterstützung einzustellen beziehungsweise damit zu drohen, dies zu tun, sollte es keine öffentliche Verurteilung Carmichaels und der Anführer der „Black Power"-Bewegung geben.[277]

---

[273] Salmond, „My Mind Set on Freedom". A History of the Civil Rights Movement, 1954-1968, S. 138f.

[274] Vgl. ebd., S. 138.

[275] Waldschmidt-Nelson, GegenSpieler. Martin Luther King-Malcolm X, S. 134.

[276] Franklin/Moss, From Slavery to Freedom. A History of African Americans, S. 518.

[277] Asante/Mattson, Historical and Cultural Atlas of African Americans, S. 120.

Martin Luther King, Jr. reagierte verwundert und mit wachsender Bestürzung. Auch machten die Unruhen in Watts mehr als deutlich, dass die Slums der Großstädte reine Pulverfässer waren und dass King den verarmten schwarzen Bürgern dort nur wenig zu sagen hatte. Er war nun gezwungen einzugestehen, wie wenig Rückhalt seine Botschaft des gewaltfreien Widerstands in den schwarzen Ghettos außerhalb des amerikanischen Südens hatte.

Kampf gegen urbanes Elend und den Vietnamkrieg

Das letzte Jahr seines Lebens widmete Martin Luther King, Jr. ausschließlich einem Kreuzzug gegen die Armut, der im Herbst 1967 angekündigten „Poor People's Campaign". King hatte die Hoffnung, tausende der Armen Amerikas aus allen ethnischen Gruppierungen nach Washington zu bringen, wo sie ab April 1968 in „Zeltstädten" wohnen und auf die Not der Unterprivilegierten hinweisen würden. Durch Protestmärsche und Kundgebungen sollte die öffentliche Aufmerksamkeit geweckt und Druck auf den Kongress ausgeübt werden. In einem zweiten Schritt sollten gewaltlose Sitzstreiks der Armen, also nicht nur von Afroamerikanern, und Demonstrationen eine Behinderung der Regierungsarbeit herbeiführen. Falls es auch dann noch nicht zu einem Einräumen „wirtschaftlicher Grundrechte" kommen sollte, war als dritter Schritt der Boykott ausgewählter Industriegruppen und Einkaufszentren im ganzen Land eingeplant. Auch diese Kampagne sollte wieder gewaltfrei organisiert und für alle offen stehen. King überzeugte sich rasch selbst, dass dadurch Amerika gerettet werden könne, ungeachtet der Tatsache, dass er damit sowohl die Ideologie der „Black Power"-Bewegung als auch die Grundsätze des amerikanischen Kapitalismus in Frage stellte. Einige innerhalb der SCLC glaubten indes, die Mittel wären für eine Unterstützung der wachsenden Anti-Kriegs-Bewegung besser eingesetzt.[278] Bei Bekanntgabe der Pläne im Dezember 1967 schlug King massive Kritik entgegen. Dies sei ein „Aufruf zum kriminellen Ungehorsam" und ähnliches mehr wurde ihm vorgeworfen. Selbst bei SCLC-Kollegen erntete King Skepsis und Ablehnung. Die Organisation sah sich mit einer zunehmend prekären Lage konfrontiert. Es war kaum noch Geld vorhanden, interne Interessenkonflikte

---

[278] Salmond, „My Mind Set on Freedom". A History of the Civil Rights Movement, 1954-1968, S. 144f.

häuften sich, und man befürchtete durch ein Blutbad, den Verlust des letzten Restes an öffentlichem Ansehen zu riskieren.[279]

Außerdem hatte sich Martin Luther King, Jr. bei der Johnson-Regierung, FBI-Chef Hoover und vielen Weißen, die ihn früher lobten und unterstützten, unbeliebt gemacht, als er damit begann, die Grundsätze des amerikanischen Kapitalismus als solches in Frage zu stellen und massive Umverteilungen anzuregen. Es war zu dieser Zeit wohl schon abzulesen, dass für ein tatsächliches Erreichen von „Gleichheit" zwischen den Rassen, nicht nur Maßnahmen wie die Auflösung segregierter Wohngebiete, Arbeitsplätze und Schulen notwendig sein würden, sondern ebenso eine Veränderung des Status der weißen Arbeiterschaft. Ein solcher dramatischer sozialer Wandel war allerdings für die Mehrheit der Amerikaner nie auch nur im Ansatz diskutabel.[280] Dazu kam Kings seit kurzem öffentliche Ablehnung des Vietnamkrieges. Nach langer Zurückhaltung verurteilte er die Südostasienpolitik der Regierung erstmals am 25. Februar 1967 während einer Rede in Los Angeles. Im März nahm er an einer Antikriegsdemonstration in Chicago teil und am 4. April 1967 hielt er eine Aufsehen erregende Rede in der Riverside-Kirche in New York City, wo er den „fürchterlichen Kriegswahnsinn" in Südostasien angriff und in Zusammenhang mit den Problem in Amerika brachte:

> „As I have walked among the desperate, rejected and angry young men I have told them that Molotov cocktails and rifles would not solve their problems. I have tried to offer them my deepest compassion while maintaining my conviction that social change comes most meaningfully through nonviolent action. But they asked – and rightly so – what about Vietnam? They asked if our own nation wasn't using massive doses of violence to solve its problems, to bring about the changes it wanted. Their questions hit home, and I knew that I could never again raise my voice against the violence of the oppressed in the ghettos without having first

---

[279] Waldschmidt-Nelson, GegenSpieler. Martin Luther King-Malcolm X, S. 141.
[280] Howard Winant, Racial Dualism at Century's End, in: The House that Race Built, hrsg. v. Wahneema Lubiano, New York (NY) 1997: S. 95.

spoken clearly to the greatest purveyor of violence in the world today – my own government."[281]

Für King war klar, dass der Krieg auf Kosten der armen Amerikaner geführt würde. So gab es beispielsweise anteilig viel mehr schwarze Soldaten in Vietnam, als weiße. Weiters kritisierte er, dass die Militärausgaben erste Priorität hätten und es daher keine Mittel mehr für soziale Hilfsprogramme gäbe. Für King kam das einer „spirituellen Verdammnis" gleich. Die Regierung würde junge schwarze und weiße Männer dazu anhalten, „gemeinsam (zu) töten und zu sterben für eine Nation, die unfähig ist, sie auch nur miteinander auf die gleiche Schulbank zu setzen." Er argumentierte, dass Krieg zur Eindämmung des Kommunismus sinnlos sei und vielmehr eine radikale Revolution in den USA notwendig wäre, um auf „die richtige Seite der Weltrevolution" zu gelangen und dem dreifachen Übel von Rassismus, Materialismus und Militarismus abzuschwören.[282]

Diese Rede war die bis dahin leidenschaftlichste Anklage des Krieges von einem so bekannten Amerikaner und löste bei den Anwesenden Begeisterungsstürme aus, unter anderem auch bei Stokely Carmichael. Die breite Öffentlichkeit sah das im Frühling 1967 aber noch anders und unterstützte die Vietnampolitik des Präsidenten. King gegenüber machte sich dementsprechend Entrüstung breit. Lyndon B. Johnson war wutentbrannt und auch die liberale Presse stellte sich beinah geschlossen gegen King. Für das FBI bewies die Rede indes, dass King ein Verräter und Kommunist sei. King vermutete, dass hinter der weißen Kritik zum Teil auch rassistische Beweggründe stünden. Er sprach von einer „merkwürdigen Inkonsistenz, wenn einen Nation und Presse verfluchen und verdammen, sobald man sagt ,Seid gewaltlos zu kleinen braunen vietnamesischen Kindern'". Am meisten schmerzte King aber wohl die Kritik aus den eigenen Reihen, wie die sofortige Distanzierung des NAACP-Präsidenten Roy Wilkins und des NUL-Vorsitzenden Whitney Young. Beide waren gegen eine Zusammenlegung von Bürgerrechts- und Friedensbewegung und warfen King vor, der Sache der Afroamerikaner schwer geschadet und den Eindruck vermittelt zu haben, diese wären unpatriotisch und unloyal. Auch Kings Unterstützung innerhalb der schwarzen Bevölkerung fiel von 95 auf 50 Prozent. Das stoppte ihn aber keineswegs in seiner immer schärferen Kritik an der seiner Meinung

---

[281] King/Washington (Hrsg.), I Have A Dream. Writings and Speeches That Changed the World, S. 138f.
[282] Waldschmidt-Nelson, GegenSpieler. Martin Luther King-Malcolm X, S. 137.

nach weltweit zerstörerischen Kausalverbindung Rassismus - Militarismus - Armut.[283]

Kings Stimmung verbesserte sich merklich als Robert Kennedy, der ehemalige Justizminister unter der Regierung seines Bruders John F. Kennedy, ankündigte, Präsident Johnson um die Kandidatur als Präsidentschaftskandidat für die kommenden Wahlen herauszufordern. Auch Kennedy hatte die zentrale Bedeutung des Problems der im System implementierten wirtschaftlichen Ungleichheit erkannt und bezeichnete die Schaffung von Arbeitsplätzen in den Ghettos der Innenstädte als Kernfrage und Schlüssel zur Überwindung von Armut und Ungleichheit in der Gesellschaft.[284]

Während der Vietnamkrieg weiterging, spitzte sich auch die Situation in den Ghettos weiter zu. Im Juni 1967 lehnte der Kongress diverse Sozialhilfemaßnahmen ab und im „roten Sommer" von 1967 kam es in 75 Großstädten zu blutigen Aufständen mit tagelangen gewaltsamen Straßenschlachten. Präsident Johnson mobilisierte neunmal Bundestruppen in den Städten und kochte vor Wut über „diese undankbaren Neger".[285] King stellte in einem Telegram dar, dass eine Verbesserung der sozialen Lage der untersten gesellschaftlichen Schichten der Schlüssel zur Lösung dieses Problems sei. Genauso wie eine 1965 vom Präsidenten eingesetzte Kommission, welche die Gefahr von „zwei Gesellschaften, getrennt und ungleich" erkannt hatte, forderte auch King einen neuen „New Deal" zur Schaffung von sozialer Gerechtigkeit und Frieden. Der Präsident und auch die meisten liberalen Weißen sahen die gestellten Forderungen nun aber als weit überzogen an und die Spendengelder an die SCLC verringerten sich beträchtlich. Immer größere interne Kritik trübte Kings anfänglichen Optimismus und er meinte, „die Dekade von 1955 bis 1965 mit ihren konstruktiven Elementen täuschte uns gründlich ... Doch jetzt bin ich zu einer anderen Überzeugung gelangt ... wir brauchen eine Revolution unseres Wertesystems".[286] Die Regierung reagierte weiter nicht und so ergriff King radikalere, aber immer noch gewaltlose Maßnahmen. Er zielte auf eine Kanalisierung

---

[283] Vgl. ebd., S. 139.
[284] Robert F. Kennedy, Suche nach einer neuen Welt, Gütersloh 1968, S. 47.
[285] Waldschmidt-Nelson, GegenSpieler. Martin Luther King-Malcolm X, S. 139.
[286] Vgl. ebd., S. 140.

der Wut der Ghettobewohner in eine koordinierte Massenaktion des zivilen Ungehorsams.

Die letzten Tage Martin Luther Kings

Die Kritik an seinen Plänen zur Armutsbekämpfung und seiner Position zum Vietnamkrieg enttäuschte King zwar, brachte ihn aber davon ab. In einer im kanadischen Rundfunk ausgestrahlten Weihnachtspredigt, begann nun auch er von Alpträumen zu sprechen, wie dies Malcolm X schon während des „Marsches auf Washington" 1963 getan hatte. King sagte, man müsse aber weiterkämpfen und er würde sein „Traumziel" niemals aufgeben. Dieses Ziel hatte seiner Meinung nach lediglich eine Erweiterung von Bürgerrechten hin zu Menschenrechten erfahren. Auch das war eine interessante Parallele zur Entwicklung, die Malcolm X kurz vor seiner Ermordung durchlaufen hatte. Wie Malcolm machte sich King damit aber bei vielen ehemaligen Verbündeten unbeliebt und war seit der Ankündigung der PPC besonders bei rechtsradikalen Gruppen und Geschäftsleuten verhasst, wie nie zuvor.[287] Der Ku Klux Klan setzte ein Kopfgeld für die Ermordung Kings aus und bis 1968 langten an die fünfzig Morddrohungen beim FBI ein. Martin Luther King, Jr. lehnte aber Leibwächter oder Bewaffnung weiterhin ab. Er schien den nahenden Tod wohl innerlich zu spüren, was seine düstere „Drum Major"-Rede in der Ebenezer-Gemeinde vom 4. Februar 1968 zeigte:

> „And every now and then I think about my own death, and I think about my own funeral. ... I don't want a long funeral ... I'd like somebody to mention that day, that Martin Luther King, Jr., tried to give his life serving others. I'd like for somebody to say that day, that Martin Luther King, Jr., tried to love somebody. I want you to say that day, that I tried to be right on the war question. ... Yes, if you want to say that I was a drum major, say that I was a drum major for justice; say that I was a drum major for peace; I was a drum major for righteousness. And all of the other shallow things will not matter. ... I just want to leave a committed life behind."[288]

---

[287] Vgl. ebd., S. 142.
[288] King/Washington (Hrsg.), I Have A Dream. Writings and Speeches That Changed the World, S. 191f.

154

Im März ereilte ihn ein Hilferuf aus Memphis, Tennessee, wo ein Streik der Müllmänner und Kanalarbeiter nach Verweigerung der Anerkennung ihrer neu gegründeten Gewerkschaft und besserer Löhne beziehungsweise Arbeitsbedingungen durch die Stadtverwaltung im Gange war. Die Streiks wurden durch die örtlichen Sicherheitskräfte gewaltsam zerstreut und die Lage war bereits auf das Äußerste gespannt. Entgegen dem Rat vieler Mitarbeiter reiste King nach Memphis. Für ihn war dieser Schritt im Rahmen seines Kampfes für Menschenrechte und soziale Gerechtigkeit eine Selbstverständlichkeit und außerdem sah er in einem erfolgreichen Streik einen guten Auftakt für die „Poor People's Campaign". So führte King am 28. März 1968 einen Protestmarsch streikender Arbeiter an. Die Polizei erschoss dabei nach Provokationen afroamerikanischer Gang-Mitglieder einen jungen Schwarzen und es kam zu Rassenunruhen in der ganzen Stadt. Der Protest hatte sich zu einem Fiasko entwickelt. King kehrte zutiefst deprimiert nach Atlanta zurück und zog sogar in Erwägung die gesamte Anti-Armuts-Kampagne abzublasen. Diese Einstellung änderte sich aber sehr schnell, als Präsident Johnson bekannt gab, nicht zur Wiederwahl zur Verfügung zu stehen. King wollte dann am 5. April einen zweiten Protestmarsch anführen und reiste zu diesem Zweck erneut nach Memphis. Dort hielt er am 3. April 1968 im Mason Temple seine letzte Rede. Es war dies wohl eine seiner bewegendsten und prophetischsten Ansprachen überhaupt. Er sprach davon, dass der Prozess der Verbesserungen weitergehen könne, solange nur alle gemeinsam daran arbeiteten. Er spielte außerdem auf die ihm gegenüber geäußerten Morddrohungen an:

„... I don't know what will happen now. We've got some difficult days ahead. But it doesn't matter with me now. Because I've been to the mountaintop. And I don't mind. Like anybody, I would like to live a long life. Longevity has its place. But I'm not concerned about that now. I just want to do God's will. And He's allowed me to go up to the mountain. And I've looked over. And I've seen the promised land. I may not get there with you. But I want you to know tonight, that we, as a people, will get to the promised land. And I'm happy, tonight. I'm not worried about anything.

I'm not fearing any man. Mine eyes have seen the glory of the coming of the Lord."[289]

Der unheilschwangere Ton bedrückte viele seiner Mitarbeiter. Am nächsten Morgen war King aber guter Dinge und voller Tatendrang. Auch die Vorbereitungen für den Protestmarsch liefen nach Plan. An eben diesem 4. April 1968 sollte aber tatsächlich auch Martin Luther King, Jr. einem Attentat zum Opfer fallen. Auf dem Balkon des Lorraine Motels in Memphis stehend, war er ein leichtes Ziel und starb nach einem von einem gegenüberliegenden Gebäude aus abgegebenen Kopfschuss um 19:05 Uhr desselben Tages im Alter von 39 Jahren. Damit hatte er das gleiche Alter, wie Malcolm X bei seiner Ermordung. Dieser vom weißen Rassisten James Earl Ray durchgeführte Auftragsmord war ein Trauma für alle Anhänger Kings und in die Presse huldigte ihm weltweit in Schlagzeilen, wie „Katastrophe für die Nation" (*New York Times*) oder „Verlust für die ganze Welt" (*London Times*). Der Papst äußerte sein tiefes Bedauern, im deutschen Bundestag und Bundesrat wurde eine Schweigeminute abgehalten und in Westberlin ein Schweigemarsch durchgeführt. Das soll aber nicht darüber hinwegtäuschen, dass es auch andere Stimmen gab, wie jener eines FBI-Agenten, der davon sprach, dass man „endlich das Schwein erwischt" hätte.[290] Auch erhielt der Attentäter Ray zahlreiches Lob und Sympathiebekundungen.

Für viele Afroamerikaner war dieser Mord das Symbol für die weiße Ablehnung ihres energischen aber friedlichen Strebens nach Gleichbehandlung. Schon bald nach der schnellen Verhaftung, Überführung und Verurteilung von James Earl Ray wurden auch Verschwörungstheorien in Umlauf gebracht.[291] Die Reaktion auf den Tod Kings in der schwarzen Gemeinde war eine unmittelbare und so kam es nach der Ermordung zu vielen gewaltsamen Ausschreitungen. Schwarze Radikale waren außer sich vor Zorn. Carmichael vom SNCC sah die Ermordung als „Kriegserklärung durch das weiße Amerika"[292] und vom 4. bis 6. April kam es in über 110 Städten zu Rassenunruhen, Aufständen, Brandanschlägen und Plünderungen. Die Gewalt schien völlig über die Vernunft zu triumphieren, auch durch die Ermordung Robert

---

[289] King/Washington (Hrsg.), I Have A Dream. Writings and Speeches That Changed the World, S. 203.
[290] Waldschmidt-Nelson, GegenSpieler. Martin Luther King-Malcolm X, S. 146.
[291] Franklin/Moss, From Slavery to Freedom. A History of African Americans, S. 518.
[292] Waldschmidt-Nelson, GegenSpieler. Martin Luther King-Malcolm X, S. 146.

Kennedys[293], die wenige Monate später das Land schockierte. Noch konnte Kennedy aber, der sich zu Beginn der Unruhen nach Kings Tod gerade in Indianapolis befand, einen Gewaltausbruch vor Ort verhindern, indem er beruhigend auf die wütende Menge im dortigen Ghetto einwirkte und die Menschen daran erinnerte, wofür Martin Luther King, Jr. stand beziehungsweise wofür er gelebt hatte.[294] Zur Beruhigung der Situation ließ Präsident Johnson die Fahnen auf Halbmast setzen und erklärte Sonntag, den 7. April 1968 zum nationalen Trauertag. Am 8. April führte Coretta King mit ihren Kindern und Ralph Abernathy an Kings Stelle den Protestmarsch durch Memphis an. Nur eine Woche später wurde die dortige Gewerkschaft anerkannt und auch Lohnerhöhungen zugestanden, was einen posthumen Erfolg Kings in Memphis darstellte.

Am 10. April verabschiedete der Kongress den „Civil Rights Act" von 1968, den letzten großen legislativen Erfolg des Jahrzehnts. Dieser beschäftigte sich hauptsächlich mit der Gleichbehandlung auf dem Wohnungssektor. Durch dieses Gesetzespaket wurden die Rechte des Justizministeriums zur Anstrebung von Gerichtsverfahren bei Diskriminierungen in der Wohnungsvergabe gestärkt. Zudem wurden Ungleichbehandlungen beim Kauf und der Miete von Wohnungen für illegal erklärt und es wurde auf dem gesamten Staatsgebiet der USA zu einem Verbrechen, Menschen, die ihre Bürgerrechte ausüben wollen zu töten, zu verletzen oder einzuschüchtern. Auch die Anstiftung zu solchen Handlungen wurde nun strafrechtlich verfolgt.

Bis zum 11. April war schließlich auch die „Revolte" endgültig vorüber. Sie war zum größten Teil durch Regierungstruppen niedergeschlagen worden, wobei 46 Menschen ums Leben kamen und über 35.000 verletzt wurden. Mehr als 20.000 wurden verhaftet. Die beiden Anführer der schwarzen Befreiungsbewegung waren nun aber tot, die große Koalition schwarzer und weißer Bürgerrechtler zerbrochen und der Krieg in Vietnam wurde weiter geführt. Somit schien der Traum von einer besseren Gesellschaft in weiterer Ferne als zuvor. Der schwarze Freiheitskampf sollte dennoch weitergehen.

---

[293] George C. Herring, America's Longest War. The United States and Vietnam, 1950-1975, New York (NY) 1996³ S. 236.
[294] Salmond, „My Mind Set on Freedom". A History of the Civil Rights Movement, 1954-1968, S. 146f.

Zu Lebzeiten von Martin Luther King, Jr. hatte die Bürgerrechtsbewegung eine bei weitem größere Gefolgschaft besessen als Malcolm X' NoI. Vor allem auch da Kings Vision der Gleichberechtigung und Versöhnung zwischen Schwarz und Weiß einer großen Mehrheit die Zuversicht für eine baldige Überwindung der als „white supremacy" bekannten weißen Vormachtstellung gab. Dies drückte sich unter anderem in Liedern, wie „We Shall Overcome" aus. Oder auch in Kings „I Have a Dream"-Rede als indirekter Appell an das „nationale amerikanische Gewissen". Sie stieß allerdings bei denen, die es anging oft auf taube Ohren und so fiel fünf Jahre später auch King selbst der Gewalt zum Opfer, die drei Jahre vor ihm bereits Malcolm X das Leben gekostet hatte.

Im Juni 1968 wurde im Gedenken an King vom Kongress der „Open Housing Act" verabschiedet, der die Gleichberechtigung von Schwarzen und Weißen im Wohnrecht noch verstärkte. In der Folge wurde in Verhandlungen, wie „Jones v. Mayer" festgestellt, dass auf Basis des Bürgerrechtsgesetzes von 1866, Rassentrennung bei der Vergabe von Wohnungen nicht legal sei.

Kings Kampagne zur Armutsbekämpfung ging zwar weiter, jedoch fehlte sein Talent und auch die Ermordung von Robert Kennedy am 6. Juni 1968 trug zu einer weiteren Demoralisierung bei. Daher und aufgrund schlechter Organisation war die „Poor Peoples Campaign" von Beginn an zum Scheitern verurteilt. Ralph Abernathy zog es vor, nicht in „Resurrection City" zu bleiben und der Kongress verabschiedete letztlich keine Gesetzesvorlage für arme Bürger. Die Abgeordneten zeigten sich zunehmend unbeeindruckt von den Resten der einst großen Bürgerrechtsbewegung und das durch Attentate und den Krieg traumatisierte Land zeigte sich nicht nur uninteressiert, sondern geradezu feindlich eingestellt. In Vietnam kam es zur „Tet Offensive", George Wallace wurde zum Gouverneur von Alabama gewählt und viele schwarze Wähler nahmen an den Präsidentschaftswahlen von 1968 erst gar nicht teil.

Kings Tod strich dramatisch hervor, was schon zuvor deutlich geworden war. Die Zeit der Bürgerrechtsbewegung war vorbei, die früheren Bündnisse zerschlagen. Mittlerweile sprachen die unterschiedlichen Organisationen von verschiedenen Dingen und gingen anders gearteten Zielen nach. Letztendlich hätte sich die größte soziale Bewegung der jüngeren amerikanischen Geschichte, die den Süden der Vereinigten Staaten umkrempelte, sicherlich ein besseres Ende verdient.

VIII. Situation danach

Im Dezember 1969 beschlossen die Gerichte, dass alle Schulen sofort integriert werden müssen. Dieser „Emergency School Assistance Act" sorgte umgehend für Geld und Beratung. In fünf amerikanischen Großstädten wurden erstmals Afroamerikaner zu Bürgermeistern gewählt. Zwischen 1968 und 1975 versuchten die Vertreter afroamerikanischer Interessen sich selbst zu finden. Die NAACP hatte ab 1970 ihre Ziele, welche von Schwarzen der Mittelklasse definiert worden waren, erreicht. Das Recht zu wählen war gesichert, Gesetze gegen die Lynchjustiz in Kraft und die Erziehung war nicht mehr nach Hautfarbe getrennt. Die Arbeiterklasse und Unterschicht sahen sich aber noch immer mit großen Problemen konfrontiert. Während in den Sechzigern das Drängen in die vorherrschende Gesellschaft überwog, verlagerte man sich in den siebziger Jahren wieder zusehends auf die Frage, ob Integration oder Selbstbestimmung vorzuziehen sei. Sind Freiheit beziehungsweise Individualismus oder Gleichheit im Vergleich mit anderen wichtiger? In diesem Zusammenhang müssen die Entwicklungen in den Jahrzehnten nach dem Ende der eigentlichen Bürgerrechtsbewegung gesehen werden.

Im Bildungsbereich

Die Rassentrennung im Schulsystem gehörte aufgrund verstärkten Drucks von Seiten der Gerichte und der Öffentlichkeit zunehmend der Vergangenheit an. Waren 1965 erst 6% der Schulen im Süden der USA für Schüler aller Rassen offen, so waren dies 1968 bereits 20,3% und 1970 schließlich 90%.[295] Vereinzelter Widerstand gegen diese Aufhebung der Rassentrennung hielt aber noch über Jahre hinweg an. Es kam sogar zu so genannten „Resegregationen". Das heißt, schwarze und weiße Schüler wurden innerhalb der Klassen voneinander getrennt und zum Teil blieb afroamerikanischen Schülern die Teilnahme an außerschulischen Aktivitäten verwehrt. Den schwarzen Lehrkräften erging es ähnlich. Viele verloren ihre Anstellung oder wurden niedrigeren Klassen zugewiesen.

Ein weiteres Problem, das sich mit der Zeit einstellte, war, dass die Aufhebung der Rassentrennung an Schulen oft unmöglich war, ohne die Schüler über größere Distanzen zu befördern. Das war schlichtweg wegen der bestehenden Wohnsituation

---

[295] Franklin/Moss, From Slavery to Freedom. A History of African Americans, S. 516.

der Fall. Berkeley in Kalifornien ging hier mit gutem Beispiel voran und richtete ein System mit speziellen Shuttlebussen ein, was die Stadt zum ersten Gemeinwesen mit einem ethnisch komplett integrierten Schulwesen machte. Während der Siebziger kam es dann aber zu einigen Rückschlägen. Präsident Nixon war beispielsweise dem Shuttlesystem wenig zugetan.[296] Für viele Eltern kam die Anwendung eines solchen Systems der Zerstörung von in bestimmten Nachbarschaften verankerten Schulen gleich. Den größten Widerstand gab es übrigens in den irisch geprägten Vororten im Süden von Boston, Massachusetts.[297] Im Süden der Vereinigten Staaten fügten sich die meisten weißen Eltern aber dem Shuttlesystem und der „sofortigen Integration". Daneben entschlossen sich aber auch viele dazu, ihre Kinder ganz aus dem öffentlichen Schulwesen herauszunehmen und stattdessen in privat organisierte Schulen zu schicken, die auch als „segregation academies" bezeichnet wurden. Die zunächst schleppend vor sich gehende Integration der Schulen war auch dadurch bedingt, dass viele Weiße in die Vororte der großen Städte abwanderten. Bis Mitte der achtziger Jahre war die Rassentrennung klar nach Wohngebieten erkennbar, wobei die Afroamerikaner in den billigeren Wohnungen im Stadtzentrum lebten. Dieselbe Struktur fand sich auch bei der Einteilung der Schulbezirke, was über kurz oder lang in nicht wenigen Fällen zu einer Rückkehr zu dualen, das heißt getrennten Schulsystemen führte. Heute sind die am stärksten gemischten Schulen jene in kleineren Städten des Südens. Trotz aller Rückschläge ist aber auch die Situation in den Schulen der Vorstädte nicht mehr mit jener anno 1956 vergleichbar, da in fast jedem Fall zumindest einige afroamerikanische Schüler, Lehrkräfte oder auch Direktoren zugegen sind. Auch deshalb ist und bleibt eine Resegregation des öffentlichen Lebens ausgeschlossen.

An Colleges und Universitäten schritt die Integration rascher voran und war auch nachhaltiger. Hier gilt vor allem der Sport als Symbol für den Erfolg gemischtrassiger Hochschulsystem im amerikanischen Süden. Das Streben nach dem Titel für die beste afroamerikanische Lehrperson oder den vielversprechendsten Studenten gehört zum alljährlichen Ritual zwischen den einzelnen Einrichtungen. Dadurch, dass sich das Hochschulsystem in derartigem Ausmaß für Studenten aller ethnischen Hintergründe geöffnet hat, haben viele private, rein afroamerikanische Colleges den

---

[296] Vgl. ebd., S. 517.
[297] Salmond, „My Mind Set on Freedom". A History of the Civil Rights Movement, 1954-1968, S. 156.

Betrieb eingestellt. Dies einfach aus dem Grund, da sie ihren Sinn und Zweck, nämlich Afroamerikanern einen Hochschulabschluss zu ermöglichen, erfüllt hatten.

Im Wohnungswesen

Auch wenn der „Fair Housing Act" von 1968 und frühere Entscheidungen des Obersten Gerichtshofes versuchten, den Ausschluss von Afroamerikanern aus bestimmten Ortsgebieten zu verhindern, bestanden, wie bereits zuvor erwähnt, noch bis in die achtziger Jahre hinein ethnisch bedingte Besiedelungsmuster. Dazu kamen starker Widerstand, Anfeindungen und Gewaltakte von Seiten der weißen Nachbarn. Laut dem auf Bevölkerungsentwicklung des urbanen Raumes im Zusammenhang mit ethnischer Struktur spezialisierten Statistikers Dr. Reynolds Farley kam es zu „nicht mehr als bescheidenen Veränderungen."[298]

In der Politik

Die „schwarze Revolution" war aber nicht nur von Desillusionierungen geprägt, sondern brachte einen enormen Zuwachs an politischem Einfluss für die afroamerikanische Gemeinde mit sich, was den Eindruck der Hilflosigkeit und Hoffnungslosigkeit früherer Jahre umkehrte. Dies war intensiven Bestrebungen zur Registrierung von Wählern zu verdanken, die während der Sechziger und Siebziger zu einem wachsenden Bewusstsein über die Macht der Stimmabgabe führte. Dadurch wurden auch mehr schwarze Vertreter in wichtige Positionen gewählt. Diese neue politische Kraft der schwarzen Bevölkerung der USA hatte zur Folge, dass deren Stimmen oft das Zünglein an der Waage in wichtigen Wahlen sein würden, weshalb die politische Führungsriege der afroamerikanischen Gemeinde auch verlangte, ein größeres Mitspracherecht in ihren jeweiligen Parteien zu erhalten. So brachte zum Beispiel der demokratische Parteitag des Jahres 1972 einen signifikanten Anstieg an schwarzen Delegierten.[299]

Bis Mitte der Siebziger hatte sich dieses gestiegene Machtbewusstsein auf Seiten der Afroamerikaner schließlich durchgesetzt, was die Regierung dazu zwang, rasch auf bis dahin noch tolerierte Verstöße gegen das Wahlrecht zu reagieren. Die politische

---

[298] Franklin/Moss, From Slavery to Freedom. A History of African Americans, S. 471.
[299] Vgl. ebd., S. 526.

Macht der schwarzen Gemeinde ist also zu einem festen Bestandteil der amerikanischen Demokratie geworden.

Zu den bis heute bekanntesten afroamerikanischen Politikern der USA zählt mit Sicherheit der frühere Mitstreiter Martin Luther Kings, Reverend Jesse Jackson. Er ist derzeit Vorsitzender der Organisation „People United to Save Humanity" und auch außenpolitisch für die demokratische Partei engagiert. Andrew Young, ebenfalls ein früherer Mitstreiter Kings in der SCLC, und Barbara Jordan wurden 1972 ins Repräsentantenhaus gewählt. Zahlreiche Afroamerikaner aus dem Gebiet der früheren Konföderation sind nun in Washington politisch aktiv und jeder Bundesstaat ist mit zumindest einem schwarzen Repräsentanten vertreten, wodurch sich im Kongress eine einflussreiche afroamerikanische Fraktion gebildet hat.

Bis Mitte der Achtziger zeigte sich auch deutlich, dass sich die Wahlrechtsgesetzgebung am effektivsten auf dem Gebiet der Bundesstaaten und darunter bewährt hatte. Die Zahl an registrierten Wählern hatte nun in etwa dieselben Zahlen wie jene in der weißen Bevölkerung erreicht und im ganzen Süden zogen Afroamerikaner, vornehmlich für die demokratische Partei, in die Parlamente der Einzelstaaten ein. Zum ersten afroamerikanischen Vizegouverneur wurde 1985 Douglas Wilder in Virginia gewählt. Vier Jahre später wurde er schließlich der erste schwarze Gouverneur eines U.S.-amerikanischen Bundesstaates. Die politische Mitwirkung der Afroamerikaner formte die Lokalpolitik des Südens somit grundlegend um und erwirkte auch eine Zusammenarbeit mit der vornehmlich weißen Geschäftswelt. Es kam zu erfolgreichen gemischtrassigen Koalitionen, die einem Partner den Machterhalt und dem anderen die Beseitigung der letzten Spuren von Rassentrennung aus den Stadtverwaltungen einbrachte.[300]

Somit hatte die Ausweitung des Wahlrechts gerade in Kleinstädten und Dörfern eine alles verändernde Wirkung. Der Typ des zuvor beinahe allmächtigen und offen rassistischen südstaatlichen Demagogen verschwand aus der politischen Landschaft. Nur wenige, wie beispielsweise George Wallace, konnten sich durch eine totale Neuorientierung an der Macht halten. Gleichzeitig wurden frühere Aktivisten der Bürgerrechtsbewegung nun von ihren Bundesstaaten offiziell geehrt, vormalige Dixicrats verwandelten sich in enthusiastische Verteidiger von Gesetzen zur

---

[300] Salmond, „My Mind Set on Freedom". A History of the Civil Rights Movement, 1954-1968, S. 151f.

Integration der diversen ethnischen Gruppierungen und jene, die weiterhin an den alten Überzeugungen festhielten, wurden aus Politik und dem öffentlichen Dienst verdrängt und endeten zum Teil als Gärtner in Städten mit schwarzen Bürgermeistern, wie zum Beispiel Cecil Price, der frühere Hilfssheriff von Philadelphia, Mississippi, der im Zusammenhang mit der Ermordung der drei Bürgerrechtler Schwerner, Goodman und Chaney im Jahr 1964 inhaftiert worden war.[301] Nichtsdestotrotz gibt es aber bis heute noch Rassismus in der Politik des amerikanischen Südens. Gerade Vertreter der Republikanischen Partei, aber auch anderer Parteien, attackieren wiederholt die als „affirmative action" bekannten Förderungsmaßnahmen zugunsten von Minderheiten oder unterstützen so genannte „Law-and-Order"-Programme. Sie tun dies aber nicht direkt, sondern mehr unterschwellig. Seit 1968 werden von den Republikanern auf populistische Art und Weise fremdenfeindliche Ansichten ausgespielt, um auf Kosten von Afroamerikanern, Frauen und Homosexuellen, bei Wahlen zu punkten.[302] Was unter dem Schlagwort „Neokonservatismus" läuft, ist oftmals nicht viel mehr als die Stigmatisierung von Minderheiten unter Verwendung einer autoritären und repressiven Moral, den so genannten „republikanischen Familienwerten" oder „Republican family values", die aber in Wahrheit von deren Vertretern selbst unterlaufen werden.[303] Als Beispiel für die neue Art eines rassistischen Politikers sei hier nur Pat Buchanan genannt.

Ein anderer in den letzten Jahren erkennbarer Trend im Wählerverhalten innerhalb der afroamerikanischen Gemeinde der südlichen USA ist, dass die „Stimmenkoalition" des Großteils der schwarzen Wähler mit einer Minderheit weißer Wähler in Auflösung begriffen zu sein scheint. Erst durch die kombinierten Stimmen dieser beiden Gruppen konnten moderate Demokraten, wie Jimmy Carter oder auch Bill Clinton den Weg in höhere Positionen, sowohl auf lokaler als auch auf bundesstaatlicher Ebene, schaffen.[304] Nun aber scheint diese „Stimmenkoalition" im Rahmen der so genannten „konservativen Wende" und dem Abwandern zahlreicher Wähler in das Lager der Republikaner, ihre Kraft verloren zu haben.

---

[301] Vgl. ebd., S. 153.
[302] West, Race Matters, S. 11.
[303] Winant, Racial Dualism at Century's End, S. 109.
[304] Salmond, „My Mind Set on Freedom". A History of the Civil Rights Movement, 1954-1968, S. 154.

Im Rechtssystem

Im Bereich des Justizwesens im Süden der USA kann man deutliche Veränderungen als Folge der Bürgerrechtsbewegung feststellen. Afroamerikaner nehmen nun aktiv an der Schaffung und Anwendung von Gesetzen teil. Es gibt zahlreiche schwarze Richter, Anwälte, Verteidiger und Geschworene. Das macht „legales Lynchen" im Gerichtssaal, in einem Ausmaß wie es bis in die sechziger Jahre hinein die Regel war, nun unmöglich. Dennoch muss aber festgestellt werden, dass sich unter den Insassen der amerikanischen Gefängnisse bis zum heutigen Tag unverhältnismäßig viele Afroamerikaner befinden. Auch sind weiterhin Relikte der bis 1964 vorherrschenden Mittel zur sozialen Kontrolle über die schwarze Bevölkerung vorhanden. Damit ist vor allem weiße Gewalt durch den Ku Klux Klan gemeint. Noch in den siebziger Jahren verdreifachte sich beispielsweise die Zahl der Klanmitglieder, wohl in Reaktion auf die sich beschleunigenden sozialen Veränderungen. In den Achtzigern wurde der Klan aber durch den Einsatz der Gerichte an den Rand der Gesellschaft gedrängt, wo er bis heute existiert.

In der Gesellschaft

Eine afroamerikanische Mittelklasse wuchs in Größe und Einfluss vor allem während des letzten Viertels des 20. Jahrhunderts heran. Aber schon seit dem Ende des Zweiten Weltkriegs gab es eine größere Zahl an wohlhabenden schwarzen U.S.-Bürgern, als dies je zuvor der Fall gewesen war. Das trifft sowohl auf traditionelle Tätigkeitsfelder, als auch auf die Welt des Sports und Entertainments zu. Fernsehen, Radio und andere Formen der Massenkommunikation boten vielen Afroamerikanern neue Möglichkeiten, die Blickweise anderer auf sie zu beeinflussen. In gewissem Maße brachte die „Black Revolution" die afroamerikanische Bevölkerung erst richtig in den amerikanischen Alltag mit ein.[305]

Im „Neuen Süden" mit seinen Expressways und Vielfliegerangeboten sind Diskriminierungen im öffentlichen Verkehr und den dazugehörigen Einrichtungen endgültig ein Ding der Vergangenheit. Lediglich hinter den Toren der verschiedenen Kirchen und Glaubensgemeinschaften sticht weiterhin eine weitgehend nach ethnischer Zugehörigkeit geprägte „Eintönigkeit" ins Auge. Diese hat allerdings

---

[305] Franklin/Moss, From Slavery to Freedom. A History of African Americans, S. 531.

weniger mit praktizierter Rassentrennung als vielmehr mit unterschiedlichen religiösen Traditionen und Stilen zu tun.

Es zeigte sich, dass gerade die afroamerikanische Mittelklasse am besten dazu in der Lage war, die veränderte Situation für sich zu nutzen. In den Achtzigern war ihr Emporsteigen eines der „bestimmenden wirtschaftlichen Phänomene". Der früher als rückständig verschriene Süden wurde zu einem Gebiet großer Möglichkeiten, was unter anderem eine Umkehrung der Abwanderungszyklen zur Folge hatte. Seit damals war die Zahl an den in den Süden zurückkehrenden Afroamerikanern stets höher als jene, die nach Norden oder in den Westen der USA abwanderten.[306] Ein Symbol für die komplett veränderte gesellschaftliche Situation mag auch sein, dass beim demokratischen Parteitag von 1976 eine Gruppe an sich äußerst unterschiedlicher Personen gemeinsam sangen. Dies waren Jimmy Carter, der Gouverneur von Georgia, der das höchste Amt im Staate anstrebte, George Wallace, der frühere Erzsegregationist, der mittlerweile vor allem mit den Stimmen schwarzer Wähler an der Macht blieb und schließlich Coretta King, die Ehefrau von Martin Luther King, Jr. und damit die Hüterin seines Erbes.[307]

In Kunst, Kultur und Sport

Im Bereich des Films war während der fünfziger und sechziger Jahre Sydney Poitier der mit Abstand erfolgreichste aller schwarzen Schauspieler. Erst im Laufe der Sechziger kam es vermehrt zu Filmen mit afroamerikanischen Akteuren und auch mit unterschiedlicheren Themen. Diese Verbreitung brachte auch einen besseren Einblick in die „schwarze Erfahrung" mit sich. So entstand das spezielle Genre der „Blaxploitation"-Filme. Weiter waren Afroamerikaner nun auch im positiven Sinne in den großen Fernsehserien und Varietés zu sehen. Einige wenige Schauspieler erhielten eigene Shows im Fernsehen. Das Weiterkommen durch Sport und Unterhaltung spielt eine wichtige Rolle in der afroamerikanischen Bevölkerung. Einige der einflussreichsten Persönlichkeiten kommen aus diesen Bereichen, nicht zuletzt aufgrund der in anderen Gebieten noch stärkeren Diskriminierung. Sport war auch für andere Gruppierungen, wie zum Beispiel Immigranten, seit jeher eine

---

[306] Salmond, „My Mind Set on Freedom". A History of the Civil Rights Movement, 1954-1968, S. 159f.
[307] Vgl. ebd., S. 149f.

Möglichkeit, den sozialen Aufstieg zu schaffen, allerdings ist der Einfluss von Sportlern in der afroamerikanischen Gemeinschaft noch ungleich größer. Gute Beispiele sind die Boxer Jack Johnson, Joe Lewis und natürlich Muhammad Ali, der dafür bekannt war, schon vor dem eigentlichen Kampf die Runde vorauszusagen, in welcher er seine Gegner besiegen würde. Er gewann den Titel 1962, trat zur NoI über, woraufhin er eine Menge an Unterstützung verlor. Als klares politisches Statement verweigerte Ali es dann, sich zum Vietnamkrieg einziehen zu lassen, weshalb ihm sein Titel aberkannt wurde. Später wurde er aber wieder populärer. Als wichtiger Vorreiter gilt auch Jackie Robinson, der in den vierziger Jahren als erster schwarzer Spieler der nationalen Baseball-Liga Schlagzeilen machte.

Schwarze mit Berühmtheitsstatus verfügen quasi automatisch über eine einzigartige Möglichkeit, sich öffentlich einzusetzen. Es ist allerdings oftmals schwierig zu beurteilen, was sie zu Sprechern der afroamerikanischen Gemeinschaft qualifiziert.

Die „Anderen" – Schwarzer Nationalismus

Viele Afroamerikaner waren nach den jahrelangen Kämpfen für ihre Bürgerrechte einigermaßen desillusioniert und verzweifelt. Sie sahen sich selbst als Opfer einer neuen Form des Kolonialismus oder aber dass sie sich auf dem besten Weg zum Völkermord befanden. Wieder andere strebten eine „Wiedervereinigung" mit den Bewohnern des afrikanischen Kontinents an und wollten eine Dritte-Welt-Macht als Gegenpol zur von Weißen dominierten Welt schaffen.[308] Der sich in Richtung Afrika verlagernde Fokus drückte sich durch das Tragen afrikanisch inspirierter Kleidung aus, dem Sprechen von Afrika als „Heimat", sowie durch so genannte „natürliche" Frisuren, wie dem berühmten Afrolook der Siebziger. Andere gingen weiter und folgten dem Beispiel von Malcolm X. Sie legten ihre westlichen Namen ab, um arabische anzunehmen und sahen die arabische Gesellschaft als Idealform an. Allerdings nicht ohne gleichzeitig zu ignorieren, dass in einigen arabischen Staaten noch immer Formen von Sklaverei praktiziert wurden. Diese Entwicklungen wirkten sich über kurz oder lang auch auf den täglichen Sprachgebrauch aus. So wurden seit den späten sechziger und frühen siebziger Jahren die Begriffe „schwarz" oder „afroamerikanisch" bevorzugt, während „Neger" als Relikt der Sklaverei strikt abgelehnt wurde. An den Universitäten wurden spezielle Institute für „Black Studies"

---

[308] Franklin/Moss, From Slavery to Freedom. A History of African Americans, S. 523.

eingerichtet und die „Black Revolution" der Sechziger brachte quasi als ihren Spross die afroamerikanische Frauenbewegung hervor, die noch bestehende Barrieren des Rassismus und Sexismus angriff.

Die „Black Panthers"

Bereits im Oktober 1966 wurde in Oakland, Kalifornien von Huey P. Newton und Bobby Seale die „Black Panther"-Partei gegründet und zwar unter dem Leitspruch der Selbstverteidigung. Der Aktivist Eldridge Cleaver erklärte, dass es lediglich zwei Optionen gäbe. Entweder, „total liberty for black people or total destruction for America", also „die totale Freiheit für schwarze Bürger oder aber totale Vernichtung Amerikas".[309] In einem 10-Punkte-Programm wurde unter anderem festgehalten, dass alle politischen Gefangenen freigelassen, die Versorgung der Schulkinder mit Lebensmitteln sichergestellt und die Sicherheitskräfte aus den afroamerikanischen Wohngebieten abgezogen werden müssen. Weiters wurde das Recht auf Selbstverteidigung eingefordert und vieles mehr.[310]

Im Zuge der „Black Power-Bewegung" wurde in Detroit 1967 auch die Bewegung „Republik des Neuen Afrika" oder „Republic of the New Africa" ins Leben gerufen. Fünf Staaten wurden vorgeschlagen, wohin alle Afroamerikaner umgesiedelt werden sollten. Sollten die Weißen dies verweigern, so solle den Schwarzen Land zugeteilt werden, auf dem sie sich niederlassen können.[311]

Die „Black Panthers" erlangten nationale Bekanntheit und Bedeutung als Newton aufgrund einer Anklage wegen fahrlässiger Tötung verurteilt wurde. Die Bewegung breitete sich in alle größeren Städte aus, wo Zweigstellen aufgebaut wurden. Auf ihrer Agenda stand die Vollbeschäftigung, anständige Unterkünfte, afroamerikanische Kontrolle über ihre Gemeinschaften und ein sofortiger Stopp jeglicher Art von Repression und Brutalität ihnen gegenüber. Zusammenstöße mit der Polizei waren ja weiterhin keine Seltenheit. Schließlich erklärte das FBI die „Black Panthers" für gefährlich und subversiv. In den folgenden Jahren verlor die Organisation sukzessive an Einfluss und war Anfang der Achtziger von keiner großen Bedeutung mehr.

---

[309] Vgl. ebd., S. 518.
[310] Asante/Mattson, Historical and Cultural Atlas of African Americans, S. 124.
[311] Franklin/Moss, From Slavery to Freedom. A History of African Americans, S. 519.

Im April 1969 wurde in Detroit von der durch die SNCC organisierten „Black Economic Development Conference" das so genannte „Black Manifesto" verfasst. Dieses Manifest unterstrich die bereits im Jahr zuvor von der „National Advisory Commission on Civil Disorders" publizierten Ergebnisse, nach denen sich „die Nation in Richtung zweier Gesellschaften bewege, einer schwarzen und einer weißen - getrennt und ungleich". Darin wird von „weißen christlichen Kirchen und jüdischen Synagogen in den USA und von allen anderen rassistischen Institutionen" auch gefordert, 500 Millionen Dollar an Reparationen für die Leiden der schwarzen Bevölkerung der Vereinigten Staaten zu bezahlen. Außerdem sollten die genannten Einrichtungen 60% ihrer Rücklagen aufgeben und den schwarzen Gemeinden zur Verfügung stellen.[312] Die Unzufriedenheit vieler Afroamerikaner mit den herrschenden Zuständen war so tief gehend, dass die von einzelnen Personen gemachten Fortschritte als Ausverkauf an die weiße Mehrheit angesehen wurden und mit Hinblick auf die Zukunft herrschte beträchtliche Besorgnis vor.

---

[312] Vgl. ebd., S. 522.

Schlusswort

Um die dramatischen Umwälzungen im gesellschaftlichen und politischen System der Vereinigten Staaten während der Bürgerrechtsbewegung der 1950er und 60er Jahre verstehen zu können, muss man sich der Geschichte und Entwicklung der afroamerikanischen Gemeinschaft als Ganzes bewusst sein.

Seinen Ausgang nahm alles bereits 1619 mit der Ankunft der ersten zwanzig Afrikaner, die mehr zufällig als geplant als Zwangsarbeiter bei den britischen Kolonisten in Jamestown, Virginia zum Einsatz kamen. In den darauf folgenden zweieinhalb Jahrhunderten sollten noch hunderttausende, vornehmlich aus Westafrika verschleppte Menschen dunkler Hautfarbe deren Schicksal teilen und vom menschenverachtenden System der Sklaverei unterdrückt werden. Versuche, sich aus dieser Situation als Individuen wie als Gemeinschaft zu befreien, blieben auf lange Sicht erfolglos. Das Ende des amerikanischen Bürgerkrieges zwischen dem abolitionistisch geprägten Norden und dem Süden, der aus wirtschaftlichen wie gesellschaftlichen Gründen das System der Sklaverei beibehalten wollte, brachte ab 1865 mit der „Reconstruction" zwar Verbesserungen für die afroamerikanische Bevölkerung mit sich, die sich aufgrund der weiterhin vorhandenen weißen Kontrolle und Übermacht in so gut wie allen Bereichen des täglichen Lebens jedoch als wenig dauerhaft erwiesen.

Schon seit den ersten Jahrzehnten des gemeinsamen Schicksals auf dem amerikanischen Kontinent bestimmten unterschiedliche Ansichten und Lösungsansätze die Afroamerikaner. Zu keinem Zeitpunkt gab es eine wirklich einheitliche Stimme. Waren es zunächst gewaltsame und blutig niedergeschlagene Aufstände, die einer Anpassung und allenfalls Flucht aus dem Süden gegenüberstanden, so prägte später die Bruchlinie zwischen Nationalisten und Integrationisten die Überlegungen hinsichtlich einer Verbesserung der eigenen Position innerhalb der amerikanischen Gesellschaft. Meinungsträger wie W.E.B. Du Bois und Booker T. Washington standen einander in der öffentlichen Diskussion ebenso gegenüber, wie dies später bei Malcolm X und Martin Luther King, Jr. der Fall sein sollte.

In den Jahren nach dem ersten Weltkrieg konnten mit der „Harlem Renaissance" und der Verbreitung der Jazzmusik zwar im kulturellen Bereich einige Durchbrüche erzielt werden, gleichzeitig blieb das repressive gesellschaftliche Klima aber bestehen und fand in zahlreichen Fällen von Lynchjustiz durch den berüchtigten Ku Klux Klan seine gewalttätige Ausprägung.

Erst durch die Erfahrungen im Kampf gegen Faschismus und Rassenwahn Nazideutschlands und des kaiserlichen Japans in den Vierzigern kam erstmals seit dem Ende der „Reconstruction" wieder mehr Bewegung in die Entwicklung. Nicht nur begann sich durch aus dem Krieg zurückkehrende schwarze Soldaten innerhalb der afroamerikanischen Gemeinschaft verstärkt Widerstand gegen die anhaltende Unterdrückung zu regen, sondern auch internationale Entwicklungen wie die beginnende Dekolonisation afrikanischer und asiatischer Staaten, der sich abzeichnende Kalte Krieg und eine bislang in diesem Umfang nicht gekannte internationale Zusammenarbeit im Rahmen der Vereinten Nationen machten es für die USA zusehends schwieriger, beträchtliche Teile der eigenen Bevölkerung auf der Basis eines rassistischen Weltbilds zu unterdrücken.

Im Bewusstsein, dass der Zeitgeist zu ihren Gunsten arbeitete, verstärkte gleichzeitig eine erste Generation afroamerikanischer Anwälte mit Unterstützung der NAACP den legislativen Druck auf die etablierte amerikanische Gesetzgebung und rüttelte seit Mitte der vierziger Jahre an zentralen Prinzipien der Unterdrückung, wie dem System weißer Vorwahlen, der „Großvaterklausel" oder der Doktrin „separate, but equal". Sie zählten damit zu den wichtigsten Wegbereitern der Bürgerrechtsbewegung.

Diese fanden sich aber nicht nur in den Gerichtssälen des Landes wieder oder auch in Bereichen wie Kunst, Kultur und Sport, sondern es waren vor allem die vielen, oft unbekannten Schicksale, die im kleinen Rahmen Erfolge oder aber auch Misserfolge und schmerzliche Erfahrungen mit sich brachten. Beide, Erfolge und Misserfolge, trugen dazu bei, dass es nach über dreihundert Jahren der Unterdrückung und Stagnation endgültig zu einer anhaltenden Verbesserung der Situation der afroamerikanischen Gemeinschaft kommen sollte.

Nach langwierigen Debatten einigten sich die Richter des Obersten Gerichtshofes am 17. Mai 1953 darauf, dass Rassentrennung an Schulen und damit auch der Grundsatz „separate, but equal" verfassungswidrig sei. Dieser durchschlagende Erfolg der NAACP brachte aufgrund seiner nicht unmittelbar bindenden Formulierung zwar nicht umgehend ein Öffnung des Schulsystems mit sich, stellte aber den bislang deutlichsten Beweis einer sich ändernden Situation in den USA dar. Nach

Überwindung des ersten Schocks über diese Entwicklung formierte sich unter den weißen Südstaatlern zusehends Widerstand gegen weitere Zugeständnisse an die afroamerikanische Bevölkerung. Sie sahen ihre Vormachtstellung und die sich darauf gründende Lebensweise in Gefahr. Dass sich auch der republikanische Präsident Dwight D. Eisenhower nicht öffentlich auf eine Einhaltung des Gerichtsentscheids bestand, bestärkte sie darin nur noch. Diese Unfähigkeit des Südens, sich aus seiner Geschichte zu lösen, war eine der wichtigsten Voraussetzungen dafür, dass sich in den Südstaaten eine massive Protestbewegung bilden konnte, welche die seit langem bestehenden Konflikte auf die Strassen trug und mit der beginnenden medialen Unterstützung auch an die Weltöffentlichkeit zerrte. Das Antlitz und die Methoden des rassistischen Südens wurden so publik gemacht und einer ihrer wichtigsten Stützen, nämlich der Anonymität des Handelns, beraubt. Nun waren sowohl Alibipolitik und Verschleppungstaktik, wie auch Repressionen und Gewaltausbrüche gegenüber friedlichen Afroamerikanern, die auch nicht vor Bombenanschlägen und Morden zurückschreckten, nicht mehr länger zu verstecken. Ein Beispiel hierfür ist der Lynchmord am 14-jährigen Emmett Till im August 1955, der einen der zündenden Momente der Bürgerrechtsbewegung darstellte.

Mit zunehmender Verzweiflung griff die in Bedrängnis geratene weiße Bevölkerung immer öfter zu Gewalt, so beispielsweise auch in einer Reihe von Fällen, in denen Schulen und Universitäten weiterhin für schwarze Schüler und Studenten verschlossen bleiben sollten. Zwei der bekanntesten Beispiele hierfür sind die Ereignisse an der Little Rock Central High School im Herbst 1957 oder auch der spätere Versuch von James Meredith an der University of Mississippi zu immatrikulieren. In beiden Fällen wurde klar deutlich, dass der Einsatz von föderalen Kräften, wie Bundestruppen, ein effektives Gegenmittel gegen den rassistischen Mob darstellt. Hätte Präsident Eisenhower im Kampf gegen die Rassentrennung eine moralische Verpflichtung gesehen und seine Politik nicht auf die Furcht vor dem Verlust politischer Unterstützung aus dem Süden ausgerichtet, wäre den Vereinigten Staaten eine innere Zereisprobe, wie sie in den darauf folgenden Jahren eintreten sollte, zumindest in dieser Form wohl erspart geblieben.

So aber waren ab Mitte der Fünfziger sämtliche Voraussetzungen für eine breite, aktionistisch geprägte Bewegung zur Erlangung von gleichen Bürgerrechten für alle Amerikaner gegeben. Dies waren die Erfolge der NAACP vor dem Höchstgericht, die Stagnation und Gewaltbereitschaft des Südens, eine bislang ungekannten mediale Öffentlichkeit und die erwähnte präsidiale Führungsschwäche. Schließlich aber auch demographische Veränderungen, die einerseits zur Heranbildung einer schwarzen Mittelschicht und einem gestärkten schwarzen Selbstbewusstsein im Norden, andererseits aber auch zu mehr Armut, Enttäuschungen und Kriminalität in neuen urbanen Ghettos führten.

Der offizielle Beginn der amerikanischen Bürgerrechtsbewegung wird meist mit dem Busboykott von Montgomery, Alabama im Jahr 1956 gleichgesetzt, der zu einem Präzedenzfall für andere Städte des amerikanischen Südens werden sollte. Auslösender Moment war die Weigerung der ehemaligen NAACP-Sekretärin Rosa Parks am 1. Dezember 1955 ihren Sitzplatz in einem Bus für einen weißen Fahrgast frei zu machen. In der Folge wurde von den verschiedenen Kirchengemeinschaften und zu einem nicht unbedeutenden Anteil auch von Frauenorganisationen ein Boykott des örtlichen Bussystems initiiert. Dieser Boykott unter der Leitung des jungen Baptistenpriesters Martin Luther King, Jr. wurde zu einem unerwarteten Erfolg und führte im darauf folgenden Jahr zur Aufhebung der Rassentrennung im öffentlichen Verkehr durch den Obersten Gerichtshof. Dies stellte einen ersten großen Triumph der modernen Bürgerrechtsbewegung im Kampf gegen den Rassismus dar und machte King zum weltweiten Symbol der neu erwachten afroamerikanischen Entschlossenheit und gleichzeitig zum gefragtesten Sprecher der Afroamerikaner.

Noch 1957 wurde von King die „Southern Christian Leadership Conference" als koordinierender Dachverband im Kampf um mehr Rechte ins Leben gerufen, in der sich die treibenden Kräfte, nämlich die zahlreichen schwarzen Kirchen, organisierten. Der anhaltenden und verbitterten Feindschaft der weißen Mehrheit mit Hilfe des von King vehement vertretenen gewaltlosen Widerstands trotzend, wurden Afroamerikaner unter anderem in „Citizenship Crusades" über ihre Rechte als Bürger und vor allem ihr Recht auf Stimmabgabe in Wahlen aufgeklärt. Diese Gewaltlosigkeit war die Essenz von Kings Wirken und eine für ihn im christlichen Glauben und den amerikanischen Traditionen verwurzelte, moralisch vertretbare Waffe gegen Rassismus und für Gerechtigkeit. Mit dieser Ansicht gelang es Dr. King, sich gegen bremsende konservative Kräfte einerseits und drängende radikale Strömungen innerhalb der afroamerikanischen Gemeinschaft andererseits, durchzusetzen.

Vor allem jungen Studenten waren die Erfolge bislang noch zu spärlich, weshalb einige von ihnen in Greensboro, North Carolina im Jänner 1960 die Initiative ergriffen und unter Einhaltung von Kings Prinzipien die so genannte Sit-in-Bewegung lostraten. Durch ihre Weigerung sich von bis dahin segregierten Imbisstheken zu erheben, zwangen sie mit Unterstützung der afroamerikanischen Gemeinde und damit verbundenen wirtschaftlichen Einbußen der weißen Geschäftswelt, innerhalb relativ kurzer Zeit die Stadtverwaltung zu einem Einlenken und in Folge zu einer Aufhebung der Rassentrennung. Dieses Beispiel machte im ganzen Süden rasch Schule und leitete eine Phase des Aktivismus ein. Zudem brachte die Sit-in-Bewegung auch die Gründung des „Student Nonviolent Organizing Committee" mit sich, einer Organisation politisch interessierter Studenten, die sich mit viel Einsatz und Idealismus unterstützend der Bürgerrechtsbewegung anschlossen. Von Anfang an war innerhalb dieser Gruppierung jedoch ein rein gewaltloses Vorgehen gegen die ihnen gegenüber stehenden weißen Rassisten nicht unumstritten, was später zu einem Bruch mit der SCLC führen sollte.

Im selben Jahr wurde die Tagespolitik der USA neben den immer stärker zu Tage tretenden Schwierigkeiten auf dem Gebiet der Bürgerrechte vor allem von einem Thema geprägt: der anstehenden Präsidentschaftswahl. Die Hauptkonkurrenten waren Richard M. Nixon von der regierenden republikanischen Partei und John F. Kennedy von den Demokraten. War das Rennen zunächst noch völlig offen, setzte sich am Schluss Kennedy mit einem denkbar knappen Ergebnis durch und das wohl nur aus dem Grund, weil er, im Gegensatz zu Nixon, dem inhaftierten King zu Hilfe eilte und so die Sympathie der afroamerikanischen Wählerschaft für sich verbuchen konnte.

Nach der Übernahme des Amtes von Eisenhower, zeigte sich die Kennedy-Administration jedoch mit Rücksicht auf die Demokraten aus dem Süden eher zögerlich bei der Umsetzung neuer Bürgerrechtsvorstöße und wollte vielmehr mit „moral leadership" punkten. Erste Initiativen erwiesen sich als wenig wirksam und so nahm langsam aber sicher der Druck von Straße wieder zu. Krisen, wie jener an der University of Mississippi, begegnete die Regierung äußerst zögerlich und nur als letztes Mittel wurden Bundestruppen gegen gewaltbereite rassistische Mobs eingesetzt. Ähnlich war die Vorgangsweise im Zuge der „Freiheitsfahrten", in denen ab dem Frühjahr 1961 die Rassentrennungspraktiken im zwischenstaatlichen Verkehr einer Prüfung unterzogen wurden oder auch während der Proteste in Albany, Georgia im Jahr 1962, wo die SCLC und Martin Luther King, Jr. einen schweren Rückschlag in ihren bislang erfolgreichen Aktionen hinnehmen mussten.

Aus diesem medialen Desaster zog King jedoch diverse Schlüsse darüber, was für eine erfolgreiche Bürgerrechtskampagne notwendig war. Dazu zählten vor allem Einheit und Disziplin innerhalb der eigenen Reihen, eine genaue Kenntnis der örtlichen Gegebenheiten, ein bedingungsloses Festhalten an den Prinzipien der Gewaltlosigkeit sowie ein ausreichend großes Konfliktpotential vor Ort, um einerseits die öffentliche Meinung auf die eigene Seite ziehen zu können, andererseits aber eben auch die Regierung zum Eingreifen zu zwingen.

All diese Bedingungen trafen im Fall des als am stärksten segregierte Stadt Amerikas bekannten Birmingham, Alabama zu. Pünktlich zu Ostern 1963 setzten die Proteste ein und trafen damit gezielt die Wirtschaft der Stadt. Planmäßig reagierte auch der rassistische Polizeichef mit bis dato noch nicht gekannter Gewalt und ebenso erwartet schlug sich rasch die amerikanische Öffentlichkeit auf die Seite der Bürgerrechtler. Vor allem als diese Kinder gegen die Polizei in Stellung brachten und erschreckende Fernsehbilder in aller Welt zu sehen waren. King wurde zwar verhaftet, meldete sich aber aus der Einzelhaft im bekannten „Letter from a Birmingham Jail", in dem erstmals alle zentralen Anliegen der Bewegung an einer Stelle aufgelistet wurden und der aktive Widerstand seine Legitimation fand. Schließlich gerieten die örtlichen Geschäftstreibenden so sehr unter Druck, dass sie ein Einlenken der Stadt in die Wege leiteten, das nach einigem Widerstand und nach dem Einsatz des Militärs sowie der Absetzung des örtlichen Polizeichefs auch durchgesetzt wurde.

Die Bürgerrechtsbewegung genoss zu diesem Zeitpunkt eine breite Unterstützung quer durch alle gesellschaftlichen Schichten der Vereinigten Staaten und auch Präsident Kennedy rückte nun endgültig von seiner bisherigen Zurückhaltung ab und stellte sich mit seiner Regierung hinter die Forderungen der Bewegung hinter Martin Luther King, Jr.

Bei einem Projekt zur Registrierung von Wählern im tiefsten Süden der USA spürten Aktivisten der SNCC und des CORE davon aber zunächst reichlich wenig und sahen sich vielmehr mit einem schockierenden Ausmaß an Gewalt konfrontiert. Erst durch die Proteste der Bürgerrechtskommission innerhalb der Regierung und eine Gefährdung weißer Aktivisten wurde das FBI als Schutz abgestellt. Erfolge stellten sich in einem derart feindseligen Umfeld jedoch nur sehr schleppend ein und bestärkten viele der Involvierten darin, dass gewaltfreier Widerstand unrealistisch sei, zumindest was diese Art der direkten Basisarbeit angeht.

Nichtsdestotrotz nahmen auf dem gesamten Gebiet der Südstaaten der afroamerikanische Aktivismus und die Geschwindigkeit der ethnischen Integration zu, wenn dies auch noch nicht in allen Bereichen der Fall war, wie beispielsweise im Schulsektor. Anlässlich des hundertsten Jubiläums von Lincolns „Emancipation Declaration" sollte das Jahr 1963 dem Leitspruch „Freedom Now" gerecht werden. Noch zeigten sich jedoch beträchtliche Unterschiede zwischen Vorhaben und deren Umsetzung, weshalb die Bürgerrechtler mit verstärkten Demonstrationen während des Jubiläumsjahres auf diesen Missstand aufmerksam machen wollten. Dies traf nicht nur auf den Süden zu, sondern auch auf Norden und Westen der Vereinigten Staaten, wo im Beschäftigungsmarkt, wie auch im Wohnungs- und Erziehungssektor eine De-facto-Rassentrennung etabliert war.

Präsident Kennedy war sich dieser „moralischen Krise" des Landes bewusst und versprach in seiner wohl bekanntesten Fernsehansprache am 11. Juni 1963 die Ausarbeitung des bislang umfassendsten Gesetzes zu Bürgerrechten, das die Rassendiskriminierung in den gesamten USA abschaffen sollte. Politisch gesehen löste Kennedy damit die letzten Bande mit Politikern aus dem Süden und entsprechend viel Energie war in Folge notwendig, um den Gesetzesentwurf durch den Kongress zu bringen.

Quasi unterstützend organisierte die SCLC gemeinsam mit einer breiten Front von religiösen, gewerkschaftlichen und bürgerlichen Gruppen den „Marsch auf Washington", der als absoluter Höhepunkt der gesamten Bürgerrechtsbewegung eingehen sollte. An diesem 28. August 1963 demonstrierten in der amerikanischen Hauptstadt über 200.000 Menschen für mehr Bürgerrechte und für die Umsetzung des angekündigten Gesetzespakets. Martin Luther King, Jr. plädierte in seiner berühmten Rede „I Have A Dream" für eine Zusammenarbeit zwischen den Rassen und die Freiheit als Grundrecht aller Menschen. Er rief erneut zur Gewaltlosigkeit auf und erzielte damit nicht nur eine Stärkung des afroamerikanischen Selbstbewusstseins, sondern zudem eine Solidarisierung vieler Weißer mit seinen Zielen, denen er näher zu sein schien, als je zuvor. Trotz heftiger Kritik von Seiten weißer Segregationisten und militanter schwarzer Nationalisten, steigerte sich die Kraft der Bewegung und damit deren Druck auf die Verantwortlichen im Kongress.

Dort versuchten der Präsident und seine Regierung mit allen Mitteln, Liberale in den eigenen Reihen und auch unter den Republikanern zu einer Zustimmung zum geplanten „Civil Rights Act" zu bewegen, was nach langem Hin und Her schließlich erst nach der Ermordung des Präsidenten am 22. November 1963 in Dallas gelang.

Sein Nachfolger Lyndon B. Johnson stellte sich bestimmt hinter das Vorhaben Kennedys und am 2. Juli des folgenden Jahres wurde das umfassende Bürgerrechtsgesetz schließlich gesetzeswirksam. Auch wenn dieser große liberale Fortschritt des Jahrzehnts in den meisten Bereichen sehr effizient zu sein schien, zeigte sich doch bald eine Schwäche im Bereich des Wahlrechts. Auf den Straßen des Landes kam es zudem im „langen, heißen Sommer von 1964" erneut zum Ausbruch von Gewalttätigkeiten und so forderten King und eine Reihe anderer Bürgerrechtler eine Verbesserung des CRA im Bezug auf die vorhandenen Wahlrechtsmängel, was Präsident Johnson aber zunächst ablehnte.

Dieser war in diesem Jahr vollends mit der im Spätherbst anstehenden Präsidentenwahl beschäftigt und zeigte sich außerdem irritiert über die durch das Auftreten der „Mississippi Freedom Democratic Party" auf dem demokratischen Parteitag in Atlantic City verursachte Unruhe. Diese Partei ging aus einem neuen Vorstoß zur Registrierung schwarzer Wähler in Mississippi hervor und forderte, als offizielle Vertreter ihres Bundesstaates zugelassen zu werden, was ihnen schlussendlich, auch von King und der SCLC, jedoch verweigert wurde. Dadurch wurden die ohnehin bereits militanten Thesen gegenüber zugänglichen Aktivisten des SNCC weiter radikalisiert und Martin Luther King, Jr. verlor weiter an Ansehen in ihren Reihen. Das Klima war somit ein äußerst gespanntes als Lyndon B. Johnson mit überwältigender Mehrheit im Amt bestätigt wurde und die demokratische Partei die Kontrolle in beiden Häusern des Kongress erlangte. Das persönliche Verhältnis zwischen Johnson und King war ebenfalls so schlecht, wie noch nie und für den Präsidenten war das Kapitel Bürgerrechte für den Moment zumindest abgeschlossen. Die Bürgerrechtler sahen das naturgemäß anders und starteten Anfang 1965 eine Kampagne zur Stärkung des Wahlrechts. Dazu wurde in Selma, Alabama am 18. Jänner ein erster Protestmarsch organisiert, der, ähnlich wie zuvor in Birmingham, das Ziel hatte, zu einer Eskalation und damit zu erhöhtem öffentlichen Druck auf die Regierung zu führen. Das gelang dank der Brutalität der örtlichen Sicherheitstruppen auch erneut und am 7. März 1965 kam es am so genannten „Bloody Sunday" sogar zu den grausamsten Polizeiunruhen der gesamten Bürgerrechtsperiode. King schaffte es damit aber, die Regierung so unter Zugzwang zu bringen, dass diese nachgab und ein neues Gesetz zur Durchsetzung des Wahlrechts schaffte. Gleichzeitig musste er jedoch hinnehmen, dass durch die Art und Weise wie das erreicht wurde, der Bruch zwischen der SNCC und den anderen Bürgerrechtsgruppierungen endgültig war. Just im Moment ihres weitreichendsten Erfolges begann die bislang geschlossene Bürgerrechtsbewegung also auseinander zu brechen.

In einer landesweit ausgestrahlten Ansprache am 15. März 1965 kündigte Präsident Johnson den „Voting Rights Act" an, der einen einfachen und allgemein gültigen Standard für die Zulassung von Wählern darstellen sollte. Außergewöhnlich rasch folgten den Worten auch Taten und so wurde ein entsprechendes Gesetz schon am 6. August unterzeichnet und brachte auf einen Schlag massive Änderungen, wie explodierende Wählerregistrierungen unter der schwarzen Bevölkerung und damit verbunden eine verstärkte Wahl von afroamerikanischen Politikern in wichtige Ämter mit sich. Das politische Klima wurde somit dauerhaft umgekrempelt.

Dann aber verlagerte Johnson endgültig seinen Schwerpunkt auf sein Programm zur Ausrottung der Armut und als auch noch die Situation in Vietnam eskalierte, waren es die Vertreter der Bürgerrechtsbewegung, denen zunehmend weniger Öffentlichkeit zuteil wurde. Wohl auch, weil viele ihrer Forderungen nun erfüllt zu sein schienen. Dass gerade in urbanen Ghettos des Nordens und auch Westens die Situation alles andere als Gleichberechtigung widerspiegelte, fand im August 1965 in den schweren Unruhen von Watts in Los Angeles einmal mehr sichtbaren Ausdruck.

Die seit Anbeginn an bestehenden massiven wirtschaftlichen Unterschiede zwischen der schwarzen und weißen Bevölkerung Amerikas lassen sich nicht nur durch die Abschaffung diskriminierender Gesetze allein aus dem Weg schaffen. Das wurde auch King schmerzlich bewusst und er änderte seine Strategie nun dahingehend, dass er städtische Armut und soziales Elend ins Auge fasste. Aus diesem Grund startete die SCLC 1966 in Chicago das „Chicago Freedom Movement", die „Campaign to End Slums" und die „Operation Breadbasket". Vor allem aufgrund fehlender Unterstützung von Seiten der ortsansässigen Afroamerikaner und einer zunehmenden Entfremdung von liberalen Weißen, die bislang die Aktionen der Bürgerrechtler unterstützt hatten, brachten alle drei Kampagnen aber nicht den gewünschten Erfolg. Kings Standpunkte schienen sich durch diese Erfahrungen weiter zu radikalisieren, was ihn auch in seinen eigenen Reihen immer mehr an Ansehen und Durchsetzungsvermögen kostete. Er zeigte sich nun in seinem Vertrauen in die amerikanische Demokratie erschüttert und forderte eine massive Umschichtung von Ressourcen. Diese radikale Kritik am Kapitalismus ging vielen der früheren Mitstreiter zu weit und sie begannen damit, sich von King abzuwenden.

Generell hatte sich die Kluft zwischen den einzelnen Teilorganisationen der vormals meist geeint auftretenden Bewegung vergrößert. Alles begann auseinanderzudriften, Teile des SNCC gingen in der militanten „Black Power"-Bewegung auf und als Martin Luther King, Jr. auch ein allgemein gültiges Tabu brach und die Vietnampolitik der Regierung öffentlich scharf angriff, war das nur noch ein weiterer Schritt in Richtung Ende einer gemeinsamen Linie. Parallel versiegten zu allem Überdruss die Geldquellen.

Dr. King hielt jedoch an seiner Überzeugung fest, dass es jetzt darum ging, einen Kreuzzug gegen die Armut zu führen, den er als einzigen Ausweg aus der prekären Lage in den urbanen Gebieten sah. Wie Malcolm X kurz vor seinem Tod, hatte er also sein Aufgabengebiet von Bürger- auf Menschenrechte erweitert und die letzten Wochen seines Lebens widmete King daher der Organisation der so genannten „Poor People's Campaign", die im Frühjahr 1968 starten sollte.

In diesem Zusammenhang eilte er auch nach Memphis, Tennessee, um einen Streik von Müllmännern und Kanalarbeitern persönlich zu unterstützen. Am 4. April 1968 fiel er eben dort einem Attentat zum Opfer und in den darauf folgenden Tagen schwappte eine Welle der Gewalt über die Vereinigten Staaten, die erst nach der Verabschiedung eines „Civil Rights Acts" zur Stärkung der Rechte im Wohnungssektor und bei der Ausübung der Bürgerrechte abebbte. Gemeinsam mit dem im Juni desselben Jahres beschlossenen „Open Housing Act", stellte dies die letzten Bürgerrechtsgesetze der sechziger Jahre dar.

Die „Poor People's Campaign" wurde zwar gestartet, lief sich aber bald aufgrund organisatorischer Mängel und anderer Probleme, denen sich das Land gegenüber sah, tot. Dasselbe gilt auch für die Bürgerrechtsbewegung als Ganzes, die damit Geschichte wurde.

Diese Bewegung ist tief in der „amerikanischen Erfahrung" verwurzelt, da die Afroamerikaner im Süden von Anfang an gegen die Auferlegung eines Kastensystems kämpften, genauso wie sie sich zuvor im Rahmen der bestehenden Möglichkeiten gegen die Übermacht der Sklaverei gestellt hatten. Die Jahre zwischen 1955 und 1968 führten im Süden der USA endgültig zu einem längst überfälligen und nachhaltigen Wandel. Viele Frauen und Männer trugen ihren Teil dazu bei, aber es war Martin Luther King, Jr., der zur Personifizierung der Bewegung wurde. Er gab ihr die Ideologie und war am besten in der Lage, das moralische Ziel zu demonstrieren. Gemeinsam mit den Menschen, die ihm folgten, erfüllte King letztlich die Hoffnungen, die in ihn gesetzt wurden. Durch die bemerkenswerten Veränderungen hin zu einem besseren Klima zwischen den ethnischen Gruppen der USA, ist eine Rückkehr zu einer durch Rassentrennung bestimmten Vergangenheit ausgeschlossen. Es darf aber nicht vernachlässigt bleiben, dass es in den Vereinigten Staaten von heute eigentlich zwei afroamerikanische Gemeinschaften gibt. Einerseits eine wohlhabende, bestens ausgebildete und politisch einflussreiche schwarze Mittelklasse und andererseits eine von Hoffnungslosigkeit und Mangel geprägte Gruppe verarmter städtischer Schwarzer. Daneben besteht auch weiterhin Armut in vielen am Land lebenden afroamerikanischen Familien, was einen im Vergleich zum grundlegenden amerikanischen Standard eigentlich untragbaren Zustand darstellt.

Zugang zur Macht alleine bringt also nicht zwingend auch sozioökonomische Veränderung mit sich, sehr wohl aber gesteigerte Erwartungen und Hoffnungen. Dass noch immer vieles nicht so ist, wie es eigentlich sein sollte, zeigen die immer wieder aufflammenden ethnisch begründeten Konflikte, wie zuletzt Mitte Juni 2003 in Benton Harbor, Michigan. Auch die Ende desselben Monats vom Obersten Gerichtshof auf Betreiben der University of Michigan hin getroffene Entscheidung zur Aufrechterhaltung der „affirmative action", also der Bevorzugung von Minderheiten, im akademischen Bereich, zeigt, dass die amerikanische Gesellschaft noch immer weit davon entfernt ist „colorblind", das heißt „farbenblind" zu sein. Die Frage, wohin es ab jetzt weitergehen soll, bleibt wohl weiterhin offen.

Abkürzungsverzeichnis[313]

CORE: Congress of Racial Equality – 1942 von weißen und schwarzen Gegnern der Rassentrennung gemeinsam gegründete Bürgerrechtsorganisation, die bereits in den 1940er Jahren Sitzstreiks als Protestmittel einsetzte. CORE gehörte in den 1960er Jahren zusammen mit SNCC zu den radikalen Bürgerrechtsbewegungen.

CRA: Civil Rights Act – Bürgerrechtsgesetz von 1964, durch das jede Diskriminierung auf der Basis von Rasse, Geschlecht oder Religion verboten wurde. Es beendete die Rassentrennung im öffentlichen Leben der USA.

CIA: Central Intelligence Agency – Amerikanischer Geheimdienst, zuständig für den außenpolitischen Bereich. Wurde von Malcolm X (und vielen anderen) beschuldigt, am Sturz bzw. an der Ermordung mehrerer afrikanischer und asiatischer Staatschefs beteiligt gewesen zu sein. Überwachte Malcolm X während seiner Auslandsreisen.

FBI: Federal Bureau of Investigation – Amerikanische Bundespolizei. Unter der Leitung von J. Edgar Hoover überwachte und infiltrierte das FBI während der 1950er, 60er und 70er Jahre die schwarze Bürgerrechtsbewegung, die Nation of Islam und andere schwarze Gruppen, um deren Einfluß (sic) zu kontrollieren bzw. zu minimieren.

MFDP: Mississippi Freedom Democratic Party – 1964 von Bürgerrechtlern in Mississippi gegründete Partei. Durch ihren Protest gegen den Auschluß (sic) schwarzer Bürger aus der regulären Demokratischen Partei Mississippis erwirkte die MFDP beim Nationalen Demokratischen Parteitag ein Verbot der Rassentrennung für alle Delegationen der Einzelstaaten.

MIA: Montgomery Improvement Association – 1955 von King und anderen Bürgerrechtlern gegründete Organisation zur Abschaffung der Rassentrennung in Montgomery, Alabama. Die Aktionen der MIA (vor allem ein dreizehn Monate dauernder Busboykott) erwirkten im Dezember 1956 ein gerichtliches Verbot der Segregation in Montgomerys öffentlichem Verkehrssystem.

---

[313] Waldschmidt-Nelson, GegenSpieler. Martin Luther King-Malcolm X, S. 167ff.

MMI: Muslim Mosque Inc. – 1964 von Malcolm X gegründete islamische Organisation, die – im Gegensatz zur NoI – an die theologischen Doktrinen des klassischen Islam angelehnt war und Muslimen aller Hautfarben offen stand. Die zunächst auch als politische Organisation gedachte MMI konzentrierte sich nach der Gründung der OAAU nur auf religiöse Angelegenheiten.

NAACP: National Association for the Advancement of Colored People – Die älteste und größte amerikanische Bürgerrechtsorganisation wurde 1909 von schwarzen und weißen Integrationisten gegründet. Sie geht vor allem auf juristischem Wege gegen Rassendiskriminierung vor, beteiligt sich aber auch an anderen Protesten. Einer der größten Erfolge der NAACP war 1954 das Urteil des Obersten Gerichtshofes, das die Rassentrennung an Schulen als verfassungswidrig erklärte. Die während ihrer Anfangszeit als radikal geltende NAACP zählte in den 1960er Jahren zusammen mit der NUL zu den konservativeren Bürgerrechtsgruppen.

NoI: Nation of Islam – 1930 in Detroit, Michigan, vom Wanderprediger W. E. Fard gegründete schwarz-nationalistische und muslimische Religionsgemeinschaft. 1934, nach dem plötzlichen Verschwinden von W. E. Fard, übernimmt Elijah Muhammad die Führung der NoI. In den 1950er und 60er Jahren geistige Heimat Malcolm X', der als *First Minister* zu ihrem prominentesten Vertreter aufsteigt. Nach Jahren der Bedeutungslosigkeit wird die NoI 1978 von Louis Farrakhan wieder zum Leben erweckt. Seit Ende der 1980er Jahre ist NoI die größte schwarz-nationalistische Organisation in den USA, wobei Farrakhan nicht nur wegen seiner radikalen separatistischen Dogmen umstritten ist, sondern vor allem wegen seines unverhohlenen Antisemitismus.

NUL: National Urban League – 1911 von Schwarzen und Weißen gegründete, professionelle Sozialarbeiterorganisation, deren Schwerpunkt die sozialen und wirtschaftlichen Probleme der Afroamerikaner in den Ghettos der Großstädte sind. In den 1960er Jahren zählte die NUL zusammen mit der NAACP zu den konservativeren Bürgerrechtsgruppen.

OAAU: Organization of Afro-American Unity – Von Malcolm X zwei Monate nach der MMI gegründete afroamerikanische Organisation, die sich am Vorbild der Organization of African Unity (OAU) orientiert. Sie verfolgt schwarz-nationalistische

Ziele, tritt u. a. für das afroamerikanische Recht auf Selbstverteidigung ein und strebt nach kultureller Zusammenarbeit sowie politischem und wirtschaftlichem Machtgewinn schwarzer Amerikaner in den USA.

SCLC: Southern Christian Leadership Conference – 1957 von King und anderen Bürgerrechtlern gegründete christliche Organisation zur Bekämpfung der Rassentrennung im Süden der USA. Unter Kings Leitung blieb die SCLC bei all ihren Protestmaßnahmen – Demonstrationsmärschen, Streiks und diversen Aktionen des zivilen Ungehorsams – immer dem Ideal der Gewaltlosigkeit verpflichtet. Während der 1960er Jahre stand die SCLC oft zwischen den konservativeren (NAACP und NUL) und den radikaleren (CORE und SNCC) Bürgerrechtsorganisationen.

SNCC: Student Nonviolent Coordinating Committee – 1960 von Studenten gegründete Organisation, die mit Sitzstreiks, Boykotten u. a. sogenannten (sic) Direktaktionen gegen die Rassentrennung protestierten, die Segregationsgesetze bewußt (sic) verletzten und bereit waren, dafür ins Gefängnis zu gehen. Außerdem arbeitete SNCC für die Einschreibung schwarzer Wähler im Süden. Nach 1965 radikalisierte sich die Studentenbewegung. Der neue Vorsitzende Stokely Carmichael prägte den Begriff „Black Power", der zum Bruch mit den konservativeren Bürgerrechtsorganisationen NAACP und NUL führte. Nachdem die SNCC-Leitung 1967 den Ausschluß (sic) aller weißen Mitarbeiter durchgesetzt hatte, verließen auch viele schwarze ehemalige Führungskräfte die Organisation, die wenige Jahre später aufgrund innerer Zerwürfnisse ganz auseinanderbrach.

VRA: Voting Rights Act – Bürgerrechtsgesetz von 1965, das die Benachteiligung Schwarzer oder anderer Minderheiten beim Zugang zur Wahleinschreibung verbot. Es führte zu einem sprunghaften Anstieg der politischen Repräsentation von Afroamerikanern im Süden der USA.

Zeittafel[314]

1954

17. Mai   Das Oberste Bundesgericht entscheidet im Falle Brown versus Board of Education of Topeka, daß (sic) die Rassentrennung an den Schulen dem Gleichheitsprinzip des 14. Verfassungszusatzes (1866) widerspricht. Damit ist die frühere Doktrin „Separate but equal" (Plessy versus Ferguson, 1896) aufgehoben und der Weg zur rassischen Integration der Schulen juristisch geebnet. In der Folgezeit versuchen White Citizens Councils, die Integration zu hintertreiben.

13. Nov.   In *Montgomery (Alabama)* erzwingen schwarze Amerikaner – unter der Führung des Baptistenpfarrers *Martin Luther King* (* 1929, + 1968) – nach einem siebenmonatigen Boykott der Omnibusse die Aufhebung der Rassentrennung in diesem Verkehrsmittel. King gründet im folgenden Jahr die *Southern Christian Leadership Conference* zur Durchsetzung der Rassenintegration mit friedlichen Mitteln.

1957

9. Sept.   Ein *Bürgerrechtsgesetz* (das erste seit 1875) sieht die Einsetzung einer Bundeskommission vor, die Verletzungen des Wahlrechts und der Bürgerrechtsgesetze aufgrund von Hautfarbe, Rasse, Religion und nationaler Herkunft untersuchen soll. Im Justizministerium wird eine Bürgerrechtsabteilung eingerichtet.

24. Sept.   In *Little Rock (Arkansas)* werden Bundestruppen eingesetzt, um schwarzen Schülern den ihnen vom Gouverneur *Orval Eugene Faubus* (* 1910) und Gegnern der Rassenintegration verweigerten Eintritt in eine bislang nur von Weißen besuchte öffentliche Schule zu ermöglichen.

1960

1. Febr.   Ausgehend von Greensboro (North Carolina) beginnt in den Südstaaten eine Welle von „*Sit-Ins*", Protestaktionen von Studenten gegen die Rassendiskriminierung in Cafeterias.

---

[314] Günter Moltmann/Wolfgang Lindig, USA-Ploetz. Geschichte der Vereinigten Staaten zum Nachschlagen, Freiburg-Würzburg 1985, S. 120ff.

1962

1. Okt.   *James Meredith* wird gegen den Widerstand von Gouverneur *Ross Barnett* als erster schwarzer Student an der Universität von Mississippi eingeschrieben. Unruhen von Gegnern der Rassenintegration erfordern den Einsatz von Bundestruppen und der Nationalgarde.

1963

2. April   In *Birmingham (Alabama)* demonstrieren Schwarze unter Führung von *Martin Luther King* gewaltlos für die Rassenintegration. 3300 Demonstranten werden verhaftet. Nach Sprengstoffanschlägen weißer Fanatiker gegen Schwarze (11. Mai) werden Bundestruppen eingesetzt.

28. Aug.   In einem *Marsch nach Washington* demonstrieren etwa 200 000 schwarze und weiße Amerikaner für eine fortschrittliche Bürgerrechtsgesetzgebung. Höhepunkt ist eine *Rede von Martin Luther King* vor dem Lincoln-Denkmal.

1964

29. Juni   Der Kongreß (sic) verabschiedet ein umfassendes *Bürgerrechtsgesetz*, das allen Amerikanern Gleichberechtigung u. a. bei Wahlen, bei der Benutzung öffentlicher Einrichtungen, bei der Arbeitsvermittlung und in den Schulen garantiert.

1965

6. Aug.   Ein neues *Wahlrechtsgesetz* beseitigt Wählerdiskriminierungen, die im Süden zur Ausschaltung der Schwarzen noch verbreitet sind, z. B. den Lese- und Schreibtest beim Registrieren für eine Wahl.

11.-16. Aug. In *Watts*, einem Stadtteil von Los Angeles, ereignen sich schwere Unruhen unter der schwarzen Bevölkerung. Polizei und Nationalgarde werden eingesetzt (34 Tote, Hunderte von Verletzten, 400 Verhaftungen). In den Jahren 1964 - 1968 kommt es in den sog. *schwarzen Ghettos* der Großstädte zu zahlreichen, oft blutig verlaufenden *Unruhen* (Höhepunkte 1967 in Newark, New Jersey, und in Detroit mit 22 bzw. 43 Toten). Innerhalb und außerhalb der schwarzen Bürgerrechtsorganisationen wächst die Ungeduld über fortbestehende Rassendiskriminierungen (Schlagworte: „*Freedom Now*" und „*Black Power*"). Es bilden sich militante Gruppen mit revolutionären Zielen (Radikalisierung des *Student Nonviolent Coordinating Committee* und Gründung der *Black Panther Party* 1966).

1968

6. April   *Martin Luther King* wird in Memphis (Tennessee) von einem flüchtigen Sträfling *ermordet*. King hat 1964 als Verfechter der Gewaltlosigkeit beim Kampf um die Rassenintegration den Friedensnobelpreis erhalten. Nach seinem Tod kommt es unter den Schwarzen in Washington, D. C., und in 171 anderen Städten zu Unruhen und Ausschreitungen.

Literaturverzeichnis

Allan, Tony (Hrsg.), Amerika im Bürgerkrieg, in: Zeitalter des Imperialismus. 1850-1900 (Spektrum der Weltgeschichte), Amsterdam 1990: S. 131-162.

Allan, Tony (Hrsg.), Der Kalte Krieg, in: Das Atomzeitalter. 1950-1990 (Spektrum der Weltgeschichte), Amsterdam 1990: S. 9-36, hier: S. 23-25.

Asante, Molefi K./Mattson, Mark T., Historical and Cultural Atlas of African Americans, New York (NY) 1991.

Bennett, Lerone, Jr. What Manner of Man. A Biography of Martin Luther King, Jr., Chicago (IL) 1968.

Branch, Taylor, Pillar of Fire. America in the King Years 1963-65, New York (NY) 1998.

Carson, Clayborne/ Burns, Stewart/Carson, Susan/ Holloran, Pete/ Powell, Dana (Hrsg.), The Papers of Martin Luther King, Jr. Volume III: Birth of a New Age, December 1955-December 1956, Berkeley (CA) 1997.

Cooper, William J., Jr./Terrill, Thomas E., The American South. A History, New York (NY) 1990.

Cose, Ellis, Color-Blind. Seeing Beyond Race in a Race-Obsessed World, New York (NY) 1997.

Douglass, Frederick. „American Slavery, American Religion, and the Free Church of Scotland: An Address Delivered in London, England, on May 22, 1846.", in: The Frederick Douglass Papers: Series One - Speeches, Debates, and Interviews, Vol. I, New Haven (CT) 1979: S. 269.

Douglass, Frederick. Letter to an Abolitionist Associate, in: Organizing for Social Change. A Mandate for Activity in the 1990s, hrsg. v. K. Bobo/J. Kendall/S. Max, Washington (DC) 1991.

Douglass, Frederick. The Life and Times of Frederick Douglass, Hertfordshire 1996.

Du Bois, W.E.B. The Souls of Black Folk, New York (NY) 1990.

Franklin, John Hope/Moss, Alfred A., Jr., From Slavery to Freedom. A History of African Americans, New York (NY) 1994[7].

Geiss, Imanuel, Historische Voraussetzungen zeitgenössischer Konflikte, in: Das Zwanzigste Jahrhundert III. Weltprobleme zwischen den Machtblöcken, hrsg. v. Wolfgang Benz/Hermann Graml (Fischer Weltgeschichte 36), Frankfurt am Main 1981: S. 29-100, hier S. 79.

Graham, Hugh Davis, Civil Rights and the Presidency. Race and Gender in American Politics 1960-1972, New York (NY) 1992.

Guthman, Edwin O./Shulman, Jeffrey (Hrsg.), Robert Kennedy: In His Own Words. The Unpublished Recollections of the Kennedy Years, New York (NY) 1988.

Hampton, Henry/Fayer, Steve, Voices of Freedom. An Oral History of the Civil Rights Movement from the 1950s through the 1980s, New York (NY) 1990.

Herring, George C., America's Longest War. The United States and Vietnam, 1950-1975, New York (NY) 1996[3].

Huggins, Nathan Irvin, Harlem Renaissance, London-Oxford-New York (NY) 1971.

Italiaander, Rolf, Martin Luther King, Berlin 1968.

Johnson, Paul, Modern Times. The World from the Twenties to the Eighties, New York (NY) 1985.

Jones, Jacqueline, Labor of Love, Labor of Sorrow. Black Women, Work and the Family, from Slavery to the Present, New York (NY) 1985.

Jones, Leroi, Blues People. The Negro Experience in White America and the Music that Developed from it, New York (NY) 1963.

Kinder, Hermann/Hilgemann, Werner, dtv-Atlas Weltgeschichte, Bd. 2: Von der Französischen Revolution bis zur Gegenwart, München 1998[32].

King, Martin Luther, Jr./Washington, James M. (Hrsg.), I Have A Dream. Writings and Speeches That Changed the World, San Francisco (CA) 1992.

King, Martin Luther, Jr., Why We Can't Wait, New York (NY) 1964.

Kennedy, Robert F., Suche nach einer neuen Welt, Gütersloh 1968.

Land, Gary, America Since 1941: Emergence as a World Power (The Essentials of United States History), Piscataway (NJ) 1995.

Linder, Douglas O., Before Brown: Charles Houston and the Gaines Case, bei URL: http://www.law.umkc.edu/faculty/projects/ftrials/trialheroes/charleshoustonessay F.html, Stand: 27.04.2003.

Malcolm X/Haley, Alex, The Autobiography of Malcolm X, London-New York (NY) 1965.

Malcolm X, The Ballot or the Bullet, bei URL: http://www.indiana.edu/~rterrill/Text-BorB.html, Stand: 26.06.2003.

McNamara, Robert S./VanDeMark, Brian, In Retrospect. The Tragedy and Lessons of Vietnam, New York (NY) 1995.

Miller, Marilyn/Faux, Marian (Hrsg.), American History. Desk Reference (The New York Public Library), New York (NY) 1997.

Moltmann, Günter/Lindig, Wolfgang, USA-Ploetz. Geschichte der Vereinigten Staaten zum Nachschlagen, Freiburg-Würzburg 1985.

Moody, Anne, Coming of Age in Mississippi. The Classic Autobiography of Growing Up Poor and Black in the Rural South, New York (NY) 1976.

Moses, Wilson J., The Golden Age of Black Nationalism: 1850-1925, New York (NY) – Oxford 1988.

Parks, Rosa, bei URL: http://www.wisdomquotes.com/002018.html, Stand: 20.01.2003.

Perry, Bruce, Malcolm X. Ein Mann verändert Amerika, Hamburg 1993.

Presler, Gerd, Martin Luther King (rowohlts monographien), Reinbek bei Hamburg 1984.

Reeves, Thomas C., A Question of Character. A Life of John F. Kennedy, New York (NY) 1991.

Roberts, J. M., The New Global Era (The Illustrated History of the World 10), London 1999, hier: 86-89.

Roberts, Paul Craig/Stratton, Lawrence M., The New Color Line. How Quotas and Privilege Destroy Democracy, Washington (DC), 1997.

Salmond, John A., „My Mind Set on Freedom". A History of the Civil Rights Movement, 1954-1968, Chicago (IL) 1997.

Samuelson, Robert J., The Good Life and its Discontents. The American Dream in the Age of Entitlement 1945-1995, New York (NY) 1995.

Waldschmidt-Nelson, Britta, GegenSpieler. Martin Luther King-Malcolm X, Frankfurt/M. 2000.

Wartenweiler, Fritz, Martin Luther King. Gleiches Recht für Schwarz und Weiß, Zürich 1968.

West, Cornel, Race Matters, Boston (MA)-New York (NY) 1993.

Whitfield, Stephen J., The Culture of the Cold War, Baltimore (MD)-London 1996[2].

Williams, John A., The King God Didn't Save, New York (NY) 1970.

Winant, Howard, Racial Dualism at Century's End, in: The House that Race Built, hrsg. v. Wahneema Lubiano, New York (NY) 1997: S. 87-115.

Wynn, N. A., Die 1960er Jahre, in: Die Vereinigten Staaten von Amerika, hrsg. v. Willi Paul Adams (Fischer Weltgeschichte 30), Frankfurt/M. 1977: S. 405-428.

Wynn, N. A., Vom Weltkrieg zur Wohlstandsgesellschaft, 1941-1961, in: Die Vereinigten Staaten von Amerika, hrsg. v. Willi Paul Adams (Fischer Weltgeschichte 30), Frankfurt am Main 1977: S. 354-404, hier S. 392-396.

Young, Andrew, An Easy Burden. The Civil Rights Movement and the Transformation of America, New York (NY) 1996.

Zinn, Howard, A People's History of the United States. 1492-Present, New York (NY) 1995.

Zips, Werner/Kämpfer, Heinz, Nation X. Schwarzer Nationalismus, Black Exodus & Hip-Hop, Wien 2001.

Zitelmann, Arnulf, „Keiner dreht mich um". Die Lebensgeschichte des Martin Luther King (Gulliver Taschenbuch 761), Weinheim-Basel 1985.

***ibidem*-**Verlag

Melchiorstr. 15

D-70439 Stuttgart

info@ibidem-verlag.de

www.ibidem-verlag.de
www.edition-noema.de
www.autorenbetreuung.de

www.ingramcontent.com/pod-product-compliance
Lightning Source LLC
Chambersburg PA
CBHW061219220326
41599CB00025B/4687